本雅明档案

[美] 弗雷德里克·詹姆逊（Fredric Jameson）—— 著
王逢振 —— 译

中国人民大学出版社
·北京·

献给苏珊

……将危机转置于语言本身的核心……

目　录

第一章　帆上的风 …………………………………… 1
第二章　空间的句子 ………………………………… 20
第三章　宇宙 ………………………………………… 55
第四章　自然在哭泣 ………………………………… 75
第五章　面相的循环 ………………………………… 103
第六章　空间与城市 ………………………………… 139
第七章　最重要的德国文学批评家 ………………… 171
第八章　大众的手和眼睛 …………………………… 224
第九章　历史和弥赛亚 ……………………………… 275

索　引 ………………………………………………… 310

第一章　帆上的风

1.

对辩证论者而言，重要的是把握世界历史航程的风向。他认为，思想意味着设置船帆。重要的是如何设置它们。词语只是他的船帆，设置的方式会把它们转变成概念。(IV，176；II，670)①

我们常常觉得，本雅明的作品非常具有可读性（或容易阅读），以至于意识不到他的作品是难以理解的，换言之，他是一位非常深

---

① 书中夹注的内容与格式，与原书完全一致。——译者注

刻的作家。这段话清楚地表明，在本雅明的作品里，一切都受到他对历史（或至少对历史性）激情的驱使。但除此之外，修辞变得迂回曲折，多重含义将我们引向相互矛盾的方向，提出了难以回答的问题：强风对潮汐水流，小船似的桅杆顶着强风。隐喻因其直接的认同性而消解了叙事；而历史的风向肯定是一种传统的修辞。不过，它已经变成了修辞据以运作的素材，产生的不是图示而是使用者的工具。随着我们最初的阅读开始分裂，船帆在逐渐减弱的微风中轻轻摆动，意义沉静下来，渐行渐远，于是我们开始感觉到此处我们所拥有的并非隐喻，而是寓言：一种靠距离和差异而非同一性存在的形式，它在时间中展开。

当然，这种迂回的、关键的修辞就是设置船帆，本雅明希望由此传递多种批评规则或理论语言，通过它们我们进行工作，但要依靠最近的历史境遇，也就是说，要依靠政治。这并不是一种哲学相对主义，而是一种实用主义，其不是为了连贯一致，也不是对这种规则的综合；实际上，它恰恰规定了它们的反面：它们为适应瞬间、危机和需要而进行的调整。另外，它诉诸灵巧，诉诸策略，诉诸敏锐的习惯意识，意识到如何运用这种多重规则和已有方法来捕捉到强势的风向。

同时，本雅明会随时修改他的修辞，但并不改变他的出发点，因而在他身后留下了一些确定无误的句子，不断萦绕着德里达式的不确定性。在本雅明这里，思想家的特质会不断干预作者的特质，作者的特质也会不断干预思想家的特质，这就造成了在词语和概念之间摇摆不定，读者必须像走钢丝似的小心应对。这种不确定性富有成效——它造成时空之间的张力,如果张力维持到断裂点,就会使我们看到作品不在场的核心,也就是著名的"静止"概念,在这种静止中,历史和现在暂时难以区分。我们将会看到,本雅明运用多种不同的语言表示这种张力的特点,但即使暂时确定其中任何一种语言,都会使那种发现变成一种普遍的麻痹,换言之,都会把词语或概念具体化,使作品处于素描的地位。波德莱尔(Baudelaire)以经典的再现语言("短暂的、瞬间的、偶然的……艺术的一半,永恒不变的其他存在")把现代说成是临时现象,这同样是一种表示本雅明著作思想特点的方式。

　　本雅明的船在运动,但并非只靠历史的风力推动;他不能控制浪潮——只有通过设置船帆和捕捉风向,我们才能把握自己的命运。这种修辞非但不能帮助我们解决问题,反而会增加我们的问题;无论如何,转换发生在第一个句子本身之内,它质疑"历史"概念,使我们的注意力从历史是否具有方向的问题,转向如何记载那种方向的问题(假定存在方向)。这第二个问题也没有解决:只是提供了一种第二手的验证——就是说,看出你的概念能够记载多少历史性。但是,鉴于历史本身的变化,这种见证大概会提出我们自己概念中的可变性和多变性。通过如此质疑概念化并使我们回到修辞,文本并非只是单纯地指明自身,或做一种没有内容的姿态:它是在肯定其短暂内容的可变性或历史的变化无常,揭示其在某个单独时刻的时间性;也就是必须抓住这种空间修辞暂时以时间的方式呈现的变动不居。

2.

据说，本雅明非常小心地把他的许多朋友、通信者和知音彼此分开，慷慨地对每个人敞开心扉，但这些人并不知道还有其他对话者，或实际上不知道其他对话者的存在。在那些因意外发现而引发的诸多戏剧性事件和嫉妒心理［例如，肖勒姆（Scholem）就布莱希特（Brecht）的有害影响所发出的警告］中，对一个知识分子来说，有等同于卧室闹剧的素材。从这些令人惊讶的通信可以看出，对于每一个收信者，本雅明都保持某种独特的习语和一系列的关怀，其主题无疑对应于他自己的工作偏好（这些信件几乎总是和他自己的阅读和计划相关），但并不一定伴随着经常构成现代主义者特点的那些身份或人物的转换。相反，它们标志着他的思想里存在着多种不同的语言范畴，或他能够掌控的多种跨界因素，而我们不能恰当地把它们说成是风格或不相干的主题。翻译是他最为珍视的兴趣之一；因此，可以恰当地说，不仅他的著作显示出不断从一组语言翻译成另一组语言的过程，而且更明显的是，他的著作特别强调这些语言之间的不连贯性，他非常关注这一点，并将其作为一种基本原则一直在其思想内容和形式中坚持。

任何熟悉本雅明的人，都会立刻把他与三个关键词——浪荡子、氛围、星座化——联系起来。其实这三个词都是特定的词，但将它们并置起来后，我们首先会感到它们可能的意义和用途之间存在着巨大差异。每一个词都有环绕着它的多种联系：它可能使我们警惕"星座化"这个词本身的相对性，这也是关于他的《德意志悲苦剧的起源》（*Trauerspiel*）一书的《认识论-批判序言》（"Epistemo-Critical Prologue"）的核心概念。无论这第三个概念意味着什么，我们此刻都必须留意它所蕴含的意味，即此类星座化与它的功能（即让任何试图将这些星座化相互关联起来的系统性努力都变得不可信）之间存在巨大差异。如此考虑，"星座化"一词便是一种破坏的武器，一种被用来反对系统并首先反对系统哲学的工具：它旨在打破哲学语言的同质性（因此也破坏它自身看似要在群星间促成的那种秩序）。

在我们自己这样一个理论时代，历史境遇会澄清看似不言自明的东西：因为本雅明的时代、他的青年时期以及他的知识构成阶段，已经进入康德主义统治时的历史著作，此时经院哲学几乎完全是认识论的，并由科学和知识领域支配，仿佛它们是唯一的真理，哲学和整个思想界都应该关注它们。说到那个时期，我们只记住了一些反叛者和抗议者：尼采、狄尔泰、柏格森（Bergson）、克罗齐、现象学家、精神分析学家、齐美尔（Simmel），等等。在经院哲学和认识论机构的统治下，他们大部分最终也未能开辟出一个适宜生存的空间。

本雅明没有追随任何这样的活动或先知，尽管他也向他们当中的许多人学习；他提出了自己的解决问题的办法。但非常明显的是，本雅明青年时期注定要不断努力地解决康德的问题：是否要挪用他，把他非常狭隘的"经验"概念转变成某种更大、更普遍的存在主义或形而上学的东西？或者一气之下完全把他抛弃［本雅明在早期的一封信里写道："（我自己思想）最伟大的对手一直是康德"

(C, 125；B, 187)］？黑格尔对本雅明来说也不是一种解决办法；虽然对语言的强调——不论在其早期的文章里多么隐约地呈现出来——是一个方向，但这并不是一种方法论的解决（就任何新的和整体意义而言，哲学在这个时期仍然有待恢复元气）。除了李格尔（Riegl）这一重大例外，历史学提供的只是唯心主义的和进化论式的连续性（后来被认定为"进步"的目标），而非那些断裂之处，而这些断裂却是进行分期的先决条件，后来本雅明正是将精力投入了这类分期研究中（比如，巴洛克时期、法兰西第二帝国时期，以及当代法国和苏联作家所处的"情境"）。

"星座化"只是一个名字，用以表示本雅明一直寻求的那种不连续性或断代的焦点，如果我们把它变成某种性质的哲学概念，变成某种普遍的东西，那么它就会失去存在的理由。与我们为描述本雅明思想所提出的翻译过程相伴的东西，需要一种不同于哲学抽象语言的语言：我们把它称作"修辞构成"（figuration），并通过另一个名字和星座化要传递的另一种完全不同的意思来说明它所产生的效果。

这就是活动的全景画，一种大众娱乐的机制，它在本雅明青年时期仍然存在，并在他的作品中多次被援用，不过这种机制最初产生于波德莱尔的时代；实际上，活动的全景画如同本雅明的许多展品一样，也服务于多种目的。它会提供自传性素描的内容［在《柏林童年》（Berlin Childhood）里］，同时也用作《单向街》（One Way Street）这种作品的形式，《单向街》本身不仅是魏玛时期膨胀的活动图景，而且是城市生活的实情。在古典形式里，历史阶段的静态画面构成一种不连贯的序列："因为观影屏幕是圆形的，且屏幕前没有座位，所以每一幅画面都经过所有的观看位置"（III，346；V，388；VII，388）。因此，这种不连贯性（在形式和内容之后的第三种用法）具有为伟大的传媒技术的主题进行铺垫的作用：其壮观的场面"不仅为摄影而且为电影铺平了道路"（III，35；V，48）。

颇为独特的是，在另一篇文章里，本雅明不厌其烦地为我们提供了活动全景画发明者的一个小型传记，这个发明者还发明了早期形式的照相，即达盖尔银版照相法。通过对达盖尔（Daguerre）的描绘，本雅明想训练我们对伟大创造发明者的敏感性，以便让我们学会对众多艺术家和作家进行分类，从而以新的方式来理解他们所取得的成就，那就是把这些成就看作技术的进步。但读者并未遗漏这一点；观看活动全景画同样会解读它们，把它们作为新的认知符号、城市居住者的图像，以及对多种细节和美感的注意，但这些要逐一把握，宛如从形象转换到文本。（这样做，它们也宣布了拱廊以及钢铁在建筑中的应用是这种修辞的另一个优点。）

因此，修辞构成是一种复杂的语言形式，可以从中捕捉到某种不连贯性并加以命名，并能够获得多种仿佛是从侧面生发的用途。同样，星座化可以变成反思星相学（和笔迹学）的场所，或者相反，如在波德莱尔的诗里那样，变成与星球物质的某种联系。但是，同样为探讨中的概念化而寻求一种充分的修辞，终将产生某种相关的现象：

> 不容忽视的是，装配线在生产过程中发挥着基本作用，而在消费过程中它通过胶卷再现出来。（III，94；I，1040）

这里我们不仅有绑在一起的基础和上层建筑，而且还有一种可能是新的表达那种"不连续的美学"的方式，就像爱森斯坦（Eisenstein）的"景点蒙太奇"那样，包括与之同类的其他现代主义实践，例如庞德（Pound）的意象符号。但若真是如此，最好把本雅明与类似布莱希特那样离经叛道的现代主义联系起来，而不是把他与各种标准的学院式的现代主义联系起来。其实，本雅明的写作实践和布莱希特的史诗剧（抛开著名的间离效果）之间有许多共同之处，包括与内容的分析关系：把每一个行为或事件打碎成构成它的各个部分，为它们命名，宛若你为一幅画题词（或为一部无声电影提供旁白），减少场景的作用，而这在18世纪的小说里，就是宣称下一章的主题："其中皮春先生……"，等等。

然而，尽管存在种种诱惑——例如"一种不连续的美学"，但最好不要把某种官方美学归于本雅明，对本雅明而言，似乎更安全、更有效的做法是列出他讨厌的东西——进步、心理学、艺术史、唯美主义、美学本身，而不是赋予他任何明确的规则。他确实有某种经典规则，但它的特点是边缘性和怪癖性，顽固地反对正统性，而不是任何共同遵从的价值清单。

正是这种否定性的优势——本雅明在对事物的规划中高度赞扬的那种真理时刻，甚至经验最终也以反对经历的方式或瞬息冲击来限定，甚至氛围也以反对说明它过时的那种复制性来限定——使我倾向于不以肯定的方式来说明是什么东西让本雅明（而非布莱希特）的事件成为可能：这就是中断本身，例如中断、断裂、分离（这些也是青年马克思的主要范畴）。我们将会看到，如果使引用脱离其原始出处，原始文本就成了一个十分典型的过程（本雅明的表意姿态）：破坏在这里是一种意想不到的适用的方式。

但是，我们也绝不能被诱入弗里德里希·施莱格尔（Friedrich Schlegel）的碎片语言，尽管本雅明自己有时也颇被这种语言诱惑（无论如何，施莱格尔的术语都旨在表明，文学作品本身完全是不在场的整体的一些碎片，我们将会看到，针对这种说法，本雅明会为语言重新发明一种修辞）。相反，在本雅明的作品里，乍看像是一些碎片的事件，其实是像诗节或诗段一样经过精心安排的。它们之所以看上去像是碎片，是因为它们之间不可避免的断裂，不合时宜地使我们想到梦的突显或超现实意象中的必然断裂，而这种情况有一段时间还使本雅明非常着迷。

即使按照一种更虚无主义的精神，解释的霸权也不应该提出对概念可以无限分割，如像贝克特（Beckett）那样分割成最小的原子单位，最终导向一无所有（不管怎样，我在其他地方曾经说过，贝克特作品中那些表面上的虚空之处，总是萦绕着沉闷乏味的资产阶级家庭记忆）。这种细分过程的可怕的无限性，通过本雅明一个启示性的笔记可以得到说明：

> 其任务是，在这许多小的思想里都要有一个中断。在思考中度过夜晚。（II，122；VI，200）

其实，本雅明在对这种过程中的确切描述中发现的并非栖身于碎片之中的那种东西（哪怕只是短暂停留、过夜式的栖身）；相反，他更倾向于借鉴哲学光谱的另一端的一个术语，即"单子"（monad），来描述它。稍后我们便会明白，我们必须同样怀疑"形象"（image）这一用语，特别是著名的"辩证的形象"；然而，本雅明正是将他的单子视为本身就是一个完整世界的形象（并对其加以收集）。

这就是为什么他不必解决自柏拉图以来最迫切的哲学问题，即普遍性和抽象的问题：对他而言，这些问题是修辞和写作的问题，是单子的再现问题，而不是思想和概念化的问题。对于后者——柏拉图的理念、列维-斯特劳斯（Lévi-Strauss）的《野性的思维》（pensée sauvage），他有一种不同的解决方式，一种独特的、非传统的德意志的解决方式，即歌德的"原始形式"（Ur-form）概念，亦即我们"十分嘈杂混淆"的最小的理性形式，也就是他喜欢将其称作"原初"的形式［在这个时刻，要把本雅明对这个同样源自卡尔·克劳斯（Karl Krauss）的词的用法，与后结构主义在哲学层面所批判的内容区分开来］。在本雅明这里，"原初"不是一个时间用语，而是更接近现象学中的"本质"。所有这一切，在本雅明的作品里都会导向歌德那种"温和的经验主义"或微妙的经验主义程式（在希腊语里，这个术语对于本雅明和布莱希特同样生发出另外两个具有重大意义的概念：经验和实验）。

> 有一种微妙的或温和的经验主义，它使自身与客体完全一致，因此变成真正的理论。[1]

（也许值得暂时注意的是，正是在他对色彩的独特反思中，本雅明非常惊人地反复讲他的普遍性原理：纯粹的色彩是那种有色客体

"参与"其中的"理念"。)[2]

然而,甚至这种顽固的反哲学立场必然也要求某种哲学的基础,我把这种基础确定为边界和范围的辩证。换言之,把其外再无任何东西的范围与两个实体之间的界限区分开来。对黑格尔而言,这种辩证是他超越康德(及其"范围"或事物本身不可知)的关键方法;在把事件分为许多不连贯的单子与它们作为更大单子领域之元素的相互关系进行协调时,这种辩证也为本雅明提供了一种有效的含混性。星座化是一个单子,这是肯定的;但我们如何探索它并把它描绘出来,作为一系列更多无限小的独立的单子?这就需要根据历史素材并根据我们历史的(也就是政治的)"当前境遇"来做出决定。

根据这种关于中断的美学或辩证法,我们必然还能得出这样的结论:本雅明从未写过一本传统意义上的书(而且他永远不会写,或永远不想写)。如果这样说显得草率(或粗暴),那么我们可以说他只写过一本书,即《单向街》,这本书正式承认了我们已经开始探讨的那种鸿沟现象。如果仔细审视的话,甚至那篇关于德国"悲苦剧"的文章也是独特且不相干的章节;虽然那些章节本身像是伟大计划中的文章,但如果更仔细地观察,就会发现它们自身又分裂成独特且不相干的片段和主题(而且实际上有时就是以这样的方式组织的)。因此,《拱廊街计划》(*Arcades Project*)的不连贯性,绝不只是历史的偶然性;它与本雅明深层的精神活动是一致的,并且构成了该书凸显其可能性的新形式。由此它获得了在名著系列中的地位,这个系列包括帕斯卡尔(Pascal)的《思想录》(*Pensées*)、葛兰西（Gramsci）的《狱中札记》（*Prison Notebooks*）和拉康（Lacan）的专题讨论。因此，如果说《拱廊街计划》尚未完成，甚或说它是碎片的汇集，那么这是对它的侮辱；如果说它是日记或札记，那么这同样是误导。可以说，它是弗莱（Frye）或巴赫金（Bakhtin）所说的梅尼普讽刺（Menippean satires）的姊妹篇，其价值在于激发人们努力再造一个文类体系，虽然现在还不够令人满意〔正如克劳迪奥·纪廉（Claudio Guillén）所指出的，它是自成一体的星座化〕。这个体系可以单独指导形式分析，除非形式分析能够找到超越它的方式（正如本雅明自己努力超越卢卡奇和阿多诺自觉地反思文章形式那样）。

3.

但是，仍然存在着一种独特的概念语言，本雅明似乎一直尊重并保持着这种语言，因为他认为它完全不是哲学的语言，而是神学的语言。在本雅明的评论者中，这种看法造成的影响最大，因此从一开始他就必然坚持神学与上帝无关，坚持认为它是一种语言、一种规则，而不是一种信仰系统。神学之所以存在，是因为在传统上归于哲学的领域中留下了一片空白——这片空白已无法再通过新康德主义和一般意义上的启蒙思想分配给伦理学的那些单薄的工具来有效组织了。随着18世纪后期真正的历史思想（以及法国大革命这一独特的、尚未理论化的、非哲学的事件）的出现，这片空白或缺失变得非常明显；这里的"历史"也表示个体动能和集体动能之间的差距，或者表示在这些历史上的新兴领域中，每一个所产生的学术概念并不适用于其他领域。

伦理学，这一套为个体行为而设计的概念，只是偶尔（以修辞的方式）适用于历史上全新的、支配大规模国家运动和革命运动的集体动能。个体伦理的核心——善与恶的二元对立——当涉及集体时，至多只是一种意识形态罢了。

同时，虽然传统上神学的规则既用于个体范畴又用于集体范畴，但并不能说它在两者之间进行调解，更不用说消除它们之间的不可通约性，对它们的调解顶多像两个音乐键之间的变化。因此，不论翻译过程本身多么神秘，翻译都会提供关于其功能的最充分的说明，亦即本雅明的最充分的说明。神学就是要保持一种独特的、自身的语言领域，就像在真实翻译中那样，使其他语言与之接触，以便衡量它们可能的意义范围。

然而，我们常常忘记，伦理思想有一个分支（我宁愿称它是一种伦理文类，一种写伦理或再现伦理的方式；也可以称它为人生智慧、智慧文学，或所谓的伦理学家的悖论），这个分支有一种完全不同于学界伦理概念的指向。我要说的是，在这个分支里，个人与集体之间的关系被颠倒过来；虽然大量政治思想包括个人主义范畴到集体范畴的不当转换，但这种另外性质的话语却把个人-伦理看作政治的，并将晚期封建或有理由存在的政治新范畴聚焦于人类关系的复杂性，特别是绝对君主制的宫廷境遇中的复杂性。此处它仍然是马基雅弗利的观点（马基雅弗利是这些新范畴的真正创造者，不论他的读者是否愿意公开承认这一点），而正是法国的道德主义者，最突出的是巴尔萨泽·葛拉西安（Balthazar Gracián），为个人的但又是社会的新奇关系规定了一套新的政治范畴，它们都以某种方式产生于对战争、战略和战术艺术的默认。非常典型的是，本雅明以其天赋在斯文堡（Svendborg）把葛拉西安复制到布莱希特，从而封闭了那种亲和性，把我们的注意力转移到这种很少阐发的关系层面，避开了历史的可见性，但仍未在个人主体的层面发现它们。

因此，关于旧时的神学范畴，本雅明的适时感既是象征的，同时又是预言的。他在犹太神学中发现了最有用的那些范畴，在他那个时代，犹太神学由赫尔曼·科恩（Hermann Cohen）和弗朗茨·罗森茨维格（Franz Rosenzweig）进行了重新阐释；而这背后有着一个看似矛盾的缘由，即犹太传统——如果你愿意这样说的话，是一种倒退的传统——仍然会援引集体历史，并且尚不需要考虑基督教和伊斯兰教所面临的那些个人主义问题（正如我们稍后将会看到的，它们的两难困境将会随着预定论和天意决定论等问题而在历史进程中凸显出来）。

神学一般在世俗逻辑和修辞之间构成某种妥协：它由此产生的形式——不仅在基督教的中世纪——都是独特的词语概念，它们的构成是通过艰难地把叙事纳入纯世俗的抽象来决定的，但这种抽象若要合乎逻辑，就必须摆脱神话或讲故事的时间性。宗教如果像马克斯·韦伯所认为的那样，是一种以慰藉为任务的专门化的工作安慰，那么就必然涉及人类的时间和叙事方式；这种叙事的超验内容或神圣性质则是次要之事。诚然，承认神学的这种叙事基础，总归在某种程度上要跳出神学本身的范畴，不过有两种达成此举的方式：一方面，是一种简化的启蒙方式，它谴责神学为迷信（本雅明会反复用"神话"一词来指代这种情况);另一方面,则是一种更具神秘色彩的"第三条道路",它超越了宗教与理性主义,超脱了主客体的分裂,提供了某种高深的、去人格化但仍具叙事性的思维模式,就像奥利金(Origen)、普罗提诺(Plotinus)、斯宾诺莎那里所呈现的那样,或者在近现代,如黑格尔的思辨哲学、尼采的"超越善与恶"以及历史唯物主义所展现的那样。本雅明用了一个奇怪的词"Geistesgegenwart",常常被译成"镇定自若"(presence of mind),它偶尔表示一种注意,但超越了单纯被唤醒的世俗感知:它所发现的东西——在本雅明自己的著作里没有展开——可能是"历史唯物主义"了解的东西,甚或是在"世俗的说明"或荷尔德林(Hölderlin)所说的"绝非圣化"中得到的东西。[3]

诉诸神学语言不是个人或智力发展的阶段问题,它从始至终贯穿于本雅明的职业生涯。因此,无论如何,诉诸神学语言都应该在这种再现困境的背景下来理解,而这种困境同时也是一种智识困境,并且他的政治理念也必须基于这一背景来加以把握。

因此,神学语言领域的基本范畴是:和解、救赎、弥赛亚、寓言和神话。至于另一种非常重要的范畴,亦即语言,尽管本雅明对它的基本陈述之一会采取评论《创世记》的形式,但严格来讲它并非神学问题,最好通过另一种语境来论述。鉴于这些范畴中的第一个"和解"——对罗森茨维格非常重要——隐含着对世俗世界的赞同,我们可能认为本雅明对它的批判与阿多诺并无二致,虽然在当时的情境里不那么尖锐——和解的结果在这里意味着与法西斯和解——这一点十分明显,而且也绝不可接受。

不过，救赎完全是另外一个问题，必须以集体而非个体的方式来理解。它支配着本雅明的思想，即使不是关于整个历史的思想，至少也是关于过去和死者的思想：对他而言，它是一种责任和义务，等同于共产主义和革命的理想。在最后一章"历史和弥赛亚"里，我们必须细致地面对这一问题。

这里，"弥赛亚"这个概念必然会有一席之地，与之相伴的还有本雅明通过"希望"所指的那别具一格的辩证结构。鉴于基督教和伊斯兰教均建立在这样一种信念之上，即启示已经以这样或那样的方式发生了，所以只有犹太教的"弥赛亚"概念（它有自己的历史）能够对时间性，尤其是对时间性的未来维度及其构想未来的方式，发挥颇为不同的作用。由于这种概念或想象一定会被谴责是个体人物的叙事再现，所以它已经被标明不可能实现，而在本雅明看来它事先就不被考虑；但正是那种不可能性，使本雅明能够以不同的方式考虑乌托邦和革命，而不是考虑以世俗的方式所可能实现的东西（包括马克思主义）。我们后面会再回到这个问题。

至于神话，它表示一种前神学领域，处在过去之前；它可以作为表示非理性的另一个词，就像阿多诺和霍克海默受本雅明启发在《启蒙辩证法》（*Dialectic of Enlightenment*）里所做的那样。"神话"与神学一样，是一个横跨叙事和哲学之间的界限的术语，除非采取否定的形式，无法适用于任何一面，因此是一个并不令人满意的概念，仿佛它既非哲学的概念亦非历史的概念。它在"有用性"方面将会和整个梦及幻象（phantasmagoria）的观念一样存在问题——梦及幻象的观念在20世纪20年代末本雅明《拱廊街计划》

早期阶段的思考与写作中处于核心地位，并且遭到了阿多诺的有力批判。对这一领域的理性探索，仿佛要在他关于粗糙的有用性的计划中才能发现（他遵循神圣的自我，像波德莱尔一样）。但我认为问题一直没有解决，这就是他与克拉格斯（Klages）和荣格（Jung）的相近关系仍然十分敏感的原因（霍克海默建议他通过分析他们的"非理性主义"来澄清他的思想，而他从未写出这种批判）。

　　但是，这个问题非常关键，因为至少在荣格所称的"集体无意识"中，它为本雅明的整个思想提出了另一个准神学的困境，这就是多重性范畴的困境。因为在这里，我们遇到了这种范畴最抽象或最黑格尔的形式，它必然支配着本雅明无处不在的关于大众的思想，或一种从波德莱尔的群众（及其浪荡子-观察者）到对死者救赎的存在。这是难以想象的集体层面，也是本雅明强烈相信革命和列宁主义的真正根源。不过，就哲学而言，单凭它自身是无法想象的〔今天，在全球化当中，我们对这一点更加清楚，正如当代哲学家斯劳特戴克（Sloterdijk）的绝好阐述所表明的，谁能与千百万其他人的存在达成一致？〕；其神学形式也只不过是思考的原则，而不是思想本身。这种其他人民大众的历史术语序列——从宗族和民族到种族和国家，再回到社会学的群体和族群，证明了迫切需要这个缺失的术语及其概念。

4.

　　最后，在一部如此深度关注历史的作品里，指出本雅明作品里的"接近"概念似乎颇为重要，有时他称之为"易读性"〔"只在某个时间"才有这种"易读性"（A N3, 1, 462; V, 577）〕，意思是，此处应该诉诸分析者现时的立场，并正式使之成为哲学的历史性问题〔在 R.G. 柯林伍德（R. G. Collingwood）、伽达默尔（Gadamer）的作品里有令人难忘的别样表述，在葛兰西将马克思主义视为"绝对历史主义"的概念中也有隐含的体现〕。应该记住的是，在这种语境里，本雅明"可认知的现在"的方式（常常被简化为"当下"或"此刻"）旨在表示过去的一种可变的特征，即特定的过去可以成为现在的一部分。

在作者完全迷恋于单独一个时期即第二帝国和单独一个地方即巴黎之时，问题似乎不那么迫切，因为那个历史时期与"接近"问题的联系十分紧密，无须太多注意。但在那之前，这个简单的术语（原文是德语 Eingang）意在警示和提醒历史距离，使我们注意我们自己不再"接近"其他时代。例如，关于荷尔德林的世界，他说："很难以任何方式接近这个完全统一的独特世界"（I，24；II，111）。因此，在伟大的荷尔德林复兴之时，或者确切地说，在其被真正发现之时（随着文集的第一版作品的出版，特别是后来受到疯病打击时的作品的出版），他诉诸革命力量。他也用这个术语来论述悲剧，他从霍夫曼斯塔尔（Hofmannsthal）和弗洛伦斯·克里斯蒂安·朗（Florens Christian Rang）那里搜集悲剧的基本要素，而这样做是出于双重原因：其一，再次强化对那种"沉默无言"的根本异质性的发现之力，悲剧的原始形式曾能将这种"沉默无言"呈现出来（但如今我们已与之失之交臂）；其二，为了清楚地表明现代悲苦剧的根本差异，他声称自己已经从常与之混同的古代悲剧中发现了——他设法获得了通向它的"接近"！——现代悲苦剧的真实形式与精神（随之导致两者的历史原创性的丧失）。

那么，"接近"的要求（the requirement of "access"）这一概念，在确保过去各个时刻存在根本性差异的同时，也保留了重新发现过去时的新颖性，而这种重新发现是在使其成为可能并本身就需要解释的条件下进行的。［例如，与之相似，他会援用表现主义作为那种氛围，从而使悲苦剧和李格尔对罗马晚期艺术的重新发现都能得到恢复（II, 668；III, 336）。］这种揭示过去所带来的冲击——他在别的地方明确地将其称作一种"虎跃"，是本雅明历史经验的关键特征。"同感"一词使人想到实验心理学，它在1903年才被创用［随后被沃林格（Worringer）广泛传播］，但这个词可能是对"接近"的误导：在本雅明把它挪用为"辩证的形象"时，它被以完全不同的方式重新阐发。然而，它仍然是我们接触本雅明本人的一个关键特征。如果20世纪20年代和30年代的情境不在我们眼前闪现，如果对共产主义和法西斯主义之间你死我活的斗争即限定那个时期并说明他写的一切的斗争没有"同感"，那么我们是否能够领会他的作品？

注释

[1] *Sprüche in Prosa*, 167；*Marximen und Relexionen*, 509.

[2] 关于这一主题全面而深刻的讨论，参见 Howard Caygill, *Walter Benjamin：The Color of Experience*, London：Routledge, 2016.

[3] 但是，"关注"问题在这一时期知识分子的生活中非常重要，乔纳森·克拉里（Jonathan Crary）在《知觉的悬置》(*Suspensions of Perception*, Cambridge：MIT Press, 2001) 一书中论证了这一点——它有些像是意识的同义词。

第二章 空间的句子

1.

有一些十分有趣的理由让人认为《单向街》（I，444-487；IV，85-148）是本雅明唯一真正的著作，它类似于一盒巧克力，上面应该标有警示语：内含成瘾物质！这本著作非常丰富，一时难以消受，各部分像是古老的照片，你一张一张地从纸盒里把它们拿出来，不知道它们的主体是谁。每一张照片所耗费的时间可能都会超出你的想象，会使你陷入谜语和难题所引发的那种状态。这些都是正确的印象，但掺杂着辩证的扭曲。把它们仅仅当作纯粹视觉层面的东西是错误的，将它们与简单的想法、有趣的观察混为一谈也是不对的。后者与细节一样，具有迷惑性；在这里存在一种分离，身心要素在一种罕见的分子结构中相互联结。这些都是完整的段落，而现在的危险在于段落之间的断裂，无论多么巧妙地运用主题都无法弥合，这种断裂是绝对的、非普遍的，是与任何经验都不对应的空白深渊，是瞬间的眨眼、片刻的停顿、意识的抽离——它不是梦境逻辑的跳跃或者日记条目里的时间性分心，也不是注意力的缺失或地点的变换。段落的奇特性让位于它们相继排列所蕴含的神秘性。

这种危险的兴奋剂可以通过某种方式加以辨识：与你的意志和知识相悖，你与阅读和写作的关系已经完全被你一直阅读和吸收的内容改变了。毫无疑问，它要求你观察理解；但随后会影响那些观察理解，使之成为某种悖论性的隐喻，但却不是抽象的结果，也不是你可能进行转变活动的任何思想。这是齐美尔的教训，他那种几乎让人难以阅读的密集程度总是转向经验的内容（"温和的经验主义"），然而在那些努力之后又不能进行概括；不过，当前我们这位作家驱散了迷雾，表明它是波德莱尔的精确性最抵制并说明的东西。巴黎仍在那里，仍是中心，只不过几乎是漫画式的德意志哲学的不可理解性让位于它的对立面，即明显注意观察我们逗留的每一个店面。我们是否会到达终点呢？

正如标题所暗示的，实际上，这是尚未主题化的浪荡子穿过城市本身的漫步，而城市的街道和人行道已经被阿西娅（Asja）"像工程师一样切断"。那些（出自献词部分的）文字表明了他作为一名作家对自己作品的某种非同寻常的构想——离开，这也是一种城市的更新：这种特殊的单向街是新的，被从传统的城市风景中切割出来，或者也可以说是用推土机从其中硬生生地推建而成的；它朝着单一的方向运动，也许是朝着《新天使》（*Angelus Novus*）背后那个迎着过往之风的未来而去。

事实上，开篇的几条内容呈现出对我们沿途所见外部景象（加油站、有牌号的房屋、公寓楼、大使馆、建筑工地）的随意观察，同时也使人想到这些外部景象背后隐藏着的内部空间，特别是它们的各个房间（早餐厅、门廊、家具、地下工程，甚至魏玛城中歌德的书房）。但是，没有任何东西表明我们眼前的东西，即我们的目标或我们的终点：这条街是否在乡间结束？它是否穿过整个城市？它是否惊人地在某条更大的通衢大道上终结？

事实上，结论部分"去天文馆"似乎指向了城市之外尚未确认的东西。在此之前居民越来越多，建筑不断增加，还有节假日、狂欢节以及啤酒馆的空间，矛盾的是，我们的观察却日益与它们分离。"在莎士比亚的戏剧里，在卡尔德隆（Calderon）的作品里，战斗在最后一幕中反复出现，国王、王子、侍从和追随者'进入，逃离'"（I，484；IV，143）。

因此，一路分离的站点绝不会对应任何适当的一般范畴：它肯定不是一系列碎片；不是歌德的"警句妙语"，因为它们旨在说明在单独的突然感知中内在的或原始的形式；不是某种格言，不过，尼采和阿多诺都密切关注着本雅明的一举一动，并且要求我们将他们那些伟大的只言片语式的跳跃的完整意涵，与这同样完整的条目或段落融会贯通；也不是真正完成的多样变化，因为后者一般都从事件和行动中引发出矛盾。这是一种没有抽象概念的概念复合体：本雅明对"理念"这一带有柏拉图色彩的词的偶尔运用，似乎涉及朝着这个方向的一种发展，尽管在《德意志悲苦剧的起源》里它表示一种完整的历史发展或风格，如巴洛克风格，随后有效地对它重新命名，并将它重新纳入思想史的范畴之中。印象、所见事物、日记条目、速写、随手记录的笔记，所有这些都记录下了被波德莱尔称作事物的"现代性"的东西——它的转瞬即逝，不过，它们对诗人［在《现代生活的画家》("Le Peintre de la vie moderne") 中］同样强调的那种永恒的"另一半"的捕捉则要微弱得多，而这永恒的"另一半"使我们重返歌德的原初形式所具有的非历史维度之中。

我有时觉得，本雅明的行文方式最好被理解为是准备确定的句子（有人曾说："作家是喜爱句子的人"）：那是一种非概念的但却是比喻修辞的表述方式，它打磨词语并使之完美。或者，我们的定义应该采取另一种方式，从序列开始：词条可以不连续地被纳入序列或集合之内，通过其精确性和惊人的闪光，它引发了自身与之前各项内容之间的关系问题。

这些汇集——一种对《单向街》的不错的德勒兹式表达——在本雅明的思想和著作里肯定也是一种形式：在《柏林童年》里，它们被主体化为普鲁斯特（Proust）那样的召唤，因而误导我们认为这是自传不在场的高潮。同时，在长篇纲领性的论文里，不连贯的蒙太奇手法被连续的段落编排隐蔽起来：只有依次拆开这些部分，我们才开始看到它们真正的不连贯性、它们的片段式形式和本质。

随后《中央公园》(*Central Park*)提供了其汇集的诸多格言警句，仿佛是对后来那种近乎偶然形成的体裁形式的一种预演，这种体裁形式代表着一种破坏（《德意志悲苦剧的起源》里的说法），或所谓的卷绕，亦即残存下来的旧档案，里面包含着关于同一主题的剪报和笔记，这些资料堆积起来，本应构成未来《拱廊街计划》的原始素材。一种想象出来的主题统一性随后为这种形式赋予了理论色彩，即便紧紧抓住《单向街》里已然完全呈现于我们眼前的那种未被命名的文类或［若尔斯（Jolles）所说的］"简单形式"，这种虚假性和幻象也并未被真正排除。

每一个段落本身都是完整的，并且事实上都由一个标题封装起来。人们想以一种双重的方式来唤起这些单位，例如文本和图画、图画和说明文字、词语和音乐，尤其因为那些所谓的标题其实是对这些短小条目的诙谐评论，例如"回来吧！都被宽恕了！"，或者"小心，台阶"，或者更具不祥意味的"失物招领处"，或者"仅限三辆出租车停靠"。实际上，最后这个标题包含了三个独立的段落，但它们都令人感到压抑：在他等公交车时，小贩们叫卖着当地报纸；尽管身处户外，且在城市的中心地带，但这却让他感觉自己仿佛被关在了牢房里。一个关于简陋居室的令人不快的梦将他唤醒，让他意识到自己此前在疲惫不堪的状态下和衣打了个盹儿，而这是一种令人不舒服的状况。最后，对廉租公寓楼里传出的乐曲声更为直接的联想，引出了对厌世情绪更为直白的宣泄："这是配备了家具的房间里传出的音乐，每逢周日，便有某个人坐在那里，思绪很快就被这些音符点缀起来，就像一碗带着枯叶的、熟透了的水果"——腐烂和干涸同时发生。出租车一直没有离开这三个车站，街道上那些等着出租车的空位，对处于上述三种状况中的任何一种的旅人来说，都不是什么吉兆。在这里等待时发生了不愉快的事情。它变成了沉思的客体，产生了象征意义，要求不断地进行诠释，因为对它没有任何可说或可想的确定的东西。它变成了一种道德寓言，有些像哈西德的故事，本雅明非常喜欢，只是最后没有拉比为我们指出的那种说教的结论。然而我们身处城市之内，每天报纸都刊登大量头条新闻，出租车到处往返徘徊，夜里我们即使毫无睡意也需要一个旅馆房间。

于是，现在诸项之间的外部断裂对应于内部的每一项，虽然形式不同，但内在的距离、断裂、不连续却相似——不仅文本和标题仍然相对于物质的不连续，而且从内部支配修辞和思想本身的东西也不连续，包括句法以及与真正三段论演绎推理的相似性。

此处请允许做进一步的解释：人们可能怀疑，是否我们所说的不确定性有任何重要意义，就像在这条街——这条新开通的大街——上前行是否应被理解为散步或开车？毕竟我们是以交通工具开始的；甚至在马里内蒂（Marinetti）之前，真正引发和展示艺术现代性的就是交通工具和速度。然而，观察店铺和标识的步伐可能使人们设想这是一种更缓慢、更闲适的运动；无论如何，谁会想象坐在方向盘后面的是一个浪荡子呢？如果这里有什么征象，它一定涉及本雅明与技术的关系，特别是与机器运动的关系〔在很大程度上也包括相机——可以考虑一下吉加·维尔托夫（Dziga Vertov），以及他成功的城市布尔什维主义的行程〕。人们可能提出一种独特的现代性概念,把它作为提升了的速度,从而可以把它穿过的越来越小的环境碎片紧密地集中起来〔实际上,这多少有些是对电影的说明,源于本雅明的论文《技术复制时代的艺术作品》("The Work of Art in the Age of Its Technological Reproducibility")〕。

不过,有时我们确实在散步,多重景观会遇到我们所说的空间的句子,这是一种修辞的运动,它转换的是内容,而不是句法或目的。

> 只有在这条路上步行的人,才了解它所掌控的权力;才知道对于飞行者而言不过是展开的平原的那番景象,是如何从路的每一个转弯处召唤出远方、观景台、林中空地以及开阔视野的,就如同一位指挥官在前线部署士兵一样。(I,448;IV,90)

通常认为,现代主义者发现,时间性不仅是一种要求新的再现方法的现实,而且是融入再现本身的素材。勒·柯布西耶(Le Corbusier)以轨迹的形式建造了他的乡间别墅;甚至已经看似是时间性艺术的音乐,也以新的不可回避的方式调用节奏和延续时间。但是,正如我们所引用的,本雅明的句子既不是观点的实验,也不是根据保罗·维利里奥(Paul Virilio)权威研究的理论阐述,正如德勒兹(Deleuze)所可能表明的,即使"句子"进行思考,也只能通过再现而不是概念。

然而,它将几种观察方式——步行、空中俯视以及开篇所提到的已经被忘记的交通工具所代表的那种方式——并置起来,真的是现象学的吗?真的促使我们意识到时间经验各种形式之间的区分吗?但我倾向于认为,这种区分和根本差别在于转换本身,亦即断裂，单是这一点就保证了对比，保证了对每一方独特的不同方式的感觉。"展开的平原"是一种感知的抽象，它狡猾地嵌入了飞行的时间性，将地面在我们面前铺开，以地图似的具体和归纳取代了空中的全景：它只是为回归到行人那种脚踏实地的视角提供了舞台（他还不是、根本不是一个浪荡子；他在去某个地方！）。抽象也是乡间步行景象的内容（"远方、观景台、林中空地、开阔视野"），它只是用于表明我们注视的这种抽象不存在空间之类的东西。正如本雅明谈到建筑时所说，空间是分散注意的所在；如在刘易斯·卡罗尔（Lewis Carroll）那里，我们只能从侧面看它，从我们的眼角斜视；如果我们从正面看它，它就会消失。

不过，这一切当中时间在哪里？只是句法的时间——对以步行引发的每一次道路转换取代"对于飞行者而言的……景象"的修正？（但是，这种建构暗含着我们前面提到的空间的句子的其他两个元素——强制的修正和对接受者的定位："只有他。"）我毫无根据地猜想，没有任何时间性与之出人意料地相似："如同一位指挥官在前线部署士兵"。其实是道路本身在进行这种指挥。我们作为读者遵循它的指令，并且相应地变换我们内心的模仿视角。但我还是要唤起阅兵场的情形，一排排士兵立正站着。随着一声令下，这些排列成队的士兵以精确的几何图形行进：侧翼进行大规模的运动；这些排列整齐的身体一同向前，形成一个非常和谐的宏大体系。[1]

所以，一个微小事物的运动——我这个微不足道的人在漫步或是驾车时欣赏沿途风景——呈现出了大众乃至整个宇宙本身所具有的更宏大的维度。这在阅读的精神里造成一种几乎是物理的置换，一种有控制的突发，其中模仿的范畴出人意料地彼此代替，就像掷骰子游戏中的变戏法，或者某种地下爆破声引发的明显震颤。作家显然改变了我们的精神基础；他的句子以一种感觉不到的暴力进入我们的精神内部，而这种暴力应该是违法的，本身应受到谴责。

这些感知维度之间的差异被要求以隐喻的方式像同一性似的发生作用：转过一角就像"一位指挥官在前线部署士兵"。军用飞机突然影响到浪荡子的隐喻领域，他慢慢到达一些新的店铺，变成了朝着新方向行进的部队集体的一致性。但这是在检阅吗？或者是战术调动吗？这些是附带的不确定性，留给我们的正是这种预想不到的修辞表演。在从意思到方法、从前景到背景、从最小到最大、从主体到客体，这些令人不安的转换中，存在着一种从隐喻到寓言的逐渐转移。失物招领处里的客体，是第一眼看到的新鲜陌生的风景；习惯使你想不起你把钱夹忘在某个地方的情形。然而，那湛蓝的天空，如此耀眼又令人心旷神怡，结果却只是一个绘制出来的舞台道具，带着某种轻蔑又回到你眼前，仿佛你当初就不该费心去寻觅这样一个毫无价值的东西（玛妮？拟像？可以肯定的是，此处是氛围的正式代言人在发声）。

但是，这些把随意的观察汇集在一起的情况，在同时性的现实世界里很少出现，就像那个时期的流行语言很少认同爱因斯坦的相对论。远在西格弗雷德·吉迪恩（Sigfried Giedion）的伟大宣言——《空间·时间·建筑》（*Space, Time and Architecture*, 1941）——使其闻名之前，本雅明就非常赞赏他论玻璃建筑的著作，所以吉迪恩根据相对论和多重视角对建筑现代主义所做的爱因斯坦式的简单描述，反而在水手世界的现象学里找到了明确的阐发（I，485；IV，144），在港口漫步的故事使人们想到讲故事的人的来源（旅行者的故事，水手身材更高的故事，以及为淳朴的、不怎么旅行的村民编织的冒险故事）。这种转变、这种冲击，在于意识到无论水手在浩瀚的海洋上航行多远，他其实对真实的城市本身知之甚少：他在陆地上的生活仅限于酒吧和妓女，然后便又再次驶向茫茫虚空，经历着康拉德（Conrad）在《台风》（*Typhoon*）里所描绘的那种痛苦，而事后除了恐惧与危机的记忆外一无所获，对真实的人类生活、日常事务、城市以及平凡日子毫无概念。他并非逃避那些东西，因为他从一开始就不知道那些东西；港口确实是一个不可通约的世界，城市居民对它那些标志方向的道路一无所知，而这些居民的习惯在水手自己常去的那些难以想象的地方也不会受到怀疑。每一个城市都是不可通约的村民的叠加，有时重叠，有时彼此完全不可想象，而他们的真实存在则可以被邻居们理解。但是，这种把港口本地居民与大城市市中心及其远郊的居民戏剧性地并置起来却是罕见的。

因此，这些证据开始及时地分解成异质的笔记汇集：色情内容、社会学观察、所见所闻、童年记忆、道德反思［尼采或纪德（Gide）风格的］、旅行者的札记、跳蚤市场的收集品、时代精神、文学、酒吧现象学、侦探故事、算命术士、技巧和格言，就像任何有趣的私人日志或日记一样，可以随意翻阅，有时还能用铅笔做些标注。但稍等片刻！这是一位以这种汇集本身为主题的作家，他迷恋这些东西：集邮、图书、任何整箱精选的杂物——这些都是他高度关注的客体，正如一个吃货在邻居和朋友的橱柜里得到的不只是一种懒散的兴趣。所以，这里我们可能忽略了某种有利视角；一个未被包括在计划之内的监视点，一个更全面的计划或策略，一套系列，一种新的文类？或许可以从关于孩子们的储物堆的一句不经意的评论中巧妙地找到这样一个（有利视角），它会将人们引向孩子们的藏身之处，以及他们在最为熟悉的室内空间里实现的空间重组。这一想法必然会反过来影响我们正在解读的这条街道上所发生的情况，而这条街道正逐渐展现出一连串密室以及隐藏于其中的玩具和玩偶。拉康认为，收藏是一个来自"原质"（das Ding，婴儿最初朦胧感知到的那个尚未概念化的"他者"）的信号：他举的例子是一系列构造独特、无穷无尽且相互嵌套的木质火柴盒，它们来自地球上所有能想象到的地方。[2] 也许这些笔记以某种神秘的方式相互渗透（他说"交配"），但我们仍未发现它们的联系方式，在这种挫折中，我们有时简单地回指本雅明本人，他自己私有的"主题"和迷恋（包括汇集），他自己个人无意识的"能指链条"。而且，如果他变成我们的一部分，我们一定会非常有兴趣；但是，哎呀，正如弗洛伊德所指出的，我们介入他人的愿望实现是非常有限的。

不过，我们忘记了，在这一切中——在杂乱的个人印象和公众的观察中，在积极主动的思想活动几乎耗尽其注意力的记载中——我们忘记了一件可能是最为关切（也最为烦人）的事情。"综合诊所：作者在咖啡店的大理石桌面上展开了他的想法。"他展开工具，进行操作，缝合他的病人，"嵌入一个外来语作为一根银制的肋骨"。文本完成，他付钱给服务员，"他的助手"（实习生、同事、护士等等）。他写完了编辑委托的文章，犹如你可以点一杯浓咖啡似的，然后阅读报纸，吸一支小雪茄，也许还会欣赏或审视邻桌的植物和动物（对柏林人而言，室外咖啡店无疑是在南方才有的经历）。至少这本书的一半被写作占据！你感到失望还是兴奋？20世纪60年代的狂热——文字、文本、文身、书信、标记、痕迹、录音设备、雕刻刀、阅读、书——在这里全是激进的文学，它是一个种子库，在巴黎炎热的夏天，在战后西方知识界中随时可以生长出鲜花。但是，这一特殊被盗信件也许太晚到达目的地了？也许本雅明反复思考的文学本身，在媒体时代已经过时，不论是新媒体还是旧媒体。这个时代再不只是复制，古登堡印刷和书籍虽然仍是特殊的例子，但这个时代基本上已是计算机和大数据、文稿演示和运算法则、人工智能、翻译机器和后人类高频交易的时代。你可以继续谈论对这一切的阅读，但正如电子阅读器所表明的，本雅明的实体书几乎已经消失不见了，而关于实体书的思考只能使我们感到不安，就像在整个这一时代敢于提及收音机似的。

但是，本雅明对写作的注意无疑是在推进唯物主义，这甚至在当时最先进的哲学里也是不寻常的：斯皮泽（Spitzer）和奥尔巴赫（Auerbach）对实体书没有太大的兴趣（但丁的合订本《神曲》是个例外），但本雅明却汇集它们——因此他关于书的思想完全是客观的和感性的，就像他关于人行道或妓院的思想一样：其实，更令人吃惊的说法之一是，"书和妓女都可以带到床上"（I，460；IV，109）。（应该顺便说一下，在他的全部作品中，并非他提到妓院的频率"可能不适合所有读者",而是这些妓院常常被用作随意的隐喻,这一情况的频繁出现才是问题所在:性机构和文学都是这部作品老化的标志,任何优秀的辩护律师都会促使我们在历史情境和语境中替换它们。)

因此,切割城市也会使工程师的思想转向他自己的方法,他的工具和图纸、他的城市计划面临的挑战,还有技术(传统的和实验的),以及劳动形式——挖掘、拆毁、架桥、协商安装电缆、建设下水道,以及道路下的水网。这些当中的每一项——以及对每一项的测绘——将采取不同的形式、不同的维度,像一开始警告我们的:"活页、小册子、文章,以及标语牌。"标题"加油站"使我们想到另外某种东西,即我们给自己汽车添加的汽油,如果与润滑机器其他部分的更黏稠的液体比较,汽油便具有一种非常不同的作用。18世纪,"文学"一词包含广泛的多种不同的写作——随着"文学(纯文学)"的出现,其范畴发生了变化,变成了不同类型的专家介入其生产的意思。那么,本雅明所激发的"文人"的使命和实践在魏玛时期怎么是普遍性的?这种使命不复存在,我们必须在他不在场的情况下阅读他的著作,包括与之相关的消失了的阅读大众、杂志、报纸,以及各种各样的印刷媒体,这些通常构成"公共领域",亦即交换意见的领域。实际上,"意见"之于庞大的社会存在机制,就如同汽油之于机器,本雅明就是这样完成他的唯物主义类比的。

与此同时,报纸——黑格尔的"现代人的早祷",马拉美(Mallarmé)的"世界之书"《一千零一夜》的原型——似乎至少是爱森斯坦"景点蒙太奇"的模式之一,而这种蒙太奇式的吸引也经常出现在《单向街》里。作为一个主题,它必然是其自身的组成部分,是一个包括自身作为子集的体系:关于排印的记录、书评、对自身出版的颂赞、卡尔·克劳斯的相关内容、打字机与书法之比较,甚至关于写作、批评、文化大众、话语文献的多种论点和格言……"别寄任何账单!"——这种命令本身就是一种反对自身的基因分裂,正如对意见的分析迫使本雅明自己的个人意见也进入观察的媒体,上了社会新闻栏,甚至可能进入广告,如当时苏联的先锋视觉艺术〔艾尔·李西茨基(El Lissitzky)〕:"今天,对事物最真实的、最深入的商业观察就是广告。"这正是那种唯名论的时代精神潮流,阿多诺曾针对它从哲学的角度提出警告。

但是,这种"时代精神"呈现出自身的问题:它如何普遍化,如何实现这本画册拼命召唤的核心判断?于是,当它出现时,在本雅明"指导下通过德意志通货膨胀的旅行",我们发现关于集体心理、民族行为矛盾和德国人在英雄危机时期的状态只有很少的记载。就此而言,本雅明自己的方法谴责他这种相当令人失望的反高潮做法。

这一历史中的主体(指主人公,甚至造物主意义上的"主体"),并不是被称作"德国人"的集体民族心理,而是儿童。它并不是全体民众构成的宏观世界,而是那个先于个体、先于集体、先于国家的存在。这个存在在探索空间、搜寻食品储藏室、进行收藏、解读事物以及构建事物等方面极为活跃,它才是本雅明诸多著作与感知内容的神秘主体:这是一种通过退行而产生的陌生化效果，是在他另一部伟大的蒙太奇作品《柏林童年》里重新找回的纯真。本雅明认为自己在早期的德国青年运动中已经找到了他最初真正的政治实践，然而事实证明这些运动已然走过了头；而且，如果从本雅明阐释的整个脉络来看，这位作家的灵魂在德语和犹太身份传统之间备受撕扯，那么儿童就早已是先于文学的解决方案了，他尚不知自己是否参与了这两者中的任何一方，更不用说知晓这两者之间的紧张关系了。这并不是要说诸如本雅明喜爱儿童这类过于简单的观点，对这位孤独者来说，这顶多算是个存疑的说法；他也并不向往那种华兹华斯式的孩童般状态，那是处于他所沉醉的语言及感知复杂性的另一个极端的一种理想状态。也许，他着手研究的那些浮夸的17世纪德国戏剧有些幼稚，但他对这些戏剧的解读可绝非如此。

然而，儿童的幻想形象为那个时代巨大的形式问题提供了一种方法论的路径，尽管还不是对问题的解决：在一个理念已经变成商品和纯评价的境遇里，如何以超智能的强度进行运作？如何在普遍贬低的意识形态素材中进行创新？在哲学终结和学术学科物化之后如何进行思考？或者，在现实被大规模地转变成图像和普通事物之后如何进行观察？他的同时代人庞德和爱森斯坦也得出了类似的结论：表意符号和蒙太奇都是走向一种艺术的方法，这种艺术进行思考但没有见解，通过某种"气质"把现实的多重层面不加过滤地结合起来。大量构成《拱廊街计划》的笔记正好是另一个这样的纪念碑，它不再是一条单向街，而是整个城市本身。阿多诺选择用思想来反对这种城市本身的路径，他怀疑拱廊街事业的可能性，因为它只在背后留下句子。然而那些句子弥足珍贵，它们提供了关于巴特（Barthes）含义的充分理解：巴特试图区分读者和作家之间的差别，因为句子隐含着作家的权力和简洁性，它们仍然发生作用——使你想进行写作。

开始部分要求我们提前把油箱加满，结尾部分把我们留在天文馆之外，仿佛等待——恢复存在与宇宙的关系、人类个人身体与宇宙的关系。它是否已经被包罗万象的城市形式破坏？对此，《单向街》以及生活和历史都同样谴责我们？或者，我们是否处于海德格尔形而上的边缘，处于与世界的某种关系的边缘？由于我们已经失去这个世界，我们甚至再也不能想象它？本雅明非常喜欢这篇短小奇特的论文，在这篇文章里，布朗基（Blanqui）身处于终身监禁的牢房中，不仅想象可见星星之外的宇宙，而且想象宇宙恒久的重复，想象历史以预想不到的巨大周期一再重复——对于这种历史，他自己徒劳地努力进行干预，并且一而再再而三地不停地这样做。毫无疑问，那就是再三重复我们无法到达天文馆的失败，然而同时又不断接近它的存在，非常接近，过了下一座小山，在路的下一个拐弯处就到了。真正的本体论就是努力触及某种尚不存在的本体论，而这种本体论我们目前仍然只能想象。

2.

因此，《单向街》把我们引向多种不同的方向。空间和城市，显然足够了；关于这一点，后面的一章（VI）会谈。这种旅行也有目的地，但似乎刚好拖延或中断在城市的边缘，靠近天文馆本身。

想必此处所涉及的利害关系，要比单纯的占星术（虽然本雅明个人对其有兴趣，下一章我们会探讨这个领域）更为重大。因为本雅明的语言理论——隐含于他看似神秘的早期"语言"概念，以及他对句子和文本的批评论述中——并不是常规的学术语言，不像修辞研究运动中他的同时代人〔如利奥·斯皮泽、埃里希·奥尔巴赫，以及后来的维尔纳·克劳斯（Werner Krauss）〕的语言，尽管他喜欢"语文学"这个术语。关于语言学的限制一般也是句子的限制，不论提出什么性质的更大框架（话语，文本语法，述行性）；我们已经看到，在可以称之为"空间的句子"里，对句子本身的句法限制取决于潜在的震动和扰动，即使它们并没有完全违背这些限制。我想在后面的讨论里提出，本雅明在一种截然不同的、潜在的非文字语境中看待他的（以及他人的）句子。例如，当他把波德莱尔的诗歌比作布朗基想象的暴动和政变时，真正发生作用的并非隐喻。与他赞赏的波德莱尔修辞中那种优雅暴力大不相同（刀割得如此干净，甚至在鲜血开始渗入水中之前你感觉不到它们），在本雅明与布朗基的比较中，他随意地、一厢情愿地把文体学和政治这两种迥然不同的范畴结合起来，因此人们可能觉得比较本身就是一种行为，是一种对诗歌那种平静自治的干预，对此当前述行性的语言或言语行为显得过于学术气和严肃了。布莱希特的"表意姿态"概念更合适，因为它把言语置于更具身体和情境的统一之中；作为一种批评行为（或表意姿态本身），它把语言学降到次要地位，低于肯尼思·伯克（Kenneth Burke）所称的戏剧艺术。因此，传统的解释被中断，即使一切所谓"风格研究"的伟大解释总是承认隐含着表意姿态的逻辑［我再次想到斯皮泽或萨特的文学论文，其论及的福克纳（Faulkner）或多斯·帕索斯（Dos Passos）的风格，或加缪《局外人》的风格，都被理解为许多形而上的行为］。

但我还想强调的是，本雅明的批评实践中也有不那么隐秘的暴力；他自己这样做，呼吁批评分析要"毁灭"文本。"毁灭"这个术语他借自德国浪漫主义作家："（对弗里德里希·施莱格尔而言），批评必然认真地消解形式，以便将独特的作品转变成绝对的艺术作品……'我们必须提升自己，不能只限于自爱，要能够在思想上毁灭我们崇拜的东西，否则我们就会缺少……对无限的意识'。在这些陈述里，施莱格尔自己明确表达了批判中的破坏性元素，即消解艺术形式"（I，163-164；I，85）。在本雅明这里，这一原则将采取一种修辞暴力的形式，其中特定的段落被"挤压出去"［IV，173；I，670：herausreissen（拖出去）］。但在那种超验层面之上和之外——这种超验对浪漫派来说就是艺术本身（偶尔对本雅明来说是寓言）——那种"毁灭"也是一种生产：

> 优秀的批评至多由两个因素组成：批评性注释和引证。非常优秀的批评可以由注释和引证构成……完全由引证构成的批评应该发展。（II，290；VI，162）

因此，从特定文本中抽取某个段落并非只是打乱文本；它具有产生新东西即引证的后果，其自身具有一种普遍的意义。我们很快会看到，它不仅隐蔽地基于相似的逻辑，而且还有自己更深层的比喻，仿佛具有历史本身的原始形式。于是，出现了一种扩展活动，其中抽取的引证逐渐变成新的发现，在波德莱尔的作品里它被"以英勇的努力从'永恒的同一自我'中抽取出来"（IV，175；I，672）。这是一个过程，当那个著名的人物"历史唯物主义者"开始"在同质的历史进程中开创一个特殊纪元时，这个过程就变成了世界历史的；如此，他从这个时期开创出一种特殊的生活，从一生工作中开创出一种特殊的工作"（IV，396；I，703）。

完全可以说，这种对扩展（强化、增加、扩大）的强烈意志，事实上不过是幻想的推进，如同肯尼思·伯克的"象征行为"收缩成一种"单纯的象征行为"，或者波德莱尔的证实因嘲讽而类似于布朗基的（同样无力的）暴乱。修辞暴力乃文学批评家所为，他们拼命使自己的文化专栏获得反叛和实践的历史及政治意义。当然，这种解释在很大程度上取决于我们赋予文化的历史价值，取决于上层建筑如何被看作生产方式的一个能动部分（有人论证说，现代，甚至后现代——以及伴随它的所谓西方马克思主义——再现了一种社会吸引力的核心从生产到消费的转变）。

然而，我觉得更重要的是修辞扩展本身的形式，其正负变换处于一种不确定的辩证之中。表面上，毁灭（这也是海德格尔用以表示他修改哲学史的语词，后来重写为"解构"）作为暴力和表达暴力的同义词，似乎是一个否定的术语。然而在另外的时刻，本雅明认为，毁灭生产并真正构成一种新的产品，一般来说，这种新的产品如果不毁灭它自己的素材，它就不会等同于自身形成的意义。因此，美学作品中关键的"毁灭"并不一定是否定的现象，并不像在衰退的唯美主义的复活中所发现的那样。在本雅明这里，修辞在于以中立的方式确定修辞的素材，它仿佛是一种未确定情境的原始资料，其中一组形象被安排就位，然后根据我们的政治需要，把它们变成肯定或否定的结果。"氛围"可以是乌托邦的，也可以是反乌托邦的，因人而异，它可以服务于进步政治，也可以服务于反动政治；它本身就是一个要从政治上做出的判断，就像本雅明一再坚持的那样（甚至在他早期青年运动的著作里也是如此，在那些著作里，这个问题是如何使经验概念"摆脱"康德认识论的局限，赋予它一种更有活力的新生力量）。

但是，句法的行为——如果可以这样说的话——在本雅明这里并不局限于字面意义的爆炸〔"历史唯物主义者从物化的'历史连续性'中炸开了一个时代"（III，262；II，468）〕；它还强调一种时间性，在历史"宏大叙事"的具体时期内部发现重要的运动和无常的事物。因此，"辩证的形象是一种闪现的形象。原本的形象——此处是波德莱尔的形象——必须以这种方式来捕捉，它在对它可认知的现在闪现"（IV，183；I，682；A，N3，1；VII，578和K2，3；VII，495）。闪现——一个极具本雅明特色的动词，自身具有一种内在的暴力——通过它的诸多对等词，可以得到很好的理解：闪光、闪耀、发光、闪烁、微光、疾驰、闪亮，等等。此处扭曲行为的明显暴力已经被其时间性取代，暴力的物质行为已经被其快速消失的外观取代。于是，存在的短暂性、它的闪光，通过另一种特殊的表达"掠过"而得以强调——掠过、飞过、滑过、闪过、跑过、晃过、驰过，等等，结果速度代替了视觉现象。他在一个重要的段落里告诉我们，"词和句子意义的关系""是一种承载装置,通过它,相似性像闪光一样出现……人类对它的创造——宛若人类对它的观察——依附于它的闪现。它飞掠而过"(II,722;II,213)。

但这种相似性本身是一种掠过的闪现,因此需要更详尽的解释。事实上,它是本雅明思想中最基本范畴之一的标志和征候,这个范畴就是相似(或比喻),它不应与隐喻和转义混淆,但它差不多是一种形而上学的原则,既支配着本雅明的历史观,又支配着他的感知实践(他温和的经验主义),关于这些我们下一章再谈。此刻它足以表明,这些绝不只是在当前作品里将被孤立考察的风格特征,它们全都有某种次生的、或许不需要的后果,而正是这种后果本身现在需要我们注意。

正如我们所看到的,这些反复出现、看似隐喻的表达,不仅强调了修辞情境的多面性,而且预设了最初"扭曲出来"的修辞暴力,其自治化的部分变成了一个全新的整体。然而,这要成为可能,就必须以观点和路线的辩证为基础,此刻打破的暴力引发了一种生产,它把限制变成边界,在留下的断裂处产生一个全新的断断续续的空间。

还有一些时刻,本雅明的语言习惯服务于其他一些更令人怀疑的目的。在这种意义上,我将说明那些中性的然而又奇怪的科技术语的特点,他借这些术语来连接基础和上层建筑,并凭借这些不太好解释的词语来宣称一种关联以及有意义的联系具有权威性,例如"带有索引""摘录""凝聚",等等。关于这些词语,我们或许可以无休止地冒险猜想,但猜想终归无法证实,即使它们对某个尴尬时刻的描绘十分优美。更有意义的是这些修辞活动基本的对立面，即本雅明一生坚持的沉默无言和无表情性，它始于希腊的雕塑（波德莱尔式的美），坚持在其对立面中作为语言的真正实现，彻底打破自己的那种沉默和空虚。实际上，这种基本中断的事实通过兰格和罗森茨维格的权威会得到强化，形成他的悲剧理论的基础。这一点我们很快就会看到。最后，存在着这些言语转折的言说者，他同时也是它们的观察者、分析者和操控者：这人不论是谁，都是被后来公开承认是"历史唯物主义者"的人，在本雅明笔下的诸多人物中，他将发挥重要而神秘的作用。

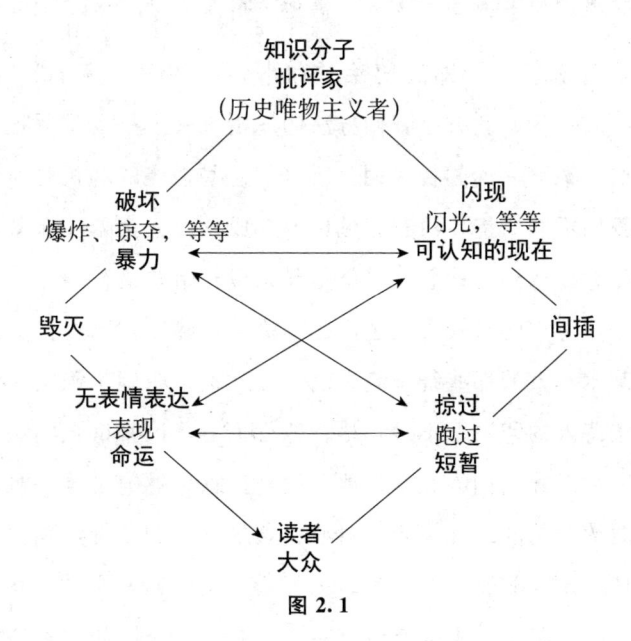

```
              知识分子
              批评家
          （历史唯物主义者）

       破坏                    闪现
    爆炸、掠夺，等等         闪光，等等
       暴力                可认知的现在

   毁灭                              间插

   无表情表达              掠过
     表现                  跑过
     命运                  短暂

                 读者
                 大众
```

图 2.1

3.

读者会注意到,句子——不论是他(本雅明)所研究客体和语文学关注的句子,还是本雅明自己的句子——被如此从它们的语境或作品中"抽取"出来,自身便变成了一个新的文本,也许人们甚至可以称它们是一种新的文类。这种文类就是引文,而在这里引述本雅明在《单向街》里描述它们的段落,或许再合适不过了:

> 引文在我的作品里类似于路边的强盗,他们突然出现,携带武器,使懒散的漫步者脱离他的信念。(I, 481; IV, 138)

漫步者是个老朋友,即波德莱尔和本雅明的"浪荡子",而"信念"——从一开始它就是我们方法的润滑剂——是本雅明很少使用的"意识形态"一词的替代词。所以,这些强盗的动机是教育:他们想使我们不知所措,没有偏见也没有成见,完全处于布莱希特那种陌生化意欲达到的状态,也就是新思想开始的状态。

但是,引文的形式含义也许还不清楚,除非你已经认真读过关于波德莱尔本人的那些绕来绕去的部分。本雅明偶尔确实会记下自己对这位诗人的印象;不过,尽管他写了三篇论其诗歌的文章,我还是觉得难以称它们为文学批评。他真正感兴趣的是这一时期其他作家对波德莱尔的解释,包括对波德莱尔道德的谴责,也包括拉法格(Lafargue)或布尔热(Bourget)等人对其微妙文体的评论。无疑,现在的情况是,很少有作家能像诗人那样获得如此多的反应和阅读;关于诗人,人们会说,正是这种多样性本身,以及它所表明的晦涩难懂，才是其伟大的真正标志。但我还认为，本雅明非常喜欢公共领域里的多重声音与观点，即那种真正的复调。当时，围绕着一件实实在在演变成公共丑闻的事件形成了这样的公共领域，而且这件事在世界各国语言中都被视作一种风格上的结晶，它被认为不仅仅是一种新的东西，更是一个全新纪元的开端。然而，我最感兴趣的恰恰是本雅明对这些多重声音的激情，以及他在政治上对多重性、对大众本身的迷恋（尽管事实上这些几乎全都是资产阶级批评家）。值得注意的是，在他之前诗人也在其《烟火》（*Fusées*）中进行了思考，他在《烟火》中反思说："Le plaisir d'être dans les foules est une expression mystérieuse de la jouissance de la multiplication du nombre. Tout est nombre. Le nombre est dans l'individu. L'ivresse est un nombre."[3]我将其法文翻译如下："在人群中获得的愉悦，是我们对数字倍增所带来的乐趣的一种神秘表达。一切都是数字。数字存在于个体之中。陶醉是一个数字。"实际上，正是这种引文的复调，有时使我们感激他从未以话语形式"完成"《拱廊街计划》，他留给我们的是汇集起来的剪辑，而这种汇集又变成了我们自己的爱好。

不过，仍然有一种一般性的效果，据此另一本书可以突然透过文本说话，并且中断的美学而非文本内容的合理性会对读者内心的平衡产生一定的影响。也许，它时不时还会败坏文本的原始声音，即本雅明的声音。不论在哪种情况下，我们这里似乎都会面对一种不寻常的教育问题，它与思想内部认知层次的转换相关，或曰一种教育的手术，也可以说是一种阅读过程中的文化革命。但此刻我们

难免会想起作家坚持的梦想,即著名的、无疑有些淘气的计划:写一本完全由引文构成的作品。这个计划在阿多诺看来很疯狂:

> 这一计划的方法:文学蒙太奇。我无须说什么。仅仅展示。我不会偷窃有价值的东西,也不会挪用精妙的构想。但是一些破烂、垃圾——这些我不会贮藏,而是通过运用它们,以唯一可能的方式使它们成为自身的存在。(A,460,N1a8;V,574)

1924年,他可能还没有如此雄心勃勃的计划,当时他写信给肖勒姆说:"我手上有大约600条引文,并且还对它们做了很好的组织安排,你只要看一看便可以得到一个概貌"(3月5日)。然而,证据——它与未来的《拱廊街计划》无关,而是与本雅明对其《德意志悲苦剧的起源》论文所做的研究有关——使我们认识到,事实上,早在波德莱尔计划之前,他就已经写了这样一本著作。因为正如我们将会看到的那样,《德意志悲苦剧的起源》一书不过是一连串引文的编织,这些引文排列成阅兵式的队形,庄严地在书页上行进,犹如一支由不连贯内容组成的大军。但这支特别的"大军",就像在布朗基笔下的那样,被伪装成了一种论述。

然而,本雅明十分愿意从自己的笔记中选取出这种结合,如在他的"文章"《中央公园》中所表明的那样。这篇文章由他自己的一系列观察构成,采取断断续续或片段的形式,选自J或波德莱尔繁复晦涩的作品,没有任何总的明确的方向(帆上的风),或者不那么隐喻地说,没有任何中心主题或相互关联的安排(用阿多诺指责他的话说，没有做任何协调）。这种实践可以通过两种方式来看：它是前文提到的引文并置的纯形式混杂，只不过他用他自己的笔记代替了从其他作品中剪下的片段；或者，它是理论观察不连贯的原始形式或原型，例如对尼采或拉罗什富科（La Rouchefoucauld）的观察，"引文书"本身只是对这种形式的模仿或具体呈现，但其形式却是一种非个人素材的拼贴。

于是，这里开始出现一种美学，一些形式原则（或艺术理念）的痕迹，它深刻地表明了现代主义时期的特点，在庞德的《诗章》（*Cantos*）里以及在爱森斯坦的"景点蒙太奇"里都可以找到相似的关系：两者都不是连续的，都像是不相关的形象的拼贴，由于某种原因，它们都回避个人声音的方向，回避偏执意见的主体性，回避主体的意图和解释，从而表明在现代主义里为何逃避自我心理和意识的引导，以便达至一种更客观的美学。与此同时，三部作品都偏爱教育（可以再加上戈达尔（Godard）的《电影史》[*Histoire(s) du cinéma*]），背叛了对教条论点和教训的高度承诺，但它们能够从读者作用的扩大中获得好处，它们要求读者做出自己的判断（布莱希特的史诗剧亦是如此）。做出你们自己的判断（因为它们与我的正好一致）！正是这种强烈的个人信念希望能摆脱个人（或后结构主义意义上的作者），并且承认读者拥有某种新的解释自由，与此同时，它又渴望将读者纳入自己的目的，不过它很谨慎地没有具体说明这些目的是什么。也许此处应该援用本雅明经常提到的基本风格原则："如果说我的德语写作比大部分同时代作家都好，那是因为我 20 年来一直遵循一条小的规则：除了写信，从不用'我'

这个字"（II，603；VI，475）。至于更大的形式，进入其中的那些句子，不管是不是引文——经常是引自他自己作品的引文！——颇像是一种马赛克（本雅明自己在其论翻译的文章里突出地使用的比喻），而那些看似局限于该文的引文，曾经是卢卡奇著名文章的主题，战后阿多诺也回到了这一主题（结果在一次争论中被用以反驳卢卡奇本人）。

但如果我们已经看到的那种由一个个独立句子组成的集合体甚至都不能被称作一种形式的话，那这就是没有考虑到本雅明驾驭这种形式时所展现出的精湛技艺。不过，我们对那种"形式"的看法，已经带有不同版本造成的偏见（且不说围绕它们的意识形态斗争）。在德国，本雅明关键的复兴发生在1955年，那年出版了由肖勒姆和阿多诺编选的他的两卷本文集；在美国，则以哈里·佐恩（Harry Zohn）翻译的《启明》（*Illuminations*）在1969年出版为标志［载于汉娜·阿伦特（Hannah Arendt）编选的文集］。同时，1974年开始出版的《全集》（*Gesammelte Schriften*）为争论提供了完全不同的基础，而具有里程碑意义的四卷本《文选》（*Selected Writings*）1996年在美国的出版，预期会对美国的批评努力产生同样的作用。

然而，对英语读者而言，本雅明仍然被限于《启明》，但德语读者也同样受限，对他们来说，肖勒姆和阿多诺1955年选编的两卷本文集（仿佛是联邦德国或修正主义的经典）划定了认知的边界。诚然，它还包括《德意志悲苦剧的起源》，但在美国，该书在1998年被翻译出版之前一直都是传说。其他选集只包括我所称的

"文章"，我现在把它们重新命名为计划-文章，以此我想表示"偶尔"出现的文章的对立面，或者作为对比的结构，同时强调每一篇为构成某种完整的理论陈述所做的努力。这些计划-文章始于1929年那篇论超现实主义的文章，终于专门为法兰克福学派《社会研究杂志》（Zeitschrift für Sozialforschung）写的那些文章。[我在这一讨论中略去了所谓的早期著作——大部分是片段，尽管它们包括对歌德《亲和力》（Die Wahlverwandtschaften）研究中那种原有的更长的形式（192，2）——本雅明一向赋予《亲和力》特殊的意义。]

对比这两部选集，即美国译本和德语原版，也是很有启发意义的——也就是说，看看《启明》本身遗漏了哪些内容是很有启发的：当然，早期（"神学"方面的）材料被遗漏了；许多文学论文和评论也未被收录，除了那些关于卡夫卡和翻译的文章；《单向街》；《破坏的特点》（"The Destructive Character"）（论克劳斯和布莱希特的历史-政治作用）；三篇关于《拱廊街计划》的重要预评[《巴黎，19世纪的首都》（"Paris, Capital of the Nineteenth Century"）、《波德莱尔作品中第二帝国的巴黎》（"The Paris of the Second Empire in Baudelaire"）和《中央公园》]。我们或许还会注意到，那篇论《爱德华·福克斯：收藏家和历史学家》（"Eduard Fuchs: Collector and Historian"）的文章——常常被描述为本雅明对马克思主义方法的最正统的表达——被这两部选集都遗漏了；而且，两部选集都没有体现出对《技术复制时代的艺术作品》第2版有任何关注，虽然都勉强收录了布莱希特式的《什么是史诗剧？》

("What is Epic Theater?"),但与此同时都摒弃了后来成为本雅明在20世纪60年代最具影响力的文学理论文本,即《作为生产者的作者》("The Author as Producer"),阿多诺和阿伦特似乎也都指责这篇文章。不过,或许后一篇作品由于过于简短,其实并不真的像《暴力批判》("The Critique of Violence")(被阿伦特遗漏)以及《译者的任务》("The Task of the Translator")——这两篇文章对本雅明逝世后的20世纪60年代影响颇有影响——那样能被视作一篇"计划-文章"。这两部选集也都没有收录后来成为本雅明那些更具神秘主义倾向的读者眼中的奠基性文本,也就是早期的《论语言本身和人的语言》("On Language as Such and on the Language of Man",写于1916年,但在本雅明生前并未发表)。因此,要尽可能少谈马克思主义,同时与神学也拉开某种距离,似乎将变成本雅明20世纪60年代的政治传统。

不过,尽管有阿多诺-肖勒姆所选的样本,但即便德国公众也没有意识到,随着1972年《全集》第三卷的出版,那些短的文章和评论对公众领域造成了浪潮般的冲击。第三卷是一部宏大的600页的巨著,像一颗陨星,莫名其妙地落入那些更值得尊敬的"文学"文章中间,而且其数百篇丰富多彩的一两页篇幅的书评,一下子就清楚地表明了勤奋的本雅明是一位截然不同的作家,完全不同于多种文学理论和学术思潮将其经典化的情况。

如果我们接受这样的看法,认为这种书评(尽管其本身几乎总是被随意和偶然的外来委托决定)是一种与日记相关的文类或形式(例如,安德烈·纪德的日记,它成为20世纪的经典,也备受本雅明赞赏），并且，如果我们随后大胆地为这个名单再增加那种现已过时的形式，即本雅明能够指责自己多变的知识兴趣和个人怪癖的书信形式，那么我们就开始获得一幅关于此人的完全不同的画像，鉴于已经断言他从未写过一本书，也可以肯定他甚至从未写过一篇这样的文章。

无论如何，都可以构想这样一种情况，它不只为了在本雅明的文类或"小形式"——类似于格言或警句或歌德的"箴言"——里包括"可引用的句子"，而且要进一步扩展目录，使这种文章形式本身归之于本雅明的"毁灭"，从而不仅确定空间的句子、引文、艺术——段落、声调顺序和"景点蒙太奇"，而且确定失败的文类、短文、不完整的中世纪的论文（只在这里或那里残存下来作为一些"命题"）、政治演说和宣言，以及日志或日记。

我们也绝不能遗漏他为儿童创作的娱乐作品、戏剧以及他的广播节目，这些似乎可以被归于不同的叙事标题之下。当然，他会讲故事——他选择一些令人难忘的灾难事件来款待各个年龄段的公众，例如"里斯本的地震"或者"泰河湾的火车灾难"，但在他那篇大论文的意义上，他不是一个讲故事的人，他的那篇大论文召唤现已消失的使命机制。然而，我觉得他确实是个善于讲故事的人，特别是他采取的形式，从莫泊桑到康拉德再到萨默塞特·毛姆（Somerset Maugham），旅行者的消遣变成了一种文学实践〔并且，按照萨特在《恶心》（*Nausea*）里特别尖刻的指责，这种方式把对"经验"的专横的、基于代际观念的尊重强加给受制的读者〕。

不过，就本雅明的情况而言，人们往往能感觉到他在分享这些外来经验时的愉悦；这些经验十分丰富，包括大量令人愉快的、布莱希特式的启示，例如航运的历史和经济学（II，646 - 648；VI，447 - 448）。但更常见的是，它们被用作某种前提，以便叙述者实施其艺术实践。

因此，举例来说，他在为报纸撰写一篇关于各种别具风味的意大利美食的短文时，开头会按惯例阐述一些关于味觉、饮食以及全新美食体验的想法。然而，几乎紧接着，就会以旅行见闻的形式出现一则轶事（文中会说）："我是怎么知道这一切的呢？"（II，350）（这个第一人称的叙述其实并没有任何真正个人化的内容；它只是专业旅行指南的那种叙述角色罢了。）然而，针对空白背景凸显出经验；使它作为经验可以看见的是旅行的孤单和空虚，在外国某个地方的孤立和无聊 ["无聊是梦之鸟，它孵化经验之蛋"（III，149；II，146）]，以及疏离感 ["使你无法分享它是多么悲伤啊"——宛如在一家法国咖啡馆单独食用早餐的复杂心情（II，360；IV，376）]。

然而，随后是绝妙的轶事、热情的狂欢，口袋里塞满无花果，它们转移到他的嘴里——"达到顶峰的味道……兴奋完全转变成习惯，习惯转变成恶习。憎恨那些无花果……我想拼命吃光它们，解放自己，摆脱所有这种熟透了的、爆裂开的水果。我吃是为了消灭它"（II，359；IV，375）。这让人联想到《马哈哥尼城的兴衰》（*Mahagonny*）里的雅各布·施密特先生这个角色，鉴于金钱能够购买一切，他便以寓言的方式全身心地去吃下另一整头小牛，以此来平息自己的欲望（最后他也因此而丧命）。在布莱希特那里是戏剧和唯物主义的东西，我要说是本体论的，而在本雅明这里则是心理学的，直到我们想起他把它翻译成绝对真理（"任何人过多地吃一种食物，永远不会对它有真正的体验"），轶事变成对它的证实。

可是，假设这些书评真的共享相同的形式，孤立的经验与空洞无聊相对，感知被变成事件（因为读者/听众的参与，它们变成了轶事），那么我们一定要赞赏本雅明的勇敢，他大胆地把这种谦卑的文章形式转变成一种几乎是音调和层次的象征展示，一种艺术大师的表演，包括从幼儿的手指训练一直到崇高的升华。事实上，1928 年本雅明为《法兰克福报》（*Frankfurter Zeitung*）撰写的一篇关于柏林食品展览会的简要报道，即《柏林食品展览会的尾声》["Epilogue to the Berlin Food Exhibition" （II，135－139；IV，527－532）]，乍一看似乎就和小镇报纸上刊登的农贸市场通告一样，缺乏吸引力。但实际上，或许正是由于这个原因，它成为本雅明最耀眼的文章之一。这不仅因为这场展览有着怪异的规模，看上去可与亨利·福特（Henry Ford）在迪尔伯恩（Deerborn）的机械博物馆相媲美，还因为本雅明以一种低调却又精准无误的方式，在他兴致勃勃构建的一个个小片段中，沿着从接受（展览内容）、涉及政治层面再到预示世界末日这样的路径进行探讨，并且带着一种写作的愉悦感尽情施展自己的笔力，而这种愉悦感与他表面上的主题显得格格不入。

在开始抛开对展览、普及和广告艺术之间关系的观察之后，他描述了最初祭品的巨大比例（"在统计的祭坛上，祭献的烤面包像人一样高"——对此他回过来有个注释）；同时把对这种庞然大物的兴趣醒目地赋予他最喜欢的观察者之一，也就是儿童（"这些事物对科学的意义完全与我无关。但它们对儿童的意义则非常明显"）。

于是，儿童游乐场的教育意义被揭示出来，表明了第二类观察者即大众出现时的情况（"他们不希望被'指导'"）。现在儿童眼中的巨人图像呈现出某种有些不同的也许更具预谋的特点，因此显得有些邪恶的意图：因为大众"只有伴随内心明确经历过的东西的些许冲击才能吸收知识。他们所接受的教育是在展销会上遭遇的一系列灾难，在昏暗的帐篷里，解剖学的发现深入他们的骨髓"。这里的教训是潜移默化地进行的，展现了食物的发展轨迹，"小灯光忽明忽暗，说明不同季节里庄稼的种植情况，或者人体内的新陈代谢过程"。大众还吸收了一点历史知识，例如"埃及人、希腊人、罗马人、日耳曼部族……在明亮的壁龛里用餐，但却什么都不吃，就像幽灵们聚在一起参加午夜盛宴一样"。同时，基督徒讲授幼儿营养的利弊得失，也讲坏保姆，她"把奶瓶放进自己嘴里，将吃奶的孩子头朝下抱着，喋喋不休地与另一个坏保姆说话，产生的图像足以温暖任何魔鬼的心"。（也许这最后的展示是为了约束并警示在开幕式上喧闹的儿童观察者。）

无论如何，我们最终都会接触到统计数据，从那些沦为食品生产和运输空间的美丽景致中走出来之后，我们"从最不了解的方面来到自身当中，我们甚至不知道存在第四或第五维度，即作为衡量标准的提供者"。于是，这一切通过"战时食品"合乎逻辑地进展到可怕的合成食品——"它们全都有注册商标，但却不包含安全期，仿佛语言处于流亡状态"。现在这种堕落注定导致本雅明式的某种《冥思苦想者》(*Grübler*)的沉思,从过时的瓦砾中选出具有寓意的碎片,选出泄露秘密的"第一批'真空包装食品'的残余"。

轨迹预示兆头不妙,但可以预见的是,文章适时出现,并未对世界末日呜咽抽泣:这种"食品展销会并非这地方的坏模式,世界在这里被封闭起来,关死了"。接着世界末日默默地由数字语言学构成,其中"我们看见装了12麻袋的650公斤压缩饲料,900公斤秸秆,装了两货车的2 700公斤干草,还有装了5辆载重货车的11 000公斤胡萝卜"。今天,关于自动化的养鸡场和使用化学药品的猪场,他会想些什么呢?它们可怜的境遇和毒素远比数字与统计计划的命运重要。

然而,他对饮食学这门科学最终形态那令人瞩目的缺失感到遗憾,也就是鲁滨逊·克鲁索(Robinson Crusoe)发现同类相食秘密的那块"布满人骨的海滩"。这一缺失并不会减少这被永久定格的展示案例的价值,它后来成为人类教育学的"体温记录表"(a fever-chart),或者你如果愿意,也可以说是文化革命技艺;因为我们在本雅明的人物表里所发现的——兴奋的儿童、头脑迟钝的群众、历史的幽灵和充满活力的保姆,还有"不在场的游医",以及靠欧洲和鲁滨逊记忆生存的食人者——都是本雅明细心观察和衡量的情况,其中的启示进入社会,进入总是需要"社会再生产"的社会秩序,无论它是革命的还是保守的。他的人物总是教育的客体:这是他在政治和美学方面与布莱希特相近的更深层的秘密,也是他对这种教育的原型主体格外注意的秘密。这些主体就是儿童自己,他们与自己玩具的关系揭示的不是享受或消费,而是对生产本身的兴趣。他自己作为"浪荡子",仿佛是这种集体和社会教育的学术监视器,仍然是一个观察者——但与此同时,很难说他是中立的,来自未来充满激情的时间旅行者可以表达他对这种奇特形式的兴奋和愉悦,而今天资本主义自由市场的社会再生产的课堂所采取的正是这种形式。

注释

[1] 参见 William K. McNeill, *Keeping Together in Time*, Cambridge: Harvard University Press, 1995。

[2] Jacques Lacan, *Seminar*, *Livre VII*, Paris: Seuil, 1986, 136.

[3] Baudelaire, *Oeuvres complètes*, *Bibliothèque de la Pléiade*, Paris, 1975, 649. 本雅明自己在《拱廊街计划》(J34a3, 290) 里引用了这段话。

第三章　宇宙

……星球,波德莱尔排除在他的世界之外……(IV,173; I,670)

1.

人们很难过高地评价这种观察的重要意义,这不仅因为本雅明对诗人的解读,而且因为他对现代世界本身的评价。诚然,波德莱尔曾想象过崇高的居住之地,"靠近上天":

我要一张床靠近上天,一个占星家的洞穴
在那里,我能创作田园诗,它们纯洁而严肃。[1]

阿什伯利（Ashbery）主动添加了"洞穴"这一元素有个好处，那就是强调了一种不那么明显的动机——尽可能地远离社会。顶楼比大街更接近星星，但仍然像阴云密布的天空一样难以触及：

> 当冬日笼罩着单调的乌云，
> 雪云，我要放下百叶窗并拉紧窗帘
> 构建我夜晚神奇的宫殿。

事实上，代替星星作为波德莱尔世界外围的是天花板，它遮蔽了星星：天气的"低垂的天花板"在这里很难说是隐喻的。街道本身，整个城市以前的外部世界，被它变成了室内和封闭的空间：

> 当巨大的盖子被掀起时，阴沉的天空
> 落下，正好与地平线的环形相合……

这种持久令人窒息的空间的时间性，明显把波德莱尔与他同时代的雾都伦敦的狄更斯区分开来，它是本雅明使城市成为城市的东西，是他一生的宏图大志要再现的一种客体［他在谈到马赛的清晨时说："城市在我手里变成了一本书"（I，477；IV，133）］。本雅明早期对波德莱尔作品的翻译确实仅限于《恶之花》（*Les Fleurs du mal*）中名为"巴黎景象"的那一部分［做出这一选择，无疑是因为斯特凡·格奥尔格（Stefan George）那精妙的德语译本中未收录这部分内容，本雅明特别赞赏格奥尔格将"忧郁和理想"译为"阴郁沮丧和充满朝气"］。他常开玩笑说，年轻的阿多诺是他唯一的学生，但他自己的思想显然因他学生那现已成为经典的"室内"一章而得到升华；在这一章里，通过存在主义与作为封闭形式的资产阶级房间的类似的生态特征,"主体的根源在于客体世界"这一点被戏剧性地揭示出来:"内在性自身呈现为人类存在限制于私人领域,摆脱了物化的力量。然而,作为私人领域,它自身属于……社会的构成。"[2]

其实,对本雅明而言,房间总是具有更重要的意义,仿佛天使直接把亚当和夏娃从乐园驱赶到一个旅舍。普鲁斯特的旅馆房间肯定是原型,但本雅明自己在柏林的童年经历,使德国首都的那些房间成了对古典欧洲资产阶级特殊的空间表达。然而,在另一种意义上,作为形式的房间可以被认为是一种非常古老的类型,只是最近才受到勒·柯布西耶的"自由计划"的威胁:我们会发现,在阅读本雅明关于城市的文章时,房间总是理解他的一个线索,也是最值得细究的一种客体。但是,也许观察一下其修辞结合并非不合时宜——城市被看作一个房间,房间自身被变成城市——这种修辞只能在拱廊现象中实现,拱廊的流行在于它可以遮蔽天空,还可以提供灯光照耀的安全性,在煤气灯点亮前与街道区分开来:在这里,"盖子",也就是"天花板",变成了一种有益之物,正如阿拉贡(Aragon)在《巴黎的农民》(*Le Paysan de Paris*)那羞辱性的反讽里所表明的,它激发了一整个微缩且多样的城市景观的蓬勃发展。

至于那些因处于室内而无法触及的星星,它们在布朗基最后的手稿《藉星永恒》(*L'Éternité par les astres*)里再度现身——其革命的版本"永恒的回归",以及它的不可确定的前景和命运,不断萦绕着本雅明最后的岁月——它们在那里有一种完全不同的意义,这反映在对波德莱尔本人的论述中：它们是相同的自我、不断重复的同一性，现在"表征着令人迷惑的商品画。它们是大量存在的千篇一律之物"（IV，164；I，660）。但是，我们在这里要离开那些星星，"去天文馆"。

因为后者激活了前面演示过的范围和边界的辩证。它们的缺失变成了现代的局限，超出这个局限便无法前行；然而，如果坚持更多的思考，它们会证明那只是边界，在边界之外，可以想象另外的东西，另一个宇宙。

2.

生命的短暂全都相似。　　　　　　歌德，《浮士德 II》

不过，本雅明意在提醒我们，就在建筑门前的台阶上，它们的模拟物被展现出来，"这是现代人的危险的错误……把（宇宙的经验）赋予个人，作为星夜的诗歌狂欢"（I，486；IV，146-147）。

如果我们仍然能获得关于星星的经验，那么它不会是一种视觉体验，与它们不在场的经验所表明的相反，反而会是一种身体层面的关系。本雅明将视觉与可测量的事物联系起来：

> 区分古代人与现代人的最重要的东西，莫过于前者沉浸于一种鲜为后世之人所了解的宇宙经验中……（开普勒、哥白尼和第谷·布拉赫）特别强调光学与宇宙的联系——天文学很快就朝着这个方向发展了——其实包含着一种即将到来的奇观。古代人与宇宙的关系完全不同：心醉神迷（陶醉）。（I，486；

IV，146）

这种陶醉（无疑源自尼采的用法）与波德莱尔关系不大，但与荷尔德林相关，其中正是"神圣的平凡"本身才是某种虚幻的醉态，在这种醉态（一种"氛围"的早期定义形式）中，它单独同时保持着关于"什么离我们最近和什么离我们最远的知识"。

接下来是一个至关重要的句子，它重新界定了身体在这一切当中的地位："这意味着……人类与宇宙只有和谐才能形成心醉神迷的关系。"视觉及其科学是个人身体的特质，因此也是现代性的征象。身体肯定对本雅明的唯物主义至关重要，但我们会看到，这并不是在当前流行的后结构主义的一种后现代意义上的重要。无论如何，本雅明的宇宙是一种已经失去的前历史，对它我们只能通过一些痕迹来创造一种关系，例如通过荷尔德林的诗歌碎片："很难有任何途径到达这种充分统一的、独特的世界"（I，24；II，111）。

不，将身体置于与古代宇宙关系之中的——虽然星星和星座依然如故——却是比喻的原则；这里我们触及了生产的角度，由此可以探讨本雅明寓言式神秘的语言观念，以及他偶尔暗示的基督教和犹太神学的主题。这里我会尽量避免与流行的后结构主义教条进行比较或不合时宜的参照；然而我们偶然出人意料地发现，在米歇尔·福柯充满诗意的赞扬中，有一种完全预想不到的肯定，颇像他自己对阐释抱有怀疑态度的作品中的某个时刻，也就是他所认为的——通过博尔赫斯（Borges）以及国家图书馆里未被发现的拉丁文医学文章而得到强化——中世纪/文艺复兴时期那种无限相似的知识型："与空间相似的某种联系，把相似的东西汇聚在一起并使邻近的事物相似的'便利',世界……像一根链条似的连接起来。在每一个接触点,都是一个连接的开始和结束,与它之前和之后的连接相似:从循环到循环,这些相似性连续不断,虽然坚持把极端(上帝和物质)分开,然而又以某种方式把它们聚在一起——上帝的意志可以穿透最沉睡的角落。"[3] (尽管本雅明对福柯一无所知,但通过把他与这一特定的福柯联系起来,我们也可以设定波德莱尔的"类似的关系"。)

福柯对相似性的论述与本雅明的论述有着更深刻的联系。本雅明在其最集中论述这一主题的"片段"里,称他的"相似性原则"是(II,694-698;II,204-210):

> 我们看出相似性的天赋,只不过是那种一度强大的、想要变得相似和以相似的方式行事的本能的微弱残余罢了。变成相似的能力的丧失,已经扩散到感知世界之外,而在感知世界,我们仍然能够看出相似性。星星的状态——数千年之前,在它们诞生的时刻——因人类存在而受到影响,它们根据相似性被编织在一起。

尽管有各种不同的术语,但在认知方面还是希望区分"比喻"的相似和更普通的"相似"(前者是"Gleichnis"的翻译,后者是"Ähnlichkeit"的翻译),其原因已经隐含在文本之中:相似性(similarity)是类似(similitude)的现代的或者"堕落的"(fallen)形式,这一点我们很快便会明白。

我们很可能想把这一意味深长的术语"类似"加到本雅明的神

学范畴中，虽然这会降低它们在语言方面的重要性。但是，语言主题的吸引力之一是其主体化，也是康德把语言学作为另一种机制的倾向，据此我们把自己的范畴体系投射到外部世界，以便对世界进行组织。即使本雅明遵循《圣经》把命名的权力归之于亚当，我还是觉得，他那种以语言组织世界的观念更客观一些，其中词与物以本体论的方式结合在一起，客体先对我们说话，然后我们才围绕着它们来描述。

这种宇宙情境的两个特征表达了一种客观的而非主观的或心理学的比喻概念。第一个特征强调这种宇宙共同的或集体的经验，表明现代的个体性是恢复这种经验的障碍。第二个特征是比喻在本雅明的独特历史观里所发挥的作用——关于这一点，在后面一章我们必须避免与所谓的"辩证的形象"的常规误解混淆不清。

此刻，应该谈谈一种不同的误解：这种误解被现在的一位著名思想家（阿多诺）传播并加深，本雅明有时以反讽的谦虚称阿多诺是他的学生〔对于其他人——布洛赫（Bloch）、施特恩贝格尔（Sternberger），他倾向于以一种令人不安的夸大方式谴责他们是剽窃者〕。确实，阿多诺借鉴了本雅明的模仿主题，并将它莫名其妙地变成了人类学的柱石，对此他只是在与霍克海默合编的《启蒙辩证法》里部分地解释过原因。在那部作品里，人类学追求一种"模仿冲动"的持久存在，或换句话说，追求一种语言之前的人性理论。无论我们如何思考这种令人怀疑的哲学预设，也无论我们多么希望批判地判断本雅明对这个术语的运用，最理想的都是不要将两种模仿概念混淆，并保持它们各自的独特性。

因为在本雅明的作品里，模仿不是制作相似性，也不是仿效某种姿态；它不是美学的，也不是对本能作用的表达。相反，它是语言本身的源泉，是一种"非感觉的比喻"；这种悖论的甚或刻意自相矛盾的定义，应该被用来表示词与物的关系。这就是说，对本雅明而言，模仿的观念与视觉毫不相关，仿佛他的用法脱离了标准的用法，完全脱离了相似性。在原始的宇宙里，将这种独特的语言观与身体状态相联系的，毫无疑问是与之相关的信念，即相信"经验"（本雅明的另一个关键概念，我们尚未谈到）本质上是某种可以吸收（einverleibt）的东西——被身体（Leib）本身吸收。

不过，至于福柯那种隐喻知识的痕迹，它们要求本雅明注意一切细枝末节，其中世界看似不相关的维度被发现神秘地相互关联：例如，在星相学里，或者在笔迹学里，我们很可能惊讶地发现本雅明自己就是一个经过训练的从业者，对象形文字的爱好与身体本身紧密地结合在一起。很快，哲学家路德维格·克拉格斯会伴随着卡尔·荣格而出现，作为魏玛时期非理性代言人的原型，他是这一"学科"理论的奠基人，本雅明经常提到他，但对更多的启蒙知识分子而言，这是一个颇令人怀疑的问题。（霍克海默后来在纳粹时期敦促他写一篇关于克拉格斯和荣格的分析，以便使自己明确地与他们拉开距离，澄清自己对这种可疑的与宇宙"神话"关系的立场。）

在神话-怀旧的意义上解读本雅明的看法，无疑会因他传递看法的叙事形式而得到加强，正如下面这一段落所传递的衰落意义或现代退化的意义：

以前似乎由相似性法则支配的生活范围要大得多。这个范围是微观世界和宏观世界……它仍然可以要求当代人承认,他们在日常生活中有意识地观察相似性的情形,对那些无意识地由相似性决定的无限多的情形,只构成极小的一部分。(II,694-695;II,205)

在我们遇到本雅明那种非常可疑而费解的"辩证的形象"之前,在其中的比喻(similitude/Gleichnis)戏剧性地(和以寓言的方式)实现之前,我们不可能衡量比喻发挥作用的程度。同时,就萦绕在这种对一个已经消逝且看似天堂般的世界的召唤之上的起源感而言,我们最好记住,他坚持认为"起源"明显等同于"本质"。起源意指现象学的方式(不论他对这种哲学还有哪些否定意见,其本身都已经被海德格尔扭曲成同样难以接受的本体论),而不是编年史的方式,因此毫无疑问,本雅明的语言学"原则"的有些东西源自浪漫主义,特别是施莱格尔对视觉的批判:

> 与许多神秘主义者的方法不同,施莱格尔的思想方法因其不在意是否异常清晰而与众不同;他既不诉诸知识分子的直觉,也不诉诸狂喜的赌博。相反……他追求不清晰的系统直觉,并在语言中发现了这种直觉。术语就是这样的领域,在这个领域里,他的思想超越了话语性和论证的可能性。他认为,术语、概念包含着系统的种子;归根到底,它只是一种表演的系统本身。施莱格尔的思想绝对是概念性的——它是一种语言的思想。(I,139-140;I,47)

这里,"术语"表示词和名是第一位的,命名是本雅明早期对语言的思考的核心,正如他发现的施莱格尔的典型说法所表明的那样,"这是一种使观念获得多个名称的优势"(I,140;I,48)。[4]从施莱格尔还衍生出马拉美的观念,即所有具体的语言,不论是早期的还是"民族的",都产生于某种原始的话语,都是这种话语的多种辐射或模仿。

> 语言因其多种多样而不够完美,即缺少超级的语言:如果思想是没有修饰的写作,没有任何窃窃私语,词也仍然默默无声,那么世界上多种多样的土语就会阻止任何人提供新词,这些新词因其独特的印记或创新而将以物质的方式成为真理。

我倾向于认为,"仍然默默无声"含混地确认了本雅明对沉默无言或无表情的迷恋;无论如何,原始语言的观念对本雅明的翻译理论至关重要。[5]

确实,翻译远非一个双重过程,它在两种语言之间引发出第三个奇怪的实体,也就是语言本身,各种偶然的语言和历史的语言都以某种柏拉图的理念参与翻译。如果本雅明的思想里真的存在柏拉图主义(就像那些读过那本名声不佳的《认识论-批判序言》的读者经常被引导去设想的那样),那么在这里就可以发现它,即在这种作为参与(分享)的抽象方式之中。不过,本雅明的"思想"并不是唯心主义传统的物化的抽象;它们更接近现象学的本质,力求抓住具体的不确定的断断续续,宛如在我们称之为现代性(或资本主义)的分散"堕落"的世界上的许多不相互关联的现象。

同时，这种原始语言——其动能我们稍后再考察——也处于本雅明独特的模仿观念的核心。关于模仿的原始形式——不论其后来与复制之类的概念有何关联，我们发现它"并非感觉上的相似性"，即两个存在方式完全不同的实体之间的相似性，例如词和物之间的相似性。在原始语言里，事物会说话，它们是自己的名字，名字是对事物的模仿。所有这一切以一种本质上是《圣经》的话语表达出来，因此好像标志着本雅明的思想在这里是"神学的"［按照我们（及他）关于这个词的意思］；于是，出现了"堕落"概念，人从原始语言堕落到偶然的、具体的、当下所说的语言，进而表明本雅明的"神学"符码具有叙事的优势。使这些语言思索摆脱形而上学或唯心主义的是它们的形式，它存在于对《创世记》的评论中（像本雅明的其他许多年轻时的计划，这一评论一直没有完成，当然也没有出版）。作品《论语言本身和人的语言》既不是神学的也不是宗教的，它是一则关于现代性语言的寓言故事，一种被用作"交流"和工具的"堕落的"语言。

这种话语我们必须翻译成异化的话语来理解。在这一堕落时刻失去的，首先是名字和无名的辩证，它让位于"人类的字词，其中名字不再完好无损"。这种人类的字词现在会把语言转变成交流工具：它把先前的"字词"变成单纯的符号，此时凸显我们以地方话说的那些句子的内容，而不是它们的媒介。本雅明走得更远，他把那种现已是世俗的、属于人的内容与克尔凯郭尔的表达即闲扯联系起来，海德格尔类似的流言蜚语之说（"人类的"闲话，大众的、现代特性的以及媒体的闲话）同样源于这种联系。

52

> 对于语言的本质构成（他意指已经堕落的语言，亦即今天人类的语言），堕落有三重意义……走出更纯粹的名字语言之外，人类把语言变成了一种方法……并且，无论如何一部分也因此而变成了一种纯粹的符号；而这后者导致了语言的多样性。第二种意义是，从堕落开始，为了换取已被破坏的名字的直接性，出现了一种新的直接性：判断的魔力，它不再幸运地靠自身存在。第三种意义也许可以暂时冒昧地说它表明，抽象的根源——作为语言精神的一种能力——也应该在"堕落"中寻找。(I, 71-72; II, 153-154)

这些关键的功能使我们可以把看似神学的描述转变成更世俗和独特的规则，一方面转变成列维-斯特劳斯的《野性的思维》的规则，另一方面转变成辩证的规则。两者都可被理解成对当代世界历史危机的一种反应（阿多诺的唯名论概念也深刻地与之相关）；在那种意义上，它们明显产生了各种社会和政治后果，以及与当代或后现代时期更多的相关性。

先谈第二个后果，我认为判断在这里意味着道德的二元对立，即善恶的区分。鉴于这种区分表示的是语言已经堕落状态下的各种事物，所以它隐含在事物之中而不是明显的外部"判断"：要摆脱本质上的道德化判断，就是要达到斯宾诺莎的第三种知识方式，或者达到辩证法（在当代社会里，达到适当的历史性，排除伦理和道德化，只抓住必然性）。因此，把事物分为善恶的道德化判断，就是通过堕落的语言强加给我们的一种退化，如此看待事物就是要"超越善恶"去理解尼采所警告的哲学意义（它不是一定要增加什么，而是完全不同的东西；不是召唤不加约束的邪恶和不道德，而是召唤历史性）。

现在我们可以把本雅明所列举的第三意义和第一种意义结合起来：因为正是对抽象和普遍性的否定才导致我们回到《野性的思维》，一种没有抽象概念的思维。在这种思维中，就如同一个数学集合可以将自身作为自身的元素一样，一个特定事物也必须同时兼任其自身所属种类的角色——例如，一片橡树叶子，既表示它自身的种类，同时又表示一般的树叶。因此，一种具体语言所处的整个语境本身就能表意，就如同列维-斯特劳斯对钦西安族的《阿斯迪瓦尔的史诗》("Epic of Asdiwal") 的解读那样。

〔然而，对类似于"堕落"这样一种传说的事件的召唤，至少会导致在某种程度上承认存在着不可避免的传统神学。但是，甚至这样的让步我也要努力回避，其方法是预期后来对本雅明的独特历史观念的讨论，将它的特点设定为一种"没有过渡的断代"的实践。这是一种假定批评预设的立场，在 20 世纪初期处处可见（毫无疑问，主要是受柏格森的影响），它具有一种实践性的双重标准，据此在正式的日常生活里我们经历一种表面的、可衡量的、"线性的"时间，然而又时不时地瞥见更深刻的支配生活本身的"共时的"时间性。这当中的第一种被本雅明指责为"同质性"的时间，是叙事顺序和因果关系层面的时间；第二种即"没有过渡的断代"，属于他的"辩证的形象"所涉及的时间。堕落显然属于事件顺序的范畴，它限定第一种或"同质性"的时间性；而作为一种事件，堕落似乎可被用来表示过渡，从早期未堕落的宇宙关系和比喻过渡到我们自己当前逐渐恶化的状况。人们无法从概念上解决这种矛盾，或至少本雅明没有解决。但我相信,最好把堕落这个"概念"作为划分两种不连续和不可通约的同质性时间体系的标志,作为无过渡的两个时期之间的标志,而不是作为属于其中任一秩序的一个事件。换言之,结构上的矛盾在于,堕落同时具有双重身份:一方面,它是一个事件;另一方面,它又是将一般事件领域与一种截然不同的时间性区分开来的标志。]

3.

但是,未堕落的相似和比喻世界的宇宙观还有另外一面,一个阴暗面,我们最好把它确定为古代的、神话的世界。"神话"这个词在本雅明(以及追随他的法兰克福学派的人)的作品里注明是其原始希腊意义上的叙事或故事,但它总是表示一个罪过和命运的世界,希腊本身(以及本雅明独特版本的希腊悲剧)使我们脱离了这个世界并获得自由。

因此,前历史应该形成两种不同的形式,或同时具有肯定和否定的两面——宇宙和神话。这是一个他从未谈及的问题,但在前面已经提到的那篇论荣格和克拉格斯的未写出的文章里碰到过。幸运的是,那篇伟大而被忽略的计划中的论巴霍芬(他首先提出了"母亲的权利"和原始母权制理论)的文章,清楚地说明了它的总体方向。因为马克思主义具有它自己关于这种混合感觉的传统,这一传统可以在弗雷德里克·刘易斯·摩根(Frederick Lewis Morgan)的著作里发现。摩根是人类学的鼻祖(根据列维-斯特劳斯的看法),也是马克思主义人类学的先驱。摩根召唤易洛魁人(北美印第安人）邦联的英雄的前历史——恩格斯称它是一种军事民主，只是为了说明在这个乌托邦时期背后存在着更邪恶的社会混乱的梦魇："可怕的混乱"，摩根这样说，任何一个善良的维多利亚人，都会意识到那里缺少对乱伦的禁忌；自那以后，迷恋于道德二元对立的左翼，发现他们自己要么倾向于由打猎和采集构成的乌托邦化的世界，要么谴责根据年龄和性别组织的部落社会的压迫性。因为本雅明，也许我们可以把这些分类称为恶意的"判断"，把它们归咎于各种不可通约的历史叙事的交叠。此刻他把巴霍芬理解为缺失的一环，并竭力证明，巴霍芬的"母系社会"（母权制）概念在对法西斯主义的神话思想产生吸引力的同时，是如何以戏剧化的方式展现出一种"对马克思主义思想家同样极具吸引力"（III，12；II，220）的共产主义的。

由此，巴霍芬成为在维柯式的法律"惊雷"出现之前的那个占主导地位的古老时期的更为名副其实的马克思主义理论家。在这里，福柯的知识和谐宇宙论，通过"阴间的"（chthonic）这一概念，与古老时期那种未定型的、无法律的状态结合了起来。所谓"阴间的"，指的是那种与大地仍处于原始的、肉体层面的亲近关系，它唤起了"一种消逝时不会引发悲痛的创造物"，一种"无人哀悼的创造物"，这种创造物在身后留下了诸如墓碑、界石、城墙这类物质痕迹，它们"构成了圣物的统一体"（此处引用了巴霍芬的话，见 III，14；II，221）。考古学和人类学关于母权制的激烈争论，在这里是为了证明这种看似纯粹的历史理论在我们个体的可以说是关乎存在的本质层面所引发的共鸣；正如法西斯先驱克拉格斯和无政府主义者埃利塞·雷克吕（Elisée Reclus）的双重出身所证明的那样，历史阶段划分会改变事物的价值倾向，尤其是在处理这些原始素材时，最初对连续性或间断性的选择会带来这种改变。

但是，对本雅明在魏玛时期关于古代的判断，人们不可能有任何误解；对其进行探究，就需要详细阐发第二个概念，一个心理分析的概念，即倒退现象。但这种探究是件危险的事情：例如笔迹学，任何对流水线的现代文化中的神话痕迹具有浓厚兴趣的人，都可以被认为对它持赞同态度。

关于文化中的神话，至少存在一种有趣的解决办法，它是从过去传承下来的：这就是童话故事，即农民的愿望得以实现的载体，它是对以死亡相威胁的封建贵族所赞同的阴暗的命运神话的一种救赎性的替代选择。本雅明的兴趣［碰巧与苏联普罗普（Propp）叙事分析学派的发展处于同一时期］，可以根据它与《讲故事的人》("The Storyteller")以及整个尚未充分发展的非现实主义作品的家族相似性来说明。这些非现实主义作品的涵盖范围很广，从黑贝尔（Hebbel）的《豪斯弗洛恩德》(*Hausfreund*，卢卡奇可能会将其称为小史诗，海德格尔也对其有着类似的可疑兴趣），一直到希尔巴特（Scheerbart）那怪诞的科幻小说《雷萨本狄奥》(*Lésabendio*，这部作品本身当然也与该作者所推崇的现代建筑相互关联）。在我们自己的时代，关于童话故事的理论著作无疑得到了复兴，但更多的兴趣在于叙事分析（其中本雅明并不知道的普罗普变成了一种时尚和原型），而缺少对基本上是农民乌托邦主义的形式的阶级分析。其实，人们在这里确实能隐约看见一种新的文类分析的可能性，它以阶级对抗——史诗对童话故事——为基础。不过，这种分析尚未得到发展，但绝非因为在后现代性里农民以及他们的封建主人在全世界已经最终消失。不过，遗憾的是，本雅明从未努力使自己从《拱廊街计划》中抽出身来，以便开创这一新的领域。

（这并不表示他的著作应该把史诗作为一种独特的文类来进行更充分的探讨。应该经常提醒不讲德语的读者，这一问题很难通过德文术语"史诗"而简化，德文"史诗"的意思就是叙事。因此，布莱希特的史诗剧并不是描写英雄的战斗和传奇行为，而仅仅是"叙事"的戏剧，与更早的"戏剧"类型相对。）

对于评价本雅明的著作，非常重要的是"倒退"概念，以它作为对启蒙激发的认识论的概念"非理性"的历史替代：通过区分本雅明这里的思想与法兰克福学派的思想，我们可以更清楚地观察这种替代——法兰克福学派的思想家后来在其《启蒙辩证法》里，做出了相当不同的阐释。诚然，本雅明与霍克海默和阿多诺仍然受困于资产阶级启蒙运动所推行的以理性和非理性（或迷信）之间的尖锐对立来构建的意识形态之中。我曾在其他地方说过，在我们这个时代，理性和交流在人类学及哈贝马斯理论层面上的拓展，侵入了所有以前他者性的隐匿之所——在这些隐匿之所中，不仅容纳着宗教或前现代的信仰，而且包含着疯狂、迷恋、犯罪、吸毒状态、"离经叛道"以及被排斥的少数族裔的思想。这种拓展使"非理性"一词在希特勒时期还算合理的批判性用法，在如今的政治语境中不再具有很强的论辩效力，实际上还带有排外性。正是这种关于古代本身的观念，在本雅明的武器装备里显得最差，除了作为"历史观"之外，必须谨慎地运用。

但是，对倒退现象进行探究并加以谴责的判断是本雅明意识形态分析的主要形式（在其他情况下，他很少使用"意识形态"一词）。例如，判断被用以限定某个本来可能是肯定的项或条件，也就是"先进的"项，这在他的美学中发挥着关键作用——我们后面会读到《作为生产者的作者》，把它作为对我们仍然称作现代主义的另一种召唤。其实，经典现代主义——"创新"——的历史性，本身已经被媒体研究方面的一种新概念有力地取而代之，按照这种新概念，我们会看到，必须把生产关系和生产力都考虑进来。

无论如何，这种如同盖革计数器般用于检测倒退及反动因素存在与否的意识形态工具，虽然是服务于为左翼重新利用这种"非理性"的种种尝试，但也遭到了同一左翼的怀疑，因为它必然会在考古研究方面表现出某种同谋关系，而且必然要对其研究对象（笔迹学！星相学！）抱有兴趣。

这种含混性——一种在主体及其对象两方面都普遍存在的含混性——在对梦的古老性的兴趣方面体现得最为明显，并且造成的破坏可能也最大。超现实主义很快就会将梦提升为当时最"先进的"艺术生产模式之一的素材。本雅明似乎断断续续地把他的梦想计划诉诸文字，随后得到阿多诺更规范、更系统的实践，对应于本雅明同样负责的关于其毒品观的记载。对后者而言，至少他不必等待超现实主义〔无论如何，我都相信布勒东（Breton）对排除艺术刺激是非常严格的，他对超自然现象远比本雅明宽容〕；波德莱尔的例子，以及他自己关于德昆西（de Quincey）的实例，也都是值得注意的典范。

但是，在我看来，这种兴趣脱离轨道的地方，在于对经验的阐述，在于对梦想成为一种被他称作幻象的一般文化范畴的阐述。我认为这是错误的一步，德勒兹会称它是一个"幻象"，对此我们在第七章会进一步探讨；我相信，在第七章里，在本雅明自己对"唯美主义"的分析判断中，我们可以找到另外更满意的解释。

与此同时，关于梦想，本雅明对美学的深刻批判——光鲜的外表或漂亮的外貌——被证明是为这种现象确定适当位置的更具成效的切入点。但是，倒退现象无处不在，虽然对幻象的分析很好地为这一阶段保留下来，同时还有巴洛克阶段。（这里我想补充另一种

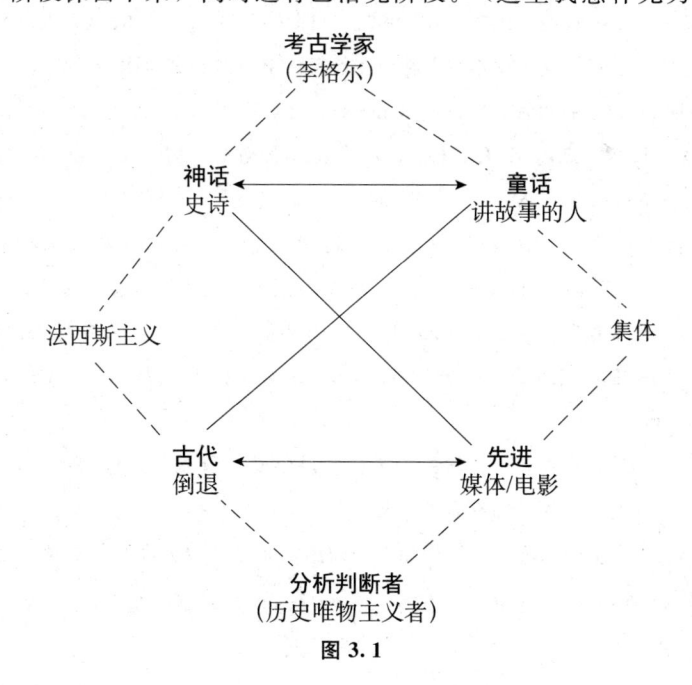

```
              考古学家
              (李格尔)

        神话 ←――――→ 童话
        史诗            讲故事的人

法西斯主义                    集体

        古代 ←――――→ 先进
        倒退            媒体/电影

            分析判断者
          (历史唯物主义者)
```

图 3.1

个人的看法：当代电影的发展有力地证明了在后现代时代梦幻系列——伴随着闪回镜头——已经过时。尽管我反对这种状况，但在后现代时代，完全可以说幻象作为一个理论概念已经回归：当梦想本身被商品化之时，超现实主义便失去了力量，因此"商品化"观念本身也可能失去了力量。）

注释

［1］本雅明的翻译见于《全集》第四卷第 23 页；他似乎未曾翻译第四卷的《忧郁之四》（"Spleen IV"），但其第一行在后面有引用。阿什伯利翻译的《乡村风光》（"Paysage"），见于 *Baudelaire in English*, eds. C. Clark and R. Sykes, New York：Penguin, 1997, 111。罗伊·富勒（Roy Fuller）翻译的《忧郁之四》也见于这本书，在第 102 页。引自波德莱尔本人的内容，参考的是 *Oeuvres Complètes*, Paris：Gallimard, 1975。

［2］T. W. Adorno, *Kierkegaard, Construction of the Aesthetic*, Minneapolis：University of Minnesota Press, 1989, 47.

［3］Foucault, *The Order of Things：An Archaeology of the Human Sciences*, New York：Vintage, 1994, 19. 福柯论述的相关性，通过福柯的"signatures"和本雅明的"similitudes"的共同特征而得到强化（参见 Ian Hacking, *The Emergence of Probability*, Cambridge：Cambridge University Press, 2006, 42）。

［4］这是对本雅明年轻时的著名教授赫尔曼·科恩一个说法的逆转或扩大，科恩曾说一个词最好有多种含义。

［5］为了证明这不是一种形而上的幻想，而是可以激发具体的语言实践，参见 Clive Scott：*Translating Baudelaire*, Exeter：Exeter Press, 2000, 特别是第二章。

第四章　自然在哭泣

1.

如果说《单向街》是本雅明唯一的一本著作，那么《德意志悲苦剧的起源》是什么呢？那种在魏玛全盛时期对巴洛克的庆祝，难道不是一次非常明显的倒退，倒退到启蒙运动以前的戏剧装饰和迷信？当然，这本书是重新安排组合的"200张档案卡片"，在当时严格的德国学界人文学科里，按照流行的写论文的范畴，其中没有什么评论（"我不需要说什么"）。（严格的范畴划分在新的进步的大学里也是一样，例如法兰克福大学，它的现代性就是允许后来出现的法兰克福学派制度化；但其主任在方法论上是相当落后的，他曾建议否决他未来合作者的论文。）我想说明的是，在论文中展开的那些本雅明的具有丰富原创性的主题，由于强制性的学术组织而被严重弱化，未得到充分发展。

但是，在确定本雅明在论文中告诉了我们什么之前，看看他没有告诉我们什么是有益的。我认为，更深刻的主题探讨，也就是受学术功能要求束缚的主题，是区分悲剧和悲苦剧，特别是悲剧本身的性质。本雅明曾与弗洛伦斯·克里斯蒂安·朗讨论过这个主题——朗是一位神学家和对话者，1924年突然去世，中断了本雅明的许多计划；关于这个主题，他也汲取了弗朗兹·罗森茨维格在其犹太教异端作品《救赎之星》（*Star of Redemption*，1919）中阐述的丰富思想。在"神学"一词更严格的学科意义上，这两个来源都是神学的，他们的悲剧理论显然都产生于第一次世界大战令人悲痛的经验，也是对那种经验的反映。

因此，在这样一个框架内，本雅明（未写出）的著作参与了一个漫长的理论传统，从17世纪以降的努力到合理地解释现代悲剧的不可能，再到把它的缺失看作理解现代性的一个关键。此外，我们在这里可以发现一种距尼采与古代关系较远的亲属关系，作为一位古典主义者，尼采有一段时间曾鼓吹用瓦格纳歌剧代替已经消失的悲剧形式。本雅明与古典的关系是一种未得到发展的、在他的作品里只能隐约听到的基础低音，在他对波德莱尔的所谓古典主义的关注中略有呈现〔"非常重要的是，对于波德莱尔，现代不仅作为一个时代的标记，而且作为一种能量，由于这种能量，这个时代直接改变古代并挪用古代"（A 236，J5，1；V，313）〕；对波德莱尔而言，古典的、永恒的是"艺术的一半"，另一半是现代的和短暂的。不过，《恶之花》的作者似乎发现了他与罗马而非古希腊的亲属关系["重要的是决定爱伦·坡（Allen Poe）与拉丁文学的关系"（A 240，J7，7；V，313）]，这是一种古典传统，由于基督教也可以宣称于其中占有一席地位，所以它提供了大量亵渎上帝和崇拜撒旦的语言。

另外，希腊特别是希腊悲剧提供了一种文化的星丛，其中最重要的命运主题可能受到限制，而这个主题与本雅明的整个一生相关，并且他不愿意把它扩展到现代的性格范畴（以及因此而形成的面相学）。因为这里历史明确地进行了干预："当代的理念不允许直接接触命运的理念"（I，201；II，171），本雅明把我们对它思考的努力与"预言未来"的范畴联系起来，"对命运的预言被随便地归入这个范畴"（I，201；II，171）。

关于罪与无罪以及关于幸福的思想，被作为"了解"古典的命运概念的可能方式进行探讨，但最重要的是下面这句话："在悲剧里，异教的人认识到他比他的神更好，但这种认识剥夺了他的言语，仍然保持缄默……在道德无言、道德幼稚中诞生天才的悖论是悲剧的崇高，可能也是一切崇高的基础，其中出现的是天才而非上帝"（I，203-204；II，175）。本雅明并没有回到这句话，没有回到哈曼（Hamann）的"天才"的语言——一种启蒙的倒退版本——他也没有对崇高及其促进艺术成为黑格尔那种绝对性的能力表现出多大兴趣（其实，我们必须正视本雅明思想中的一种长期存在的反美学倾向，这种倾向与阿多诺为著名的"艺术作品的自主性"所做的根深蒂固的捍卫是严重对立的)。

但是,沉默无言在这里是关键的主题,可以说它的古典版本在精神方面完全不同于现代的私人形式。[1]不过,人们仍然想继续阅读最崇高的现代沉默的记载,阅读说话者最吸引人的言语行为,这种说话者肯定是现代句子的大师,也就是卡尔·克劳斯。这种沉默与即将到来的第一次世界大战相关:

> 在这些伟大的时期,从它们很小的时候我就知道它们;如果赋予它们时间,它们会再次变小;因为在生物世界里这种倒退的转变是不可能的,因此我们喜欢接受沉重的时期,它们是真正的艰难时期,对我们所有人都施以重压;在这些时期,难以想象的东西出现了,即将到来的东西无法想象(如果能够想象,它一开始就不会发生);在这些诚挚的时期,一想到它们会被严肃地对待便笑得要死,而由于对自己的悲剧感到惊讶,现在它们渴望娴静并希望被看到如此,因此努力寻找表达这一切的词语;在这些时期,产生新闻的可怕的事迹交响曲与造成事迹的可怕的新闻交响曲迅速发展;在这些时期,除了我没说什么……无论谁有话要说,让他前行并保持沉默![2]

这是后来对纳粹主义适当温和的反应所做的最强烈的表达("关于希特勒,我想不出能说什么")。

罗森茨维格关于言语意义的看法扩展了它的范围,以便通过沉默的方式说话。他的看法也值得注意:

> 悲剧英雄只有一种完全与他对应的语言:保持沉默……悲

剧以戏剧艺术形式投射自己，恰恰是为了再现沉默无言……戏剧诗……只知道说，因此这里只有那种沉默才变得雄辩有力。通过沉默，英雄毁掉了连接他与上帝和世界的桥梁，使自己上升……成为冰冷孤独的自我。[3]

这一谱系可以延伸到荷尔德林，在他对希腊悲剧的翻译中，他对音步停顿做了独特的解读：节奏的断裂确实反映了这里的沉默观念，导向我们所称的中断的辩证。无论如何，本雅明未完成的论文可被看作努力赋予修辞比喻某种非个人化的、超出判断的思考方式——辩证的而非对死亡的发现，如罗森茨维格那样；或者产生于异教，如朗那样。不过，非常清楚的是，在本雅明式的对事物的规划中，悲剧的沉默无言表明它形成于神话和古代——克服"非理性"的一种不同方式，而不是农民的童话故事，但这种方式我们同样难以理解。

2.

这一著作的学术架构，既合乎逻辑又非常对称。"论题"分为两部分：第一部分论述悲苦剧作为戏剧的文类；第二部分论述在其中起作用的寓言的理论和实践，尤其是在其语言和思维模式方面的情况。如果你愿意，这些就是本雅明希望在这里进行探讨的巴洛克的两个维度，两者的关系类似于内容与形式以及情节与表达的关系。

同时，两部分中的每一部分再分为三个部分，它们同样有合理的逻辑和某种对称。在每一部分里，再分的第一部分考察这一主题的理论著作；后面的两部分研究事物本身，以及它最后的主体"对应物"——第一部分中关于戏剧的愁思、死亡的思想和寓言部分的肢解。

显然,在这些划分中存在着许多相互渗透的情形:第一章批判流行的戏剧理论(基本上是受亚里士多德的启发),它以真理证明错误,因此大量论述悲苦剧和古代悲剧之间的基本的(客观形式的)区分,本雅明对这些戏剧的解读也依据这种区分。与此同时,寓言的前历史不可避免地会包含对这里研究的巴洛克的具体说明。很明显,情感方面的问题在两部分里反复出现。这是一种逻辑上令人满意的安排,唯一不利的是,它忽视了本雅明非凡的创造精神,迫使他把他的素材分成群组和主题,对它们进行相互独立的分析。然而,"辩证的形象"本身的精神或者"思想-照片"要求比喻、隐喻结合、矛盾连接,以及只是远距离关系层面的交叉:他喜欢称它们为修辞的单子,它们不能分成不同的类别范畴并被纳入抽象主题的标题之下,它们也不能真正以话语方式发展,因为每一个单子都产生一个单元,而它只是断断续续地与它之前和之后的东西相联系。于是,对悲苦剧论文的学术要求在关键时刻阻碍了本雅明的思想发展,从而使未来的读者面对一种繁杂曲折的活动,而对这些素材的作者/整理者必然也是如此。

其实,真正重要的划分本身——在戏剧形式和寓言之间——使这两个层面之间的交叉可能产生大量横切的闪光,因此必须压制它们,把它们降低成暗示和转瞬即逝的建议;例如,在每一部分之内,编排的压力往往把论愁思的正式篇章缩减成一系列心理观察;而论寓言肢解的最后一章则可能被缩减成对手稿和象形文字的枯燥讨论（当然只有笔迹学家感兴趣），但此时它不会把寓言现象本身缩小成碎片化的逻辑，其精神已经被包括在前面对愁思/倦怠的讨论之中。

因此，我们发现，《德意志悲苦剧的起源》一书提出的重要主题分散在他一生的著作中，并常常在其他语境中进行更富启示的探讨。如此一来，甚至那些对寓言的广泛讨论——本雅明把它确定为拟人化的典范形式——后来在波德莱尔的材料里也进行了更有效的探究，根据事后的认识，这些讨论确实说明了《德意志悲苦剧的起源》一书的主题分散问题，正如对"恶意"的描述更有效地说明了巴洛克愁思，对现代（资本主义）"灾难"的描述也可以更有效地表明非超验的巴洛克历史的特点。

因此，我的判断是，在这部其自身充分展开的作品里，唯一的主题是"人物"的测绘，也就是戏剧里的面相术，虽然在某种意义上它是非常重要的部分，但尚未解决，而是往后指向未写出的对悲剧本身（不同于悲苦剧）的讨论——这在前面已经提到过。实际上，我想说的是，本雅明选择这一真正是德国悲苦剧的主题，主要是为了能够更直接地分析古典悲剧，而当时他对古典悲剧只是写了一些笔记。正如我们已经看到的，这一主题本质上与沉默无言、命运和无表情性的主题是一致的，除了辩证的对立，它很少涉及粗声大气、巴洛克的夸张，甚或戏剧中的歌剧语言，而这些都将是他确认的主题。

因此，我们后面的工作是，把本雅明将在后来著作中（仿佛在他的"世俗"时期）汲取的各种材料区分开来，并按照本雅明的

"批评就是破坏"的理论精神,在这里提出一种不连贯的阅读方式。话虽如此,我们应该看到,甚至 17 世纪的戏剧全集,也因另外两种相关的戏剧传统在这里被扩大了:被称作"君主和国家事件"的怪异的政治戏剧,以及试图复活其形式的各种浪漫主义梦幻戏剧。这里还应该加上《哈姆雷特》以及卡尔德隆的[《人生如梦》(*La vida es Sueño*)]那些更为伟大的悲苦剧典范。

3.

在某种意义上,论文的第一部分隐含着一种"进入"(或通道)理论:关于历史和纯哲学或认知范围,讨论究竟是什么阻碍我们区分这些怪异的文本与古典或古代的形式,而本雅明希望为它保留"悲剧"这一术语。反讽的是,正是文艺复兴时期理论家们对亚里士多德本人思想的误用阻碍了这种认知,并促使人们将悲苦剧纳入悲剧的范畴,如同现代人甚至尼采所误解的那样。它们也不应该等同于浪漫主义的命运戏剧。实际上,只有在"神学"里,更具体地说,只有在罗森茨维格的《救赎之星》(以及与朗的通信)里,我们才会发现一些历史地充分理解真正悲剧的暗示,从而使我们以新的眼光重新审视悲苦剧,抓住其真正的历史独创性。

因为悲剧并不是汲取历史(与悲苦剧不同),而是汲取神话:它的演员是神秘的英雄,而不是血腥世俗历史中的暴君和烈士。巴洛克(在路德打碎中世纪的世界后出现)提供了世界上最后一束非世俗的灵光,从此超然便不复存在,悲剧保留了神的存在,但只是为了控诉它们:尼采确实认为[先于阿尔托(Artaud)有此想法],

古代的悲剧是人类受苦受难的场景,旨在使人们愉快。对本雅明而言,人与神更真实的关系要通过这样的认识来了解:"在悲剧里,异教的人认识到他比他的神更好。"这在"无表情性"里表达出来:在这个时刻,静止的雕像所隐含的美代替了弥留之际无言的英雄。本雅明此刻的范式不是源自标准的索福克勒斯式的情境,而是源自《奥瑞斯提亚》(Oresteria)三部曲,后者在法律战胜神话中再次肯定了历史。

但在这里,正如在《认识论-批判序言》的结尾部分(T,48-56;I,288),同时出现了第二个主题或问题:它再次是关于如何进入历史,如何接触那些构成过去的单个时期;这种过去不是一种连续体,也不是一种传统,而是如我们将看到的那样,"一闪而过","在危险时刻"呈现自己。这种过去有着一个独特之处,那就是有"巴洛克"这样一个名字:我们是否把这种命名的奇异性看作绝对差异的标志、他者的标志、我们仍然无法触及之物的标志?悲剧的经验似乎正好提供了这样一种失去的时刻,"这个时刻我们不再能够进入",因而被悲苦剧的经验取而代之,在我们这个时代,悲苦剧的经验一般更容易接触。论波德莱尔的著作以回顾的方式通过脾气和寓言确认了这一点;那么,我们是否认为存在着另外的巧合,另外的星相学同时出现,把现在已经结合的历史时期与第三个时期连接起来,例如魏玛时期——虽然不是希特勒时期——或者另一个更特殊的我们可以称之为假战争的单个时期,一个像人生一样注定短命的单个时期?在那种情况下,我们作为读者的工作,就是要确定我们是否正处于这种时期,这种时期与重新排列的星星协调一致,并要求我们重新思考我们自己当下的本体;或者我们的阅读是否更像一种考古学旅行,企图进入已消失的过去,更接近现已封闭的悲剧之墓。我们是否再次面对带有敌意的神(无情的地球地质学法则、不可避免的大规模战争,以及神话的限制和命定),或者更接近碎石瓦砾般肉体构成的寓言风光,其中疯狂的暴君和篡位者激情演说,阴谋家密谋策划,圣徒们愉快地接受他们的殉难?

这确实是第一部分建议仔细观察的选择,一种战地旅行:可以说,这是本雅明自己设想的一个永恒的问题,现代悲剧是否可能?它的英雄是什么样子?形式间的混淆,悲苦剧等同于真正的悲剧,这些使问题复杂化了,它可能另外提出第二个问题:是否现代悲苦剧也有可能?本雅明有时遵循罗森茨维格,认为圣徒是现代悲剧英雄的化身,对问题做出了肯定的回答:"通过殉难者戏剧,悲苦剧被确认是圣徒悲剧的一种形式。人们如果只是学会辨识从卡尔德隆到斯特林堡(Strindberg)的多种不同风格的戏剧,那么一定非常清楚,这种形式,这种神秘戏剧的形式,仍然有它的前途"(T,113;I,292)。

这种肯定并没有多少说服力,因而本雅明转向苏格拉底之死这一重要时刻,以便否认他自己的思索:"殉难者戏剧产生于苏格拉底之死,是对悲剧的戏仿"(T,113;I,292)。我们也不能忘记尼采的那种激情,他强烈指责苏格拉底是希腊精神的真正终结和消亡,在理性和哲学的诞生中失去了英雄。与尼采一样,本雅明也愿意假定它在歌剧中重生,虽然对他而言这种重生是悲苦剧,并终将产生新的形式。它的其他产物将作为形式和编史的试验,在某种意义上两者是一样的［《世界历史的检验》（*Die Weltgeschichte ist das Weltgericht*）传播席勒（Schiller）著名的黑格尔式格言，对此本雅明并不赞同］。

  试验地位的提高不断威胁要打破剧院戏剧的自治，它以回溯的方式说明了本雅明在他对悲剧的思考中赋予埃斯库罗斯特殊地位的缘由。他援引罗森茨维格："在索福克勒斯和欧里庇得斯的作品里，英雄学习'不说话……只是思考'。"[4]在本雅明对法律的模糊思考里，这一过程是个重要的时刻，它再次出现在论暴力的文章中，例如：他自己对现代政治的独特陈述以及对索雷尔（Sorel）的评论，并非为机构和启蒙运动的合法性所封闭，而是为他在索雷尔和布尔什维主义中发现的"神圣暴力"所封闭。因为"雅典法律最重要和最典型的特征是狂欢的爆发，事实上，陶醉、出神、入迷这种词能够超越一切惯常的斗争，有说服力的活的言语可以比审理对立派别带来更多的公平正义，正义的获得可以用武器斗争，也可以用规定的口语形式。通过刑罚折磨的审判被自由理喻打断了"（I，116；I，295）。我肯定觉得，这段话包含一种辩证的统一，将"狂欢的爆发"与悲剧英雄惊讶的沉默以辩证的方式统一起来：两者都肯定"活的言语"优先于死的法律规范；两者都是"正常的"（或规范性的）社会和制度生活的"同质时间"内的形式上的破坏、中断、不连续和单子式的时刻。沉默和狂欢的言语都被悲苦剧夸大的言辞及其人物的咆哮取消与忽略了。

  在这种实例里，我们再次发现本雅明对自己在历史中发现的历史事件格外注意：巨大的危机和改革。辩证地看，它们复制了线和

68 点的二律背反：类似于范围和疆界，这种时刻可以是纯粹的中断，或者它们表现出自己作为单子插曲的独立的价值，在它们之前和之后都是无意义的前和后。

这里是另一个实例："正如在巴洛克戏剧里忽视了历史改变为自然史，同样在悲剧的分析中也忽视了传说和历史之间的辨别"（T, 120；I, 299）。悲剧通过传说和克服神话使历史成为存在；悲苦剧被判定是一种没有超验的历史，它只能通过自然的范畴思考，如周期、生物、季节和永恒的轮回。[这种历史和自然的辩证是阿多诺在其就职演说（法兰克福，1932）中提出的一个著名的问题，他建议我们根据历史来解读自然并根据自然来解读历史。]

与此同时，在悲苦剧中陷入停滞的历史表征这一历史问题，不可避免地被传承下去，先是传给了更为纯粹的"君主和国家事件"这种戏剧表演形式，而后又传给了浪漫主义。在浪漫主义那里，就本雅明的作品而言，它暂时从视野中消失了，只是后来以一种截然不同的形式在论波德莱尔的作品中再次浮现，并在技术媒介中找到了素材，或者说找到了进行唯物主义重构以及重新被问题化的基础。本雅明从未真正深入探究过小说本身的问题，也就是说，除了个别作品，如《亲和力》、格拉德科夫（Gladkov）的《水泥》（*Cement*）、陀思妥耶夫斯基的《白痴》（*Idiot*），或是布莱希特的《三分钱小说》（*Threepenny Novel*），小说似乎从未引起他的兴趣。我们可以推测，他对卢卡奇的《小说理论》（*Theory of the Novel*）感到满意，这部著作对作为一种文类的小说基本上持怀疑态度，就连巴赫金都曾计划翻译它。无论如何，我们可以肯定地说，卢卡奇提出的形式问题,在一定程度上也是小说本身结构所要求的,本雅明并不感兴趣——就是说,尽管它们与经验及其叙事相关,但他并不觉得它们富有成效,不像那些在《讲故事的人》里涉猎的东西使他产生兴趣。在他看来,小说特有的心理构成讲故事或"史诗剧"艺术的堕落。

无论怎样,这场悲苦剧和悲剧之间的争论随着"《哈姆雷特》不是一部悲剧"这一论证而中断了,并且通过本雅明所谓的"面相的循环"转向了作为一种形式的悲苦剧所具有的新主体性(IV,209;B,808)。因为主体性需要一个人物作为媒介(即使不是一个确切的观点),而这里抑郁症患者突然主导了话语权,如果不是占据舞台中心的话:我在别的地方把这个人物等同于冥思苦想者,他与书的第二部分即寓言作家中的主观面相一致。冥思苦想者确实应该被纳入本雅明所描述的面相学形象清单——如浪荡子、"收藏家、造假者、赌徒"——如今我们还可以把这本书中提及的形象,即暴君或篡位者、阴谋家、殉道者,添加进去;可以说,这些形象构成了在本雅明的思想中看似必不可少的戏剧化的人物角色阵容。正是在这种流行方式里,而不是在某种传记和小说的阅读里,才明显遭遇到一种抑郁的主题,不幸的是,这种抑郁给论本雅明的著作带来了太多的色彩,他同样可能是狡猾的、教条的、掠夺的、焦虑的、幽默的、讽刺的、笨拙的、无能的、工作狂,以及许多其他看似相互矛盾的东西。实际上,今天人们只能否认本雅明本人与"左翼的忧郁"根深蒂固的联系,因为他在自己的同名文章中尖锐地谴责这种忧郁。(在早期美国对本雅明进行的研究里,我觉得自己与其他任何人一样,应该对这种误解负责,这种误解必须归因于本雅明生动的描写,他生动地描写了这种状态以及生活于其中的知识分子的性质,这些知识分子包括寓言作家、冥思苦想者、符号和预兆的解读者。在他自己的时代,本雅明也是那种知识分子,但在概括其特点中忽视了侵略性的对话者、机敏的评论者和时代精神的分析判断者、雄心勃勃的写作者和记者、情人和世界旅行者。)

事实上,《德意志悲苦剧的起源》的这一部分呈现为一个纯历史性的抑郁理论目录,这些理论从远在四种体液学说时代之前的时代流传下来。波德莱尔的坏脾气为他提供了进入这种有趣激情的更好的入口,其中抑郁与历史以一种不同的、更有效的方式相联系。大量潜在的、丰富的、主观的素材,在这里只是开始点燃该书的最后一章论"寓言的个性"的兴趣。然而,这里或那里,人们可以发现类似于这样的句子:"在(抑郁)顽强的自我吸收里,它在沉思中欣然接受死亡的客体,目的是救赎它们"(T, 157;I, 315)。收藏者在附近徘徊,还有专栏作家,即使不是诗人自己;一种没有超越的历史的死亡景象在这里瓦解成一个客体世界,其中有些东西可以认真地加以思考,就像冥思苦想的哈姆雷特手里拿着的约瑞克的颅骨那样。

《德意志悲苦剧的起源》的内容与形式之间人为的分离,是大学学位论文的要求强加给本雅明的,结果造成了该书后半部分对寓言论述的贫乏。其第一章重复了第一部分出现的计划,重温了历史和传统上对那个主题的研究。此处本雅明会对克鲁泽(Creuzer)花些时间。克鲁泽是一位非常重要的浪漫主义历史学家,也是一位寓言图像学理论家。同时,他也会研究当代更为匮乏的相关研究,主要是卡尔·吉洛(Karl Giehlow, 1863—1913)的研究。吉洛的研究主要集中于文艺复兴时期，以及该时期对想象文字和其他形式的象征文字的迷恋。这种对语言的注意不仅不适当地开始迷恋笔迹学（本雅明也看到了这一点），而且可能把本雅明引向一种本质上是症状学的寓言概念。"任何人，任何客体，任何关系，绝对都可以意指任何其他东西"（T，175；I，350）。本雅明正确地认识到，这种作为写作的狭隘的寓言观，确保了世界和历史是书写的概念，并在其过程中形成象征。它将使现实碎片化（戏剧化地集中于皇室的空间），并"使其服从'分散'和'收集'的规律"（T，188；I，364），从而为浪漫主义对碎片本身的推崇奠定了基础。

但是，书写必然需要有其读者的一席之地，这就扩大了本雅明的人物相貌投射，超出了寓言剧本身的那些人物，把观看者包括进来，观看者本质上也就是它的读者。毋庸置疑，这些被归纳为抑郁的修辞比喻以及它自身内在的辩证："因为孤立和无关紧要，对病人的深刻迷恋紧接着的是失望地放弃枯竭了的象征"（T，185；I，361）。但是，鉴于本雅明在第一部分已经阐述了他的抑郁观的要素，此处他便没有更多的东西要说，不论怎样，对这一问题缺少学者的注意使他难以再做什么〔在第一部分，他已经慷慨地汲取了1924年论巴洛克的前卫作品，即未来民族-社会主义文学史学者赫伯特·塞扎尔（Herbert Cyzarz，1896—1985）的作品〕。

这种对主题和素材同样偏颇的散播，在这部分里将决定一种"成套的关于内容的形式"，它主要论及诗歌的形式及其诱惑（既有鬼魂和梦幻，也有象征和表演）。"事实上，这种诗在富于灵感的歌曲里不可能释放深刻的意义，意义在这里被局限于歌词的意象。它的语言充斥着素材的展示。诗从来不缺少飞翼"（T，200；I，

376)。然而,"书写的寓言语言在奇怪地接受意义中把客体变成了奴隶"(T,202;I,378)。同样,它也把本雅明自己的解释想象变成了奴隶;在第一部分里,从情节和人物的观点出发,这里被看作纯属夸夸其谈的东西,在诉诸"自我放纵于纯声音的乐趣"中逐渐消逝(T,213;I,384-385),当然,这种归纳最终会促使本雅明可能受尼采激发而提出从悲苦剧演化到歌剧——这种可能性在本雅明大部分非音乐的作品里尚未探讨过。

最后一节仍然遵循第一部分的模式,本应该留出位置来对寓言的主观维度进行分析。但是,第一部分对巴洛克主体性的丰富描写,已经吸纳了这一有趣领域的一切令人兴奋的东西,留给寓言的主体性的是更玄虚抽象的神学领域(T,216;I,390),也就是说,鉴于在巴洛克寓言中这是个"僵尸诗歌"(T,281;I,392)的问题,它被留给了复活的愿景。本雅明将发现一条通向"美好结局"的曲折的道路,它始于文艺复兴时期对超自然的复活,以及著名的中世纪将异教神仙降低为基督教魔鬼的做法[在让·塞兹内克(Jean Seznec)的经典作品里曾做过探讨],最后在魔鬼领域对肉欲和物质的吸收以及对魔鬼本身的崇拜中达到顶点[如像莎士比亚的拉戈或韦伯斯特(Webster)的博索拉]。

当然,寓言有其自身的历史决定因素:它"最持久地确立自身的所在,是短暂和永恒最密切地相互对立的地方……对于这种思维模式的发展绝对非常重要的是,短暂性和罪孽都明显产生于偶像与肉体的领域。寓言的重要性受到罪孽的影响,很难靠自身实现其意义"(T,224;I,398)。

正是因为基督教的堕落它才悲伤:但这种"悲伤使它成熟。在所有悲伤中存在着一种沉默的倾向"（T，224；I，398）。作为一种语言形式，寓言以名字弥补这种沉默，名字本身表明堕落的性质无力被命名。"有多少更多的这样不被命名的情形，它只是被寓言作家阅读，被不确定地阅读，并因为他才变得具有重大意义？"（T，225；I，398）在这一点上，魔鬼变成了撒旦："正如世俗的悲伤属于寓言解释的事件，同样，邪恶的欢乐也伴有胜利的挫折"（T，227；I，401）。此刻邪恶的幻觉出现，随之而来的是善恶的辩证和判断的辩证（我们记得，两者都是语言"堕落"的结果），这种辩证导致再次出现超越这个堕落世界的复活：那最后对世俗性的历史性超越所具有的寓言的光辉。世俗性在这里指巴洛克和反对改革的现象。

结论有些令人沮丧，它谴责寓言是世界的垃圾碎片，对世界的救赎，像巴洛克的阳光突现，是虚无缥缈的幻象。本雅明找不到寓言中肉体和精神的协调，直到后来他重新发现了波德莱尔和现代性中的世俗废墟，呈现出拟人化的形式。

尽管如此，本雅明还是为他那篇论文的结束语感到骄傲，他在结束语中以建筑的语言表达了一种崇高的效果，这种崇高由地球物质本身的重量和引力向上投射而产生：

> 像天使坠入深渊，主体性通过寓言被召回，并被神秘的力量牢固地留在天堂，留在上帝那里……这种形式有力的设计应该被全面加以思考，一直到它的结论；只有在这种情况下，才可能讨论德国悲苦剧的理念。在巨大建筑的废墟里，计划的理念说话比在小的建筑里更有影响力，不论对后者的观察多么细致；由于这一原因，德国悲苦剧才值得解释。根据寓言的精

神，它从一开始就被构想成一个废墟、一种碎片。其他东西可能第一天闪闪发光；这种形式则把美的意象保持到最后。(T, 234-235; I, 407-409)

不幸的是，在纯形式的条件下，所有这些精彩的雄辩都可以被归结为他自己（以及考试委员会）的借口，为一个毫无价值的客体而浪费大量研究时间进行辩解。

我们不是从任何发展的视角来回顾本雅明的作品。然而，这种没有回报的论巴洛克的劳动，不仅标志着本雅明脱离了他对其他许多兴趣的探索；而且，通过澄清其中的一些，它还标志着一种停滞，本雅明必须设法突破这种停滞。也许，那时一个未来发展的路线图的出现是恰逢其时的：

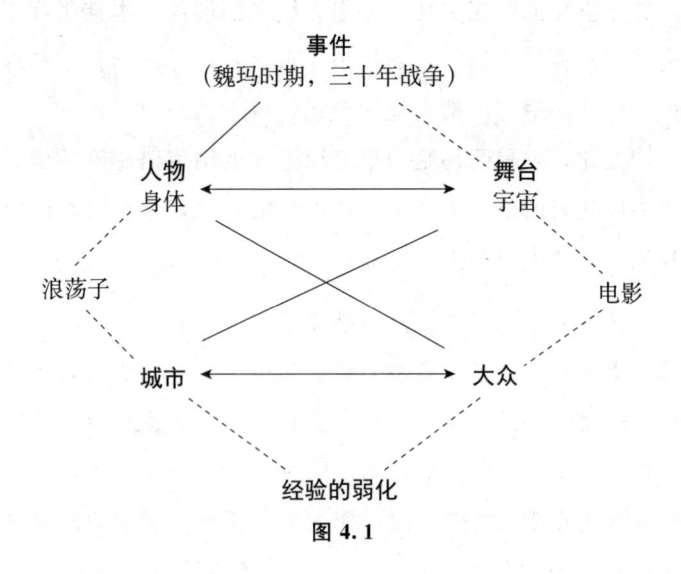

```
                事件
          (魏玛时期，三十年战争)

         人物  ←――――――→  舞台
         身体              宇宙

  浪荡子                        电影

         城市  ←――――――→  大众

                经验的弱化
```

图 4.1

4.

但是,在对《德意志悲苦剧的起源》这本书作结语时,我们不能不对其著名和费解的前言——《认识论-批判序言》——提出一些看法。这就是进一步思考本雅明与抽象的关系——这一次涉及历史的多样性。我们已经看到,《认识论-批判序言》中引发的著名的"星丛"再现了本雅明片段论的形式范畴:把一簇题材或主题与它构成的单子分开,其不连续的逻辑在其内部再次产生。但是,《认识论-批判序言》促使我们相信,我们这里是在根据观念的次序进行探讨["观念之于客体类似于星座之于星星"(T, 34; I, 214)]。新的修辞比喻取代了一般概念问题,以它们之间的关系代替连接抽象观念与经验客体的联系问题,这造成一种困境,因为它把分类转变成命名行为,把整个哲学的相关性返回到神学或《创世记》一书。"这篇序言,"他不无骄傲地告诉肖勒姆,"绝对有些放肆……我早期论语言的作品……包装成了一种观念理论"(1925 年 2 月 19 日; C, 261; B, 372)。但甚至在这一自白里,他也忽略了所说的观念在序言里并不是通常的抽象(它们本身以寓言的方式凸显出来),而是历史的特定表示和历史时期的名字。关于一般概念的争论,在这里是对巴洛克概念的反思,但却使阿多诺进入了文化-批评的唯名论理论,并把它作为晚期资本主义的逻辑。

对于大部分德国传统,本雅明认为人类进化是一种从物质到精神的运动;然而他的星座比喻所隐含的柏拉图思想,并非想在他研究上层建筑中强调潜在的理想主义(恐怕难以避免),而是想强调他的作品（以及他的历史观）里那种非常不同的、更有原创性的特征，即绝对的不连续性本身。

星座是独特的分组，必然彼此分离，从现代观点来看，包括差异巨大的发光点，有些发自遥远银河系的星星，有些在宇宙学上更近一些，但在天文学的空间里彼此并无任何关系。本雅明的形象并非强调一种方法，表明星相学的图像通过人的主体性来构成，而是强调形象的可理解性，以及它远离其他星星的组合（不论当时它们怎样以想象的顺序被重新组织，像黄道十二宫图那样）。

然而，事物和名字之间的联系一旦确立，便可以在两方面发生作用；正是在这种意义上，在《认识论-批判序言》里，它才能以颠倒的方式回归，其中事物——在这个实例里指星星本身——代替了名字，尽管星星与名字曾是一致的。不过，在"事物"的术语和现象之间还有第二种干预，而本雅明对大部分现象都颇有兴趣，因为它们是社会的和历史的，而不是本体论的：事物仍然倾向于投射一个静止的客体世界（例如亚当周围那些要求命名的东西，或者，毋宁说，它们恳求通过其原始名字来恢复与神圣来源的联系）。但是，《德意志悲苦剧的起源》一书，还有他看似对城市和风景更客观的描写，写的都是人类构成的客体、时间中的机制和思想。它们是历史的，因此它们的表达和修辞比喻需要重新进行思考：例如，且不说星座，一个事件能是一颗星星吗？在一种用星相学的语言来表示其特点的历史境遇里，思想是怎样出现的？

所有这些都需要对那篇著名的序言进行进一步分析，该序言处于其早期"神秘主义"文章与后期关于媒介的思考之间的某个位置

（而且，它也再次引发了有关本雅明思想中神学问题的新疑问，这个神学问题一直困扰着那些对他的作品更为关注的读者）。确实，在潜心阅读本雅明的其他任何著作之后，这篇序言总是对再次阅读给予回报：打破和中断的问题在阅读这篇序言的过程中也会回归，它们首先触及"因喘息而连续中断"的观念，认为这种中断是"最适合沉思过程的方式"（T，28；I，208）。许多其他隐含的对本雅明某些恰当的主题的引喻，随着我们继续阅读将冲击我们，在此无法一一跟进探讨：伪装成探索"巴洛克"这类概念的地位，最终对星座进行阐述，即使不能提供一种哲学的解决，似乎也能提供一种至少当时有用的原则。因为巴洛克不是一个可被纳入单一概念范畴的概念：它表面上是一种断代的方法，同时是历史的和跨历史的，但也是风格的，按照本雅明对它的运用，最终还是感受的和文类的（根据本雅明对它的界定，悲苦剧是一种独特的文类）。同时，还有一种巴洛克的宇宙学，以及一种特定巴洛克的语言或再现方式（寓言），等等。自然，这就是为什么柏拉图的天空巴洛克是一个星座而不是一个单独的星星，它理应使我们看出概念层面所隐含的东西。

这里有三个独特的元素或术语在发生作用：概念、理念和现象。理念（柏拉图的或其他人的）对应于一种现实或现象，我们可以设想：它命名这样一种现象，结果引发了复杂的紧迫感。当我们了解"理念既非它们的概念亦非它们的法则时，这种感觉便得到强化"（既非它们客体的概念，亦非那些客体的法则）。"理念无助于对它们的认识……它们是永恒的星座。"

因此，各种个体的概念——现象的"概念元素"——构成一种模式，我们称它为星座。为了各种实用目的，这些概念元素大多衍生于最极端的现象形式，它的例外而不是它的规则，它的最夸张的变化形式（例如，某种形式的外部限制，诸如国家、戏剧、人体、情感），而不是它的平均形式，或它的亚里士多德的"中项"。于是，本来可被用于科学或抽象文类或范畴知识的概念，在这里被更富戏剧性地安排和相互关联，使它们服务于真理（而不是科学或知识），从而说明它们自己是名字或实质。

把一群概念聚合在一起形成一个星座，就是命名一个事物并发现它的本质：形成星座就是命名一种理念并由此恢复它作为真理的本质；这种情况与逻辑或抽象没有什么关系。"理念在命名行为里无目的地展示自己，在哲学思考中它们必须加以重构。在这种重构中，最早理解词语的模式得到恢复。于是，在其历史进程中……哲学是……再现有限数量词语的努力，而词语仍然是……再现理念的努力"（T，37；I，217）。

这里首先需要评论的是对"意图"的那种独特召唤方式。这个术语在更熟悉的区分知识和真理的语境中再次出现："知识的目的，尽管取决于这一概念内在的意图，但它并不是真理。真理是一种没有意图的存在状态，由理念构成。"我认为，如果不承认"无表情"概念，就不可能充分理解这些句子的含义；我们已经看到，本雅明在其对悲剧的典型阐述中借用了罗森茨维格的"无表情"概念。它是希腊雕像那种茫然的眼睛，一种超出人类生理学甚至人类主体性的状态——你如果愿意，也可以说是斯宾诺莎的第三种方式，但肯定是辩证法固有的一种理想，并内在于当代对"主体哲学"的攻击,或一种超越判断的状态(按照尼采的看法,超越善恶、超越伦理的二元对立;我甚至想补充说,按照阿尔都塞的模式,超越意识形态)。正是在这种意义上,本雅明也使用了这种看似奇怪的关于永恒或不朽的语言,以及涉及不那么崇高的本质领域的语言。因此,我认为,将经验的概念以星座的方式再次聚合起来,可以把个体的词语从其堕落状态中拯救出来,赋予它们作为一个整体的名字:星座是一个名字,在这个例子里指"巴洛克"。

同时,在我们当前的语境里,这一过程的关键特征是名字的彼此分离,"纯本质之间不可逾越的距离"(T,37;I,217),星座之间基本的不连续性。正是这种不连续性取消了哲学的资格(或如我们所看见的,谴责它永远是关于名字、词语和空间事态的斗争)。语言陷入抽象和判断,这与哲学本身的出现一样;这就是为什么我们必须以不同的方式承认本雅明的思想,把它作为一种"野性的思维"或"温和的经验主义",今天我们可能愿意把它赞誉为理论或辩证法,但它决定着一种严格反体系的思想和写作形式。在《德意志悲苦剧的起源》一书里,名字"巴洛克"令人震撼的语义只不过是这整个过程的一个示例。

换言之,星座是一种蒙太奇(德勒兹把它们称作组装或汇集),它们的比喻含义在于差异而非一致。它们是一种可见的、反体系的论点,或者,你如果愿意,也可以说它们反对哲学本身的系统性。这种原则支配着本雅明有时喜欢称作"辩证的形象"(由于缺少更好的表达)的建构和效果(后面我们再谈),因此也必须加以考虑,以便理解本雅明的形式的性质以及它与布莱希特美学的关系。

本雅明的散文系列完全是这种不连续的星座式组合：断裂和空白要求一种不连续性，而读者不可能真正重新确立这种不连续性——它们构成不可能"被黏合在一起"的破碎的片段〔正如他在《译者的任务》里所说（I, 260; IV, 18）〕，因为在那种意义上，读者也是一种译者。但在它们之前必定有一种最初的破坏行为，而这必然是读者/解释者最初的行为。

关于布莱希特的蒙太奇，它提供了同样的运作，由此熟悉的连续性（例如对行为或事件的常规理解）首先被打破，然后以某种完全不同的事物的形式加以重构——两个著名的陌生化效果的时刻。布莱希特与本雅明的共同之处是，他们都极度坚持中断、分离和断裂。理想的布莱希特戏剧是一系列自成一体的插曲，每一个都是一种单子，它被重构的统一体由描写、歌曲或标志牌支配：简言之，就是它的名字。

这种共同的不连续性的逻辑，构成了本雅明与布莱希特之间的有效的亲和力，同样，也支配着他们对艺术和历史本身的看法（这一点我们后面会看到）。它还确认了我们对本雅明评价"判断"的解读是一种退化的形式。下面是布莱希特的看法：

> 梅蒂说，我们的经验通常很快就变成判断。我们记着这些判断，但却认为它们是经验。自然，判断不像经验那么可靠。经验需要某种技巧来保持它是新的，以便你总是能够获得以经验为基础的新的判断。梅蒂称那种像雪球似的知识最好。它们可以是优良的武器，但你不可能长期保持它们。例如，它们不可能在口袋里生存。[5]

布莱希特这里对行动的强调，引发了对本雅明同样区分的不同看法，即他对最重要的"现象学的"（具体）经验概念和判断概念所做的区分（判断通常在否定和肯定之间转换）。确实，在本雅明的运作模式里，我们可以观察到他对从古代到现代过渡的看法的最初转变：一方面，它被从美学上评价为新的和生产的；另一方面，它又是经验的消失和退化。这完全是在尼采那种意义上对判断的重新评价：它重置伦理的二元对立，并根据历史语境，在"政治上"把过程重新评价为好（肯定）和倒退（坏）。因此，在很大程度上，根据本雅明反哲学地攻击抽象和系统的精神，历史本身及其运动和情境判断取代了以前静止的哲学伦理（以及美学）。

至于"意识形态"这个术语，毫无疑问本雅明很少使用，也还没有像阿尔都塞提出的那样具有全球意义（在阿尔都塞那里，一方面，它等同于世界观；另一方面，它是一种萨特式的"原始选择"）。但我认为，这种谨慎也是由本雅明的敏锐感决定的，他觉得对意识形态的认同在内在批评或阅读中是靠不住的；这就是本雅明经常在否定和肯定的判断之间犹豫不决的原因。例如著名的光影，它可以表示一种宝贵的真正或真实经验生存的特点，也可以表明一种对古代逻辑的可疑的倒退，一种对后者贫乏的虚假替代或弥补。内在分析无法解决这种模糊性；只有情境语用学才能做到。这就是为什么本雅明的判断——总是实用主义的——有时会看似敷衍，但它总是政治的（他的用词！他的建议！）。它一向依赖于情境，其中从文本推演出来的"意识形态立场"可能有用，也可能无用（可能变得活跃或变成法西斯主义的！）。这种情境或实用主义的（本质上是政治的)有用性,不可能从文本的内在分析中推导出来——它总是外在于文本,因此,对于纯学术的目的,它难免令人愤慨。

诚然,关于断代,在这种奇怪的巴洛克镜像里,表现主义时期会发现许多要认识的东西;当我们遇到本雅明独特的历史概念时,我们只能抓住那种"对新的认识"在编史中的动态力量。我们还必须理解这一时期的过渡性质,对此路德的革命预示了超验性的终结,但是超验性仍然像偶尔出现的巴洛克的闪光在沉思中逗留,失去了致命的性质,像垃圾一样,与尸体和三十年战争的屠杀被一起抛弃——三十年战争是第一次世界大战以前欧洲最残酷的战争,也是中欧的深刻持久的创伤。世俗化无疑加重了那种创伤,同时又引发了那种创伤,而这里宗教倒退的动因远比魏玛时期对神话和仪式的欲望更加明显。因此,正当的做法是把本雅明复活的冗长烦人的戏剧风格与布莱希特的《大胆妈妈和她的孩子们》(*Mother Courage*)并置起来——前者更接近伊丽莎白时期的韦伯斯特而非莎士比亚,而后者是把同时期伟大的小说家格里美豪森(Grimmelshausen)的中篇小说改编成了戏剧。[6]

但事实上,巴洛克在本雅明这里并没有变成那种超历史的范畴,尽管某些拉美作家和学者寻求恢复这种范畴(在新巴洛克的名下),把它作为"繁荣"和"魔幻现实主义"的一种替代。实际上,本雅明一方面把它归为双重的寓言范畴,另一方面又把它看作对衰败的忧思,并使第一个成为第二个的修饰表达,仿佛是它可见的、象形文字的语言。

这就是作为大写字母和人格化的抽象问题再次出现在波德莱尔笔

下的巴黎的原因：《痛苦》(*la Doulear*)或《忧郁》(*la Mélancholie*)。关于波德莱尔语言的这一维度，最具揭示意义的莫过于一个同时代人的评论："他的话，戈蒂埃（Gautier）认为，充满了'大写字母和斜体字'。他似乎……对自己说的话感到惊讶，仿佛他在自己的声音里听到了一个陌生人的话"（A，248，J11，a3；V，322）。像拉伯雷（Rabelais）冰冷的语言那样，这些话从他嘴里说出时已经物化，变成了寓言的对象。正是这种物化使波德莱尔摆脱了浪漫主义者的感伤，这些人在他之前出现，为他的诗带来了宝石般的物体性，诗人很可能认为这种物体性是他们的古典主义（"艺术的一半"）。

　　本雅明和布莱希特都厌恶表现主义，认为它是一种感伤的和社会-民主的人文主义，但我想指出，正是表现主义——在魏玛时期的艺术氛围中不论好坏——使批评家看到了波德莱尔的寓言成就。《啊，娘儿们》(*O-Mensch*)的表现主义者的精神抒发绝不亚于波德莱尔抽象情感的寓言：两者都旨在表达主体性，同时重组和重构主体性；两者都是对深刻的政治和社会危机的反应。但是，表现主义者的目的是唤起强烈的感受，其中人性恢复了它友善的力量并赞扬它的理想，在这种情形下，波德莱尔的恶之花便充溢着犬儒主义和恶意的悖论、致命的痛苦和多种幻灭的情绪。表现主义像波德莱尔诗（特别是《巴黎景象》，也是本雅明的至爱）中开着的花，它是失败的表现，表现了慕尼黑以及1848年革命的失败。但是，表现主义寻求通过强加的乐观主义来克服那种灾难，本雅明把这种乐观主义归于他讨厌的"进步"；而波德莱尔像福楼拜，他饮下幻灭的苦酒，寻求从心理上——焦虑、忧郁、破坏——描绘一种长远的更有能量的悲观主义，它是尼采式的，而不是虚假的愿望，也不是本雅明同时代人中那些堕落的寓言作家唯心主义的"追求"。这里，真正倒退的是革命的乐观主义，而"愤怒的歌德"（波德莱尔！）的那种脾气暴躁的反叛的撒旦主义，为严酷的冰河时期的行动准备了未来革命的主体。

注释

[1] 关于这一切，参见 Carrie L. Asman, "Theater and Agon/Agon and Theater," *MLN* 107：3，1992，606 - 624。卡里·L. 阿斯曼（Carrie L. Asman）对本雅明和朗的讨论十分丰富，包括从献祭到狂欢，并提出了一种巴赫金式——和吉拉尔丁式——的思想纠结，以及对霍夫曼斯塔尔、布莱希特和卡夫卡的交叉参照，但文章并没有提及同样重要的罗森茨维格的介入。

[2] Karl Kraus, *In these Great Times*, trans. Harry Zohn, Chicago：University of Chicago Press, 1990, 70 - 71.

[3] Franz Rosenzweig, *Star of Redemption*, New York：Holt, Rinehart & Winston, 1971, 77.

[4] *Star of Redemption*, 77.

[5] Bertolt Brecht, *Me-ti*, trans. A. Tatlow, London：Methuen, 2016, 113.

[6] 关于同样是 17 世纪的这一文化时刻的直接描写的概要，亦可参见 Günther Grass, *Das Treffen in Telgte*, Munich：Verlagsgesellschaft, 1994。

第五章　面相的循环

1.

　　但是，当寓言式的凝视指向人脸时，它的分类系统便发明了各种类型。本雅明擅长讲述小型的轶事，但在事件的层面，他仍然停留在前小说的面相学阶段，面相学的实践受流行报纸等新媒体的鼓励，人们在巴尔扎克或狄更斯之类作家的早期作品里可以看到这一点。然而，稍微令人惊讶的是，在始于朦胧戏剧研究、终于与世界上最离经叛道的剧作家之一合作的一生的作品里，戏剧形式对本雅明的作品和思想的影响并不经常被探讨。也许其中的错误是歪曲了辩证法，于是演员离开了舞台，退缩到古希腊引发的命运之中，而他们的表演地点，尽管有丰富的特殊效果，但却被抛弃到空洞的空间范畴。小说几乎从未出现在本雅明所关注的事物中，这是这种反常的感性分离的另一种征象——这一点我已经暗示过。

正如我们所看到的，这种倾向在《德意志悲苦剧的起源》一书里已经有所记载。在这本书里，以前的悲剧行为，以及真实的情节本身，或非常受观众欢迎的历史动乱，都被描写成老套的人物类型：不论暴君做什么，不论篡权者或阴谋家搞什么阴谋，不论殉难者多么痛苦，现在都变成了静态类型本身的特征——在这种收缩和物化的人格化里，我们可以看到正在变成面相学的事件。

这个词很久以前巴尔扎克就喜欢使用：从面相学到生理学，在对有时是歌德的瑞士朋友拉瓦特尔（Lavater）的迷恋中，它发现了它的现代（至少是19世纪）的恶名；在本雅明的盟友布莱希特（在其"表意姿态"和"姿势"概念里）的戏剧诱惑下仍然可以得到承认。不过，对巴尔扎克的参考，虽然大部分没有说名字，但我觉得与本雅明有更长久的关联——它有效地指出了地域，在那里对小说和生理学的压制最为明显——无论怎样，本雅明都喜欢古老情调，例如古旧印刷品和巴尔扎克的古董商所展开的表情画卷。

然而，这个概念不是微不足道或装饰性的，它直接表明了早期努力中的哲学深度［《命运和人物》("Fate and Character"，1919)］，其中本雅明最基本的"神学"信条得到复述，最重要的是"预示了未来"，而这些注定会回归到本雅明对历史的最终思考。

在杜米埃（Daumier）或巴尔扎克之类作家的作品世界里，人物无疑是命运采取的形式。然而，不论命运还是人物，都是一种阐释学的存在，它们都不会直接呈现——或者，用一个充满情感的关键词说，难以接触：两者都必须通过外在的符号中介来阅读，它们还必须彼此区分，以便达到一种更是"命中注定"的理解，就是说，一种更具历史性的理解。

在这个方面，最重要的是本雅明明确地区分开了命运与伦理的概念，区分开了命运与罪和无罪的概念，以及"强调道德"或他在1916年语言论文中所说的判断的概念。正是在这种区分中，"命运"最终被确定为基本上是悲剧的无言性或无表情性，而此刻"异教的人认识到他比他的神更好"（I，203；II，175）；换言之，这个时刻区分了悲剧和悲苦剧："在道德无言、道德幼稚中天才诞生这种悖论是悲剧的崇高。"它可能是一切崇高的基础，在这种崇高中出现的是天才而非上帝："人类自然的天真"（I，203-204；II，175）；此时命运降低成法律和犯罪，而喜剧——人物和面相学本身的范畴——最终出现。于是，在本雅明降级的判断（善与恶）、抽象和心理学里，这些综合的思考变成了它们的因素，有利于某种新的辩证的"第三条道路"，或者换句话说，有利于真正的历史和情境的评价。它们与那篇更晦涩的论文《暴力批判》也有家族的关系，但在我们的语境里，可以简单地将其理解为这样一种人物的出现，这种人物在《德意志悲苦剧的起源》一书里初具雏形，然后在他那些更为人们所熟知的描绘中大放异彩，例如对浪荡子、收藏者、赌徒、讲故事的人、造反者、儿童，以及杜米埃和卡夫卡笔下的人物的描绘——我们很快就会转向这些内容了。

但是，为什么不从个体开始——例如，本雅明一生中两位伟大的文学人物——波德莱尔和布莱希特？诚然，这里我们发现一个现成的类型学在发生作用，但在布莱希特的实例里，它反而使我们看到了本雅明自己一生故事的人物表：导师布莱希特、朋友肖勒姆、学生阿多诺、纯粹的牵线人霍克海默［把他比作波德莱尔笔下的昂塞尔（Anselle）是不是不合适？］，以及女人，宛如比阿特丽斯（Beatrice）的阿吉斯（Acjis），等等。这种情形显然不会构成舞台和戏剧，或者我们的剧场，尽管与大部分传记材料相比，它经过了更富戏剧性的组织安排；但它不一定对应于本雅明自己想象的类型学，这些人物所属的范畴也不一定与他自己的思想和写作的组织有关。

2.

我们已经见到了波德莱尔作为宇宙气象学家的一面，他宣告了阴云密布的苍穹降临，星星黯淡无光。现在，波德莱尔的出现仿佛是作为本雅明一生作品之星，他不只是作为诗人和文体学家，也不只是作为其语言充满"大写字母和斜体字"的寓言作家，而是作为构成第二帝国巴黎全景那些东西的真正轴心，巴黎本身则是19世纪整个资产阶级文化的一种转喻。这个计划根据其自身的发展势头分为两部分：关于波德莱尔的札记和《拱廊街计划》的札记。这种划分只是本雅明深刻的分离和不连续逻辑的征象之一，只是本雅明那种哈姆雷特式的性格"拖延"的一种后果。它也是无力面对事件本身的投射，一种使他的诸多人物懒散地等待时机的犹豫不决，他们等待的提示从未出现，而有着多重变化布景的空旷的舞台，就像波德莱尔在另一种语境中所说,逗弄观众"把幕布作为人们憎恨的障碍"[《怪梦》("Rêve d'un curieux"),129]。

因此,我们需要分两部分来讨论波德莱尔:一部分根据早期《拱廊街计划》里的笔记和札记——诗人本身的面相学;另一部分由后来的《论波德莱尔的某些主题》("On Some Motifs in Baudelaire")构成,其中波德莱尔被用作探测城市的盖革计数器(因此这部分内容将被放在另一章中论述)。

但是,甚至作为画像,对波德莱尔也有许多不同的看法需要概括,它们并没有从本雅明的论述(以及他的兴趣记录)中消失。本雅明适当地记录了波德莱尔怪异的步态——机械的小碎步,像一个被牵着线的木偶——和他的声音——刺耳,激动的长篇大论,"仿佛词语都是大写的",但并不特别论及相关的(对波德莱尔本人似乎是基本的)对自然的愤恨[萨特在其对巴什拉(Bachelardian)的分析中有广泛记载,记载了诗人对金属、玻璃和冰的迷恋——这些本雅明本人肯定倾向于以不同的方式来解读的物质,可能更接近柯布西耶建筑的现代性]。本雅明记录了关于波德莱尔面部表情的那种惊人的、出乎意料的印象——"一个愤怒的歌德"(A269,J23,2;V,345)——但忽略了它与现代和古典的双重性的密切关系,而诗人把这种双重性归于他的"现代性"美学。最重要的是,他未能从理论上说明挑衅、对丑事的愉悦、炫耀放纵和不道德,而这些恰恰令他的同时代人(无论是朋友还是敌人)感到惊讶。"必须承认,"一个同时代的评论家说,"他的女人和他的天空,他的香水,他的怀旧,他的基督教和他的魔鬼,他的海洋和他的热带,构成了一种绝对新奇的主题"（Eugène Marsan，A248，J11，a3；V，322）。或者，人们也许喜欢一种更是心理学和陀思妥耶夫斯基式的说法："专属于孤独个体的神经过敏……厌恶人类现状，需要通过宗教或通过艺术赋予它尊严……热爱恣情享乐，以便忘掉自我或惩罚自我……对旅游、对陌生、对新奇充满激情……偏爱使人想到死亡的事物（暮光、秋天、阴郁的场景）……崇拜人造的……对坏脾气自鸣得意"（Edmond Jaloux，A288，J33，4；V，366）。这是一个吸引人的菜单，但本雅明补充了一个认真严谨的说法："这里我们看到，只关注心理学的思考如何阻碍着对波德莱尔之真正原创性的洞察。"非常明显，本雅明生理学的每一步都反对心理学。并非它们表明了年轻的布莱希特感兴趣的那种对行为主义的迷恋或合谋，而是它们记载了心理学对历史性的干预，而本雅明一向是忠于历史性的（甚至在他的语言神秘主义里，也需要汲取伊甸园的原始历史）。心理学和主观性会导向那种柏拉图式的本质与人性的世界（由此他对神学的看法拯救了他），但不是唯美主义和法西斯主义。

但是，他的注意后来因儒勒·勒梅特（Jules Lemaître）（怀有敌意地）提及波德莱尔的"矛盾"而被发现（A255；J15a，1；V，329-330）。这并非偶然，他最初翻译波德莱尔的作品是在第一次世界大战期间，主要集中于《巴黎景象》，19世纪50年代诗人补充的城市诗——补充发生在法官谴责《恶之花》和1848年革命失败之后。同时代的社会丑事——妓女和女同性恋、梅毒性下疳患者和街上的垃圾、乞丐、盲人、患关节炎的老女人、赞美反抗、尸体——大部分在半个世纪后都消失了；如果说有什么不同的话，那就是现在人们从生平角度来解读这些东西，将它们看作对资产阶级体面的挑衅，以及对无情的社会秩序的一种无力的愤怒宣泄。女同性恋主义使本雅明获得了少有的女权主义机会，赞赏解放了的妇女；撒旦提供了两种选择和相互对立的作用，即造反者和受害者，在亵渎上帝的言行中彼此抵消。本雅明对公认的天主教没有什么兴趣［可以留给 T. S. 艾略特（T. S. Eliot）］；他认为厄洛斯（性爱）非常自然，但自己却陶醉于城市风光（《巴黎景象》是他首先翻译的诗，确切地说这些是斯特凡·格奥尔格的绝好版本漏掉的诗）。最重要的是，他把这些诗读作多重的政治挑衅，但我们必须理解它是当时的政治，并被引进到语言本身的核心（它自身并不构成一种政治策略）。

我们很快会明白这种政治是什么，但我们还应该注意本雅明一贯秉持的唯物主义思想，和他对《恶之花》作为一本书的地位、其读者群体，以及在一个雨果的诗作成为最后畅销作品的社会里公众阅读兴趣衰退状况的关注［所有这些都与他重新发现乔西姆（Joachim）那篇关于浪漫主义时期德国诗歌衰落的文章产生了共鸣］。他很少注意波德莱尔的艺术批评，这无疑与他开创其他新事物一样（人们很有兴趣地发现，本雅明多次在引语中用到了这样的表达："他是第一个……"）；第一个致敬瓦格纳［对于瓦格纳，他情不自禁，在观看《汤豪塞》（Tannhäuser）期间，波德莱尔充当他在巴黎的导游］；最后还第一个使用现代、现代性等词（"现代主义"作为名词在法语中出现得较晚，但由于波德莱尔，作为形容词，在法语中的出现早于其他语言——但它从来不是本雅明的一个基本概念）。不过，鉴于本雅明自己的翻译工作以及他早期对波德莱尔作品的喜爱，尤其值得一提的是，这位诗人（波德莱尔）的古典主义风格在很大程度上体现在，在人们不再阅读外语作品的情形下，他独一无二地代表了法国文学——法国文学或许与中国文学一样，有着世界上首屈一指的文学史地位。

对这种第一个，我们也许可以补充同时代的第二种不足：在我们自己的时代古典语言已经过时，它们全都真的是第二次死亡，尽管它们曾作为教科书长期存在。据此，波德莱尔作为经典的地位是一种替代，替代了已经消失的古希腊罗马时代的经典；故而十分有趣的是，人们发现本雅明反复思考诗人与那种过去经典的关系：波德莱尔肯定一种信念，即在他的诗里要坚持一种永恒的、古典的、历史的一半，同时坚持一种现代的短暂性（"短暂、比喻、偶然……艺术的一半，另一半是永恒和持久不变"）。[1]严格的形式、韵律（在他实验性的散文诗里他将打破它们）、反浪漫主义式的自我控制，即便在他激情迸发之时也是如此［一个批评家写道："波德莱尔不懂得爱情，就像他不会劳动一样"（A249, J12, 3；V, 322）］，他的感情毫不费力地受到句子本身的控制。事实上，本雅明的碎片笔记和卡片最多援引的"经典"既不是维吉尔也不是索福克勒斯，而是但丁；（在19世纪末）把这种经典奇怪地等同于腐朽的原型，必然引发本雅明的李格尔一面，他认为那个时代的医疗概念已经冷却，沦为过时的时髦。

所以，本质上是我们在风格中才发现了赞同本雅明的深层原因；美国读者可以采取某种骄傲的态度，但并不只是因为波德莱尔自己赞赏艾伦·坡，而是因为拉弗格（Laforgue）非常明确地召唤波德莱尔隐喻中的"美国主义"。现代的罗马人可能怀疑，这是否完全反映了希腊人对粗俗和过度或难堪的尴尬的冷静观察；不管怎样，关于这种粗话，我们既不能指责波德莱尔也不能指责本雅明，因为两者都没有对新世界表现出多少兴趣和好奇，而我们自己倾向于把坡看作有些欧洲化的孤独者。[另一方面，儒勒·拉弗格生于蒙得维的亚（Montevideo），在某种程度上他完全可以被认为是个美洲人。]

然而，"读者的"注意不应该排挤正当的作者的注意；巴特对作者和读者的区分也有助于强调本雅明自己的激情，并以另外的方式解释他固定于波德莱尔的策略。因为很少有作家能如此不间断地被认定为是写作层面关注的对象：写作层面的特质无疑会激发人们的写作欲望，但也会让人们想要就写作本身进行创作，在这个意义上也可以讲波德莱尔的风格令他的批评家们如此着迷，以至于他们发觉自己不由自主地去思考风格的本质[正如巴特在其《写作的零度》（*Writing Zero Degree*）中近乎宣称的那样，风格此前尚未作为一种独立现象而存在]。如果看看整个浪漫主义一代的作家，从克莱斯特（Kleist）到维克多·雨果，从济慈（Keats）到荷尔德林或密茨凯维奇（Mickiewicz），这种看法显然是错误的；但是，通过压制关于浪漫风格生产的一切奢华和戏剧化的东西，波德莱尔使事物本身因其简朴性而清晰可见，假如实际上一种风格真的是简单朴素的而又能被看见的话（如在华兹华斯的作品里那样）。一种"风格意志"不可能希望不被注意，它不可能隐蔽或藏而不露。同样，人们看到波德莱尔经常被看作花花公子——但是，博·布鲁梅尔（Beau Brummell）的理想难道不是穿稍旧的高雅服装？这种高雅的衣着难道是我们在波德莱尔的风格（两个部分，永恒的和日常的）中所欣赏的东西？无论如何，他的引用价值冲击着本雅明特别敏感的神经，就像波德莱尔迷恋许多诗人和多种语言的翻译一样。对视觉的偏爱也没有使他疏远对象形文字和笔迹学的爱好（有人认为，波德莱尔的"现代生活描绘忽略了它的标志；诗人对照相的厌恶使他看不到更真实的本雅明如何把这种媒体确定为更深刻的主题"）。[2]

但我认为，使波德莱尔成为本雅明面相学论证的一个原型主体的，是贯穿本雅明相关论述的与布朗基的比较，这种比较据说始于与这位伟大的共谋者相像的诗人年轻时的一幅素描（A255；J15, 6；V, 329）。然而，需要注意的是，这种比较仅仅凸显了波德莱尔多重身份中的一个非常重要的方面：作为一位诗人的身份。他曾被比作拾荒者（IV, 48；I, 582），在本雅明看来，这是一种至关重要的形象，即便算不上是个日交易员和投机商［就像狄更斯的《我们共同的朋友》（*Our Mutual Friend*）里那样的角色］，也可以说是个商品世界废弃物的探寻者。于是，他被比作一个二元论者，他的韵律是大量致命的打击［《我怪异的剑术》（"ma fantastique escrime"），《太阳》（*Le soleil*），B83］，然而又是过时的武器（波德莱尔的作品里有枪炮吗？）。最后，他被比作布朗基笔下那个穿黑礼服的人物，此人因鼓吹造反而遭到马克思的谴责，马克思把他的造反策略比作炼金术的幻想。"这几乎自动产生出波德莱尔的形象，"本雅明评论说，"一方面是令人费解的寓言材料，另一方面是贩卖神秘的共谋者"（IV，7；I，519）。但是，真正的造反鼓动在波德莱尔的诗行之内（不只是在他夸张的"美国主义"之中）：在起义中，正确的语言犹如刀刺，就像夺取了武器，占领了电台和邮局。诗行是确定的，不会倒转，不像在雨果作品里那样可以反复往返叙述：诗行一劳永逸地存在于那里，像一尊大理石雕像，它也是准确轰炸打击的目标。

波德莱尔的文字"造反"理念完成了风格研究的方法论，带来了出乎意料的语言外的繁荣，这与真正现代哲学的复兴是一致的：它认同词语和句法、运转的句子，确认它们像身体的行为，或像布莱希特所说的表意姿态。这里比较的不是布朗基的政治策略和波德莱尔的"现实政治"[按照瓦莱里（Valéry）的说法]，虽然那些方面具有更广的历史相似性——这种相似性产生于最初更细微具体的相似情境（你也可以说它们是其寓言的层面）。表意姿态既不完全是身体的，也不完全是语言的；这一概念具备某种多维性，这种多维性正是如今日渐式微的符号学在理论上所追求的，而且与此同时，这一概念又是叙事学的一个组成部分，而符号学在概念层面与叙事学处于对立状态。

因为布莱希特式的"表情"带有点和线之辩证关系的所有模糊性：它是行为和场景划分的结果，但它们可能进一步划分，变成更小的可理解的单位。这种单位同时是脆弱的统一体，一方面可能分解更大的叙事，另一方面又可能缩小成经验的碎片。只有本雅明式的相似性能够拯救它，肯定它作为明显的行为可以理解。

然而，这一事件依然缺席；至于为何会如此，或许可以从本雅明在这位诗人身上发现的最后一个侧重点中找到线索,那是一首十四行诗,本雅明不时地对其进行思索。在这首十四行诗的作者所创作的众多杰出诗作中,这首诗确实有着独一无二的光彩。

路人

震耳欲聋的叫声在街上持续回荡。胖子、瘦子、雄伟的人
悲伤痛苦、严肃地哀悼,走过去
一个女人,庄重地举起一只手
她长礼服的黑边摇摆飘荡;

高贵而快速,她的腿像雕像一样般配;
我饮酒,焦躁不安,因为她忧郁的眼神,
青灰色的天空正在酝酿着飓风,
甜美令人陶醉,欢乐使人死亡。

一道闪电——随即黑暗!短暂的机会
看上去像我的重生——奇异的一瞥!
穿过无限的时间,难道我碰不到你?

太远!太迟!或永不!——我不知道
你可能是谁,你也不知道我去哪里——
你,我可能爱过,你也知道![3]

我选择罗伊·坎贝尔(Roy Campbell)的译本,是因为它的力量

（遗憾的是，其翻译使他在政治上偏离了本雅明的方向），因为把波德莱尔翻译成英文必须考虑它的韵律；伟大的翻译家克莱夫·斯科特（Clive Scott）的经典版本有点不适合我这里的目的；德国读者应该参考斯特凡·格奥尔格的出色版本，而司各特的读者应该看看不朽的汤姆·司各特（Tom Scott）的翻译本。当然，还有本雅明自己的译本：

Einer Dame

Geheul der Strasse dröhnte rings im Raum.
Hoch schlank tiefschwarz, in ungemeinem Leide
Schritt eine Frau vorbei, die Hand am Kleide
Hob majestätisch den gerafften Saum;

Gemessen und belebt, ihr Knie gegossen.
Und ich verfiel in Krampf und Siechtum an
Dies Aug' den fahlen Himmel vorm Orkan
Und habe Lust zum Tode dran genossen.

Ein Blitz, dann Nacht! Die Flüchtige, nicht leiht
Sie sich dem Werdenden an ihrem Schimmer.
Seh ich dich nur noch in der Ewigkeit?

Weit fort von hier! zu spät! vielleicht auch nimmer?
Verborgen dir mein Weg und mir wohin du musst

O du die mir bestimmt, o du die es gewusst! (IV, 41)

有些评论家认同这"路人"是个妓女,这种说法我觉得过分规矩且没有必要,因为甚至在已经是维多利亚时期第二帝国的巴黎,我想至少一些资产阶级女士——不仅仅是那些哀悼的人——也能在街上行走。那眼中阴郁的神情无疑预示着波德莱尔与珍妮·杜瓦尔(Jeanne Duval)之间充满波折的情感关系,但除此之外,这并不能表明这位陌生女子的情况;人们猜测她是个妓女(不可否认,波德莱尔笔下有众多这样的形象),而妓女往往会想要投出更具诱惑性的目光。本雅明至少在两篇重要的论文里表达了对这类诗的偏爱;在《巴黎景象》的中心点,那种偶然的遭遇肯定抓住了现代城市的基本特征:它是一个游览和性自由的地方——城市空间补充的一个方面,类似于中世纪城市的自由,农奴在城市里无须再怕被主人抓住,他们获得了一种经常被默认的解放。

这里的双重问题是:一方面,这个女人为什么哀悼?另一方面,为什么诗人对自己的行为做反讽的空间描述?也许两方面都包含着某些线索。同时,对诗真正"过度"的解读会引发已故阿尔都塞的"冲突"理论,找出其更深层的意义,而预想不到的参考可能比最初想到的更有启示。因为阿尔都塞的理论是以某种方式对他早期关于事件的"多因素决定"的思想的重复,即事件永远不可能被认为由单独一种原因或方式决定,然而它的多重原因常常因为偏爱巧合或偶然的伪理念而被忽略。

但对阿尔都塞而言,事件就是革命;当看到多尔夫·奥勒(Dolf Oehler)将这一诗意瞬间重新嵌入从"玛丽安娜"到德拉克洛瓦（Delacroix）那幅伟大的《自由引导人民》("Freedom mounting the Barricades")的漫长且近乎程式化的图像体系中时，人们会产生一种真正历史性发现所带来的震撼，即将革命拟人化为一名女性。倘若实际上这也成为诗意隐喻的一个层面，在其中不仅城市以及爱情精神，而且革命事件也都是具有表意作用的寄托，那又会怎样呢？

福楼拜和波德莱尔二人都是顽固的保守分子（前者对公社的反应只能被比作路德对起义农民的愤怒），其实正如我们所知道的，他们都是七月革命的热情支持者，支持其许诺的彻底社会改革，以及摧毁可恨的复辟。二人都因后来出现不可避免的背叛而醒悟；因此我们需要考虑他们的反动政治观点可能不是经过缜密思考的信念，而是当时感受的反应，一种对希望破灭的愤怒，以及对新的资产阶级当局的不满，因为资产阶级当局取代旧政权而建构的东西更令人讨厌。

这是在强调这首诗的另一面，不是遭遇本身，而是遭遇的失败，它的力量和存在丧失了机会。因此，在波德莱尔作品的核心，这是事件本身缺场以及对其省略厌烦的一种比喻，是暂时性的内心空虚，它妨碍了波德莱尔的叙事，改变了福楼拜的《情感教育》(*L'Éducation sentimentale*)，尽管后者充满了细节描写和变化，但却变成了独特的反小说的实验，对此卢卡奇认为只能出现这种情况（《小说理论》），而亨利·詹姆斯（Henry James）则讨厌这种对有血有肉叙事的无用性的巨大展现——他担心自己的作品里会出现这种情形。

3.

但是，失败的经验不应根据世俗的商业成败来考虑；本雅明自己这样告诉我们。革命事件的这种奇怪状态——在最彻底的失败中的一种存在，他自己在 20 世纪 30 年代已经感觉到，特别是在斯大林和希特勒签署协定后。他觉得他们那种矛盾的表现，将会体现在另一种令人迷恋的具有其性格特点的人物之中，这种人物就是赌徒。我们不知道赌博在本雅明自己的生活中起着什么作用（也不知道在波德莱尔的生活中起着什么作用），但我们十分清楚，他非常赞同这种迷恋的激情，并愿意在其作品的各个地方表达自己对赌博的理解。对今天的医学思想而言，赌博是一种上瘾行为；对过去的其他一些思想家而言，赌博也是一种形而上的激情。例如，在帕斯卡尔的消遣观念里，赌博具有重要的作用（它是其"人生悲惨"概念的真正基础），对它最雄辩的现代分析出现在本雅明的同时代人安德烈·马尔罗（André Malraux）的作品里〔从很多方面来看，罗尔马与本雅明有着奇特的相似之处，如果我们不考虑他扮演的政治角色及其对撒谎或"虚构癖"的热衷的话，这位小说家在其《人类的状况》（La condition humaine）里对这些情况做过清晰的分析〕。马尔罗认为，赌博的瞬间标志着现实在时间里中止，其中暂时消除了贫富。换言之，它提供了独特的短暂时刻的满足（如果不是兴奋），此刻不存在财富和贫困；或者说，它提供了一种时间存在，有可能暂时把贫富全部摧毁。

本雅明在他一些极为精彩的篇章中着重探讨的正是赌博的这种

时间维度。他先是列举了各种各样的"相似"——实际上，是一份令人眼花缭乱、极具华彩的清单，罗列了现代"冲击"（齐美尔的术语）的各种形式，从中可以瞥见并辨认出赌博的瞬间时间性，随后便做出了将赌博与工厂劳作决然等同起来的论断：其关键在于一种重复的形式，将之描述为一种没有未来的时间更为恰当。

> 机器运动中的震动类似于所谓的碰运气赌博中的大赢。机器每一次运行都会屏蔽前面一次运行，这就像碰运气，赌博中的赌赢都屏蔽前一次赌赢，因此劳工乏味的工作以其自身的方式对应于赌徒乏味的工作。两种类型的工作都没有实质意义……地狱的时间，也就是这样一些人的领域，他们不被允许完成自己已经开始的任何事情……这种反复开始的过程是规制性的赌博理念，就像为工资而劳动一样。(IV, 330; I, 633)

此处，在重复所具有的这种非时间性——其中无产阶级劳动的真正逻辑、交换和剩余价值产生的真正逻辑就在与这看似不相关的赌徒形象中被揭示出来——之前，曾对（弗洛伊德式的）愿望的满足和获胜欲望之间的根本区别有过专门讨论："愿望的实现是最精彩的经验（Erfahrung）"（IV, 331; I, 635）。于是，本雅明的比喻扩大了马克思主义的"异化"概念，但却未使它用于心理学，而是用于对时间性本身的哲学探讨。马克思主义认为，劳动过程的转变将导致经验的转变，或毋宁说，按照本雅明的神学版本，将导致经验的实现、经验的救赎。如此一来，寓言的实现观念便被隐蔽在这种比喻表达之内（颇像在军事象棋游戏里，瘦小的侏儒隐蔽在土耳其战士的自动化运行之中)。

但是,还有另一种方式逃避这种基本的异化,逃避对这种时间性中断的不满,它出现在被精神分析称作崇高的修辞比喻中。这里我们遇到了本雅明的另一个基本特点:收藏家。这是一种激情——类似于莫里哀笔下的迷恋类型,本雅明笔下的人物也是痴狂的形象——对此本雅明本人是知道的,而且我们觉得可以通过传记资料来丰富对它的阐释。(不过,我们应该明白,这种传记资料的参照并不是心理学的;它们至多是现象学的,最坏可能是精神分析的,但无论何时都是哲学的。)本雅明收集图书,特别重视收集儿童图书:他的兴趣本身就包含着两种怀旧情绪,因为历史著作也散发着对童年的本体怀旧,特别是它们的物质性,它们作为源头的化身:威尼斯或纽伦堡那些经典著作首版时的精美华丽,它们的字体和精美的装帧,这一切与那些已经消亡语言的古典韵味相结合,唤起了一种产生激情的客体,其强制性丝毫不亚于儿童对一本即便破旧但却独一无二的文本的眷恋。

然而,本雅明奇怪地反复把收藏家人物与赌徒人物联系起来,这就提醒我们此处必须考虑反常现象而不是某种天真的癖好(但也许没有天真的癖好!)。在那种意义上,图书收藏者可能类似于恋足癖;赌徒类似于跟踪狂或病态地嫉妒的情人;正如《德意志悲苦剧的起源》人物表中的人物类似于夏朗东或疯狂的居民,他们为本雅明提供了某些最有意思的奇闻轶事("舒瓦尔金……舒瓦尔金……舒瓦尔金……")。

这里引用雅克·拉康并非不当,他的实例把收藏与玩具的结构维度联系在一起,对物体摆脱实用价值并融入一种更高的(甚至可以说是超验的)统一而感到兴奋。拉康认为收藏的心理结构与物体一致,在这个实例里,一套相互关联的火柴盒表明,对收藏者而言,"火柴盒不仅仅是一种物体,而是一种现象的形式,因为它显示出其真正呈现的多样性(他还指出,它们'以某种连接的力量'统合在一起),它可能是某种事物(或拉康所说的打击)"[4]。正如他所说,这是"天真的崇高形式"之一;但从哲学视角看,我们也可以把这种现象转换成对某种具有形而上维度的内在世俗事物的认同,即某种超验性。

现在,与赌博的类比引出了时间维度(实际上,真正使两种"激情"相联系的是时间维度)。其实,自封建时期以降,迷恋赌博一直吸引着文学再现(在封建时期,主要是狩猎,它实际上是统治或"有闲"阶级唯一的消遣——就"消遣"一词的字面意思而言)。概率理论始于帕斯卡尔(我认为,人们从未探讨这是否与他关于两种人物或智力——"几何学精神、精细的精神"——的理论有某种更深刻的联系)。赌博的陋习并未越过难以出口和污秽不堪的底线,一直到本雅明的时代都令人着迷,但那时出现了它被毒品取而代之的迹象(两者同时存在于波德莱尔的记载中),随后被彻底超越(也许对计算机游戏的激情标志着被压制的赌博的回归)。

与毒品相似,赌博的运作以未来为基础:毒品暂停时间维度,但这种暂停用于赌博则破坏当下,并把它提升到一种共时性,完全认同于世界本身,不幸的是,这种时刻并不会持续,至少不会等到下一次赌博(在某些方面类似于德勒兹论酗酒和"倒数第二杯")。

不过，收藏也表现出时间性的另一面，也就是记忆本身显现了出来。本雅明用一句令人难忘的话说："每一种激情都濒临混乱，但收藏者的激情濒临的是记忆的混乱"（II，486；IV，388）。此刻似乎没有必要解释"混乱"一词，尽管本雅明为它发展了各种人类学而非宇宙论的联想（我们已经知道，这些联想主要源自约翰·雅各布·巴霍芬）。更重要的是，取消这里不可靠的个人记忆，包括法国小镇上那个不起眼的古玩店，在那里，收藏者在他生命的特殊时刻发现了一本独特的书，但对它的记忆立刻引出了历史，开始是历时性的和同质性的，但由于该书的物质性，它很可能以迷恋的方式扩展成一个辩证的形象，突然进入异质性的时间，即此时此刻的时间。

对知识分子而言，图书与旧相册一样，是生活的记录，记载着各个阶段意识形态的发展、文学的激情、哲学和文学的创新；随着理论风尚的变化，有些书即便不像官方认定的珍本那样有价值，但却也变得和珍本一样稀少。那么，本雅明的各类藏书就更是如此了——有些在流亡途中遗失，另一些则被朋友们装箱保存起来，一批批用于研究的书籍被送往丹麦或英国，实实在在地留下了一连串辗转流离的痕迹，研究工作与住址变更相互交织——这不就是一份流亡与苦难的著述目录吗？

但是，官方收藏的有价值的东西，有其自身与历史的关系，超出了重要的所有权范围。对这种收藏品的鉴定包括警务程序所称的监管链，其中亲手传递、所有权记录，甚至交易者所用的时间，都是记录的关键部分，证实本身便是一种历史。我们也不应该忽视一系列不同的途径,即一向不安分的本雅明跨越欧洲追寻的途径,从莫斯科到伊维萨岛(Ibiza),从丹麦到里维埃拉(Riviera),时不时独自在车站和小镇漫步,每当发现古物便异常兴奋,就像发现那本意想不到的书一样!"在这一短暂的旅行中我买到了最难忘的东西。财产和拥有属于战术领域。收藏家是具有战术本能的人;他们的经验告诉他们,到达一个陌生的城市时,最小的古玩店可能是个堡垒,最偏远的文具店可能是关键之所在"(II,489;IV,391)。于是,随后出现了所有城市的深情召唤,而在这些城市里,他获得了难忘的发现、占有以及藏书家式的愉悦体验!

此时,收藏家的形象开始逐渐变成与之相近的种种面相:我们回忆起《拱廊街计划》中刻意使其黯淡的策略并非毫无缘由,因为他明确表示图书收藏也正在过时,已然成为昨天的激情。但是,正如我们将会看到的,这种过时人物的背后隐藏着儿童的身影,儿童是收藏者的更为根本的形态。而与儿童形象并存,但又与之截然不同的、来自另一层时间维度的、成熟甚至有些愤世嫉俗、厌世的收藏家——人们很容易在那个"开箱整理我的藏书"的传奇行为中联想到的形象,开始慢慢变身为焦躁不安、充满好奇、近乎无家可归的闲逛者,即所谓的浪荡子,我们马上就会讲到这个形象。

4.

但是,我敢说,这里的儿童并不是本雅明的世界中的一个人物,尽管其观点不断被援用和解释,正如本雅明在说明今天的儿童玩具制造商是多么无知时所说,他们受"心理学和唯美主义的影响"(II,118;III,128),却不知儿童最自发的兴趣是什么。《玩具和游戏》("Toys and Play",1928)不只是一篇论后者(游戏)的完整哲学论文的初稿["游戏……是一切习惯之母"(II,120;III,131)],还是指导那些制造商正确生产玩具的小型指南。人们不愿意把儿童在本雅明所描绘的各种世界中的地位看作天真的["儿童傲慢无礼,他们与世界疏离"(II,101;IV,515)]。他对儿童的兴趣既非父爱亦非教育,虽然阿西娅通过戏剧对苏联那些流浪儿或野孩子进行的革命再教育,对他来说无疑是一个基本的参照标准。对于关键的间离效果,儿童为本雅明构成一种可用的,甚至独特的立场或观点。例如,它产生一种完全不同的色彩经验(I,442;IV,613),以及关于单调致命的成年收藏者的复活或超验的版本。通过它,可以达致某种与物体、行为甚至生产完全不同的关系。正如我们已经看到的,本雅明最大的教训之一是,他怀疑我们通常所说的心理学,其结果(虽然不一定是它的实证主义动机)导致了所有客体的主观化(也许尼采是最后一个把"心理学"这个术语用作胜利地征服主体历史性而非其物化的标志的人)。无论如何,这里有一个启示性的例子,它谈到了"最陈腐的教育思考":

> 他们对心理学的迷恋使他们看不到世界充满了儿童关注和使用的无可比拟的东西,而且是最特殊的东西。因为,儿童非常喜欢出没于任何可以看见正在制作东西的地方。他们不可抗拒地为建筑、园艺、家务、裁缝或木匠产生的废料所吸引。在这些废料中,他们认识物的世界直接并独特地呈现给他们的面貌。(I,408;III,16)

如果这里存在心理学的话，那么它应是一种马克思主义的心理学，对这种心理学而言，生产一向是世间万物那如川流般的事件、变化、改变中最令人满意的特征，而世间万物本身就是这样一个不断变化的过程。诚然，他的实例——废料的实例（他从中还会推导出收藏一种特殊的属于儿童的活动）——也有助于支持一种反心理学的学说，该学说认为，儿童最初的冲动和兴奋在于破坏，在于把成人世界已经构成和生产的东西撕裂成一堆令其高兴的碎片，在于某种最初天真无邪甚至自然的叛逆的增长，而这种叛逆会在那些混乱狂欢的时刻达到顶峰，从很多方面来说，这些混乱狂欢的时刻是那些最优秀的儿童影片在本体论意义上的高潮。但是，破坏只是生产的另一面，是其辩证的一面；本雅明的说明还带有驳斥特定资产阶级生产观念的附加效果。自席勒以降，这种生产观念就是在哲学上被赋予价值的"游戏"概念本身："在使用这些东西时，儿童不是模仿成人的工作，而是在游戏生产的制品里，把性质迥异的材料以一种新的直观的关系组合在一起"（I，408；III，16）。因此，游戏不仅是一种生产形式，而且特别强调异质性，即当代——我能说后现代吗？——赞颂的核心主题之一，其本身预先表明它带有一种生产冲动的神秘的力比多力量。

卡尔·霍布雷克（Karl Hobrecker）论儿童图书的著作现在已被忘记，但在看似天真的评论该著作的书评语境中却出现了更多的东西：尤其是，我还必须挑出关于儿童智力的其他特征的关键评语，这涉及色彩本身，而那完全是随意的评论，说这些书里的图画"通常排除了一切颜色和绘画的合成"（I，410；III，18）。因此，可以预见,这篇书评此后会变成一种风格,其中哲学分析可以在一种完全不同于传统哲学阐述或论文的话语语境中充分展开。于是,一种完整系统的儿童观被默默地纳入对商业产品的适度说明——描述不知不觉地转入现象学。同时,这也决定了对事件的不同感受(童话,《讲故事的人》)。

5.

但是,在本雅明的作品里,有一处似乎展现并凝练出了与儿童经验相似的东西,而这一处内容存在于另一位作家的作品里,不过,对本雅明而言,这位作家的作品的意义严格来说与文学无关。这位作家就是卡夫卡。因此,就非文学精神而言,卡夫卡也可被纳入本雅明颇有性格的收藏之中。

如今,卡夫卡的著作已被学术阅读书单奉为经典,被认定为现代经典之作,这就使评估他对于本雅明的意义变得愈发困难了,因为对本雅明而言,文学史并不是确立经典作品名录的问题,而是衡量作品在当下情境中的影响力的问题,而且他极少单纯为了"杰作"本身而去写相关评论:他写过一篇关于陀思妥耶夫斯基《白痴》的短文,写过一篇针对朱利恩·格林(Julien Green)的《阿德里安娜·梅叙拉》(*Adrienne Mesurat*)(至少从当下的视角来看,这算不上一部经典之作)的长篇沉思录,还有一篇大肆颂扬难以归类的戈特弗里德·凯勒(Gottfried Keller)的文章、一篇致敬普鲁斯特的文章,以及众多思考法国和德国先锋派及当代文学状况的文章。关于诗歌,我们有不同的看法,因为本雅明恰当地记录了重新发现荷尔德林的影响，并不断肯定斯特凡·格奥尔格虽然含混但却非常杰出的地位——他觉得没有理由写里尔克（Rilke）甚至瓦莱里（后者的散文除外），而写一些关于布莱希特诗歌的短评的真正原因，则表明他对文学批评的观念是实用主义的。写关于歌德的《亲和力》（一种文学的求知欲，如果有的话）最好从方法论方面理解；而写卡尔·克劳斯则是旨在参与衡量文学在当代公共领域的有用性，同时把文学的价值转变到那些写作本身，更隐蔽地推行他自己的"破坏"观念。

关于卡夫卡，肖勒姆当然想认为它构成一个证据，证明本雅明一生遵循犹太教神秘主义传统；按照肖勒姆的看法，他们的通信无疑充满了这种证据（在他与布莱希特的讨论中，他对文本同样缺乏信心）。但我将把他对卡夫卡的兴趣和忠诚完全归于另一种"传统"，这种传统涵盖了他对儿童图书的热衷，一直到希尔巴特的《雷萨本狄奥》那种怪异的科学幻想小说，从童话到口述故事。我们不能像德勒兹那样把它们称作"次要文学"，但可以毫不犹豫地断言那是反小说的，在某种意义上，也完全不同于卢卡奇或巴赫金关于"现代"反形式的理论。

此处，本雅明的麦克卢汉主义是突出且具有决定性意义的：实际上，他对卡夫卡独特视角的评述（尤其是他在1938年6月12日致肖勒姆那封重要的信里所表达的内容）强调了这样一种方法，即在卡夫卡的作品里，新工业城市的感知技术形式与古老村庄文化中留存的智慧、律法和故事相互交织、彼此影响，并使其发生扭曲。然而，因为讲故事必然口述，所以它先于纸质文本所激发、释放与产生的所有语言的主体性和"内在性"而存在。在这种讲故事中（其中第一人称的小说是一种改变），从定义上讲，经历显然已是经验，因为当时还不存在一个"心理学"领域，能让前者（经历）被后者（经验）转变并吸收。正如他喜欢说的那样，经历仍然是"事物的综合"，经身体感受，以静止的形式特征被身体吸收，呈现为动态形式的表情和习惯。（布莱希特的戏剧——一种讲故事的戏剧——回归到这些有形展示，它们既不是自然主义，也不是新写实主义，只是稍微有点像"表现主义"。）

那么，它们是古代的吗？是否某种现实的残存或对这种现实的回归？这种现实先于现代、启蒙运动以及技术，并在那种意义上危险地联系到本雅明一向关注谴责的"神话"领域？卡夫卡将是探讨这一关键问题的最典型的案例和实验。

这篇论卡夫卡的文章，除了它绝好的轶事序言（"舒瓦尔金……舒瓦尔金……舒瓦尔金……"），结果变成了性格学的训练。如果性格就是命运，那么它的对应面则表示把许多时间叙事压缩成同样多的本雅明所说的面相，变成隐蔽的类型甚至原型。这些是静止的形象；正如我刚才说过的，它们不是非叙事的，但可能被说成是后叙事。正是在这种意义上，我认为本雅明不是讲述故事，无论他多么重视这种才能。他模仿轶事艺术，例如刚刚提到的论卡夫卡的那篇文章的序言。但是，即使他从未进入小说（甚至也没有通过《柏林童年》那种精心设计的、普鲁斯特式的迂回方式进入小说），他同样从理论上阐述了那种"失败"，断言小说只不过是一种副产品，甚至是对已经衰败的讲述故事才能的替代。

同时，就神秘主义而言，毫无疑问那篇论卡夫卡的文章也谈到了它，但其方式是把卡夫卡笔下的众多人物分别归于他们从中出现的本体的、天使的、魔鬼的或地狱的领域，从而通过暗示使他们描绘出一种完整的形而上学，从古代神话领域经口述故事想象一直到法律及其使者。正是这种一系列层面的叠加构成神秘的核心，它通过性格学投射出来，而不是采用其他迂回的方式（这种情形非常像卡巴拉本身的故事，它作为布莱克恩式传奇故事的汇编，却冒充一种教义）。

不过，这篇文章从"重点"到"重点"的展开，有许多关于本雅明精神过程的东西告诉我们，就像告诉我们许多关于卡夫卡的东西那样。事实上，这是他那种少见的文章之一，本雅明在文中审视了作家作品的总体性，因此提出人物系统主要是统一作品的方式，宛如一系列随意的观察感知，具有它们自身的阐释逻辑。

人物表必然始于父亲和儿子、助手、做决定的官僚——他们"像少女一样羞怯"——由于放荡天真，他们形成另一个群体，变成俄克拉荷马自然剧场的演员。这种背景不仅引出背景本身的问题（即"语境"问题，依靠语境，人物变成一个类型），而且引出表演的问题，此时"犹太神秘主义"在剧场与布莱希特相遇，产生出重要的动作表情概念。只有此时我们才"终于认识到，卡夫卡的整个作品构成了一种动作表情的规则"：动作表情本身和关于动作表情本身，而不是"作者事先确定的象征意义"。同样，后者也必须在其"不断变换的语境（背景）以及群体组合实验中寻求这些表情动作的意义。剧场是这种群体组合的合乎逻辑的所在"（II，801 –

802；II，418 - 419）。

  这个人物表继续，包括了卡夫卡笔下的动物，在某种意义上它们代表没有背景的动作表情，但与此同时，又使我们遵循卡夫卡非常神秘的创作过程，即他也不知道它们的语境：通过背景的变换，每一个"实验的"故事都力图获得它们的意义。正是叙述者、困惑幼稚和茫然的观察者的这种坚持不断的探索（此处卡夫卡这位作家自己开始转变成本雅明式的冥思苦想者），最后才把这些观察、这些看似构成不可理解事件的动作表情变成了一些寓言故事，但它们是一些没有信条的寓言故事，我们看不出它们有任何教育意义，它们暗示的意义超出了我们所能触及的范围，然而它们又具有官僚社会——保险理算员在他周围所发现的那个真实世界——的所有严密性。

  这种寓言故事呼唤解释，但甚至他——尤其是他，卡夫卡！——都说不出它们的解释可能是什么（加缪著名的电话亭里的男人形象，用手和嘴做出不可理解的动作，便是对这种情境的一种平庸化的归纳）。这就是人们的注意力回到背景或语境的原因，背景应该使这些动作变得可以理解；正是在这里，我们遇到了本雅明所说的"史前世界"，所有寓言故事都源于这个世界，源于罪恶、被遗忘之事、古老的事物，源于将动作表情和人物归纳为真实的线轴和绕线的抽象物——奥德拉德克（Odradek）：最后一个观察者形象，他认为最熟悉的事物（家庭和家本身）是不可理解的。但是，天真无邪者必须承受这种无知和不可理解的重负；如果他周遭的环境变得现实起来，那么在这种世界经验里，一切独特的事物便会当场消失。解决的办法是桑丘·潘沙（Sancho Panza）结论性的寓言，他最后发明了堂吉诃德及其种种幻想，以便"在有生之年获得巨大而有益的享受"（II，816；II，438）。没有信条的寓言故事，官僚世界体系的不可穷尽的神秘，卡夫卡的毫不怪诞的叙事，这些是他的享受方式。

6.

此刻，我们可以再回到那个人物。在本雅明的面相的循环里，这个人物无疑是最著名的，同时也是最模糊的：这就是"浪荡子"。现在这个借用的词实际上与本雅明本人无法分离，它源自波德莱尔，在波德莱尔那里它同样无处不在，尽管如此，它并不适用于波德莱尔自己，本雅明在一次奇怪的事后思考中明确告诉我们，波德莱尔自己显然不是一个"浪荡子"。这个人物常常使人联想到其他人物，例如花花公子、冥思苦想者或讽喻者，而浪荡子最接近这样的人物：他隐退到自己所处的背景里，或者他就像是作为历史场所的林荫大道自身的守护神一样被展现出来。

本雅明自己非常喜欢旅行，也是个游记作家，他那些关于莫斯科和那不勒斯的精彩文章便是明证；在某种意义上，他的生存策略是试图把流亡转变成旅行和探索（在巴黎，这将是对时间的探索，同时也是围绕当下文学情境的一番漫步，从一种军事勘察地形般的意义上去理解未来萨特式的话语，预先测绘出其中的陷阱和可能性，把它当作一座"词语的城市"，去探究它对游击战的适用性）。这还不是现代的旅游产业，还没有具体化的遗迹和提前包装好的路

104 线：我们在这里基本上是在谈走路和漫步，是在谈城市，这仍然是一个新颖的主题，其中他的思想深受齐美尔的著名文章《大都会和精神生活》("Metropolis and Mental Life")的影响。步行也有其历史，丽贝卡·索尼尔（Rebecca Solnit）在其关于弱视的有趣记载中表明了这一点，本雅明和乔伊斯（Joyce）及尼采也都弱视，弱视决定了一种特殊的步态，不论在思想还是身体运动方面，它都决定了一种特殊的仔细观察的方式。

然而，浪荡子并不是一个旅行者，就像波德莱尔中断其"印度之行"的不幸冒险告诉我们的那样；同时也不能完全肯定波德莱尔自己喜欢众多的人，或者像浪荡子那样高兴与民众混在一起，大体上说他厌恶民众。不过，本雅明肯定地告诉我们，《恶之花》的每一页都有"大众"出现，即使他们在那里不被提及和不是主题（在某种意义上，本雅明自己也是如此）。但是，非常明显，不论其情感关系怎样，他都意识到更深层的范畴在发生作用。正如我们看到的，他引用了《烟火》中的话："在人群中获得的愉悦，是我们对数字倍增所带来的乐趣的一种神秘表达……数量是总的……陶醉是一个数字……是对大城市的宗教式的陶醉"（A 290，J34a, 3；V, 369）。对此本雅明相当神秘地补充说："取出人类的根！"人们认为，这意味着驳斥个体加在一起构成大众基础的观念；其实正好相反，集体才是个体的构成部分（如果个体存在）。

浪荡子的其他特征也值得强调，特别是他的无目的性：他拒绝目的和实用性，这使他在反商品化劳动的斗争中成为英雄，特别是反对工资劳动本身（像本雅明和波德莱尔本人那样，他常常身无分文);应该记住,在这个语境里,同样也在我们自己的大众失业和无工作世界的境遇里,马克思的女婿拉法格写了一本书,赞扬懒惰,因此他把自己写进了马克思主义的另类传统,即不希望崇尚劳动和生产,而是把它们彻底消除。

尽管如此,我觉得还是应该提醒我们自己:本雅明对城市(主要是欧洲城市)的探索并非毫无兴趣。他有目的和兴趣,也有动机、方向和目标,即使不完全是旅游方面的。他妻子朵拉的一封(致肖勒姆)的夸张信件提供了暗示:"此刻他满脑子都是思想和性。"对此,我们可以诉诸他儿子斯特凡的回忆:"我只在旅行期间见到他,那时他经常给我带玩具。"[5] 因此,如果根据朵拉所称的"思想",我们会用书替代,要么即将写出,要么和玩具一起收集;而如果我们推测赌博是本雅明神秘生活的另一种特征,那么我们就可以补充说,本雅明不愿意承认那是自己的特征。

诚然,不论作为主题还是作为题材,他的作品里到处都有卖淫行为,因此我们应该随时注意卢卡奇的《历史与阶级意识》里那种无产阶级核心理论的突出变化。卢卡奇在那里将无产阶级(以及无产阶级意识和经验的特权立场)定义为完全被简化为商品形式的人,这种个体由于被迫出卖劳动力,没有给其他意识形态和个人身份留下任何余地。

但是,在本雅明的作品中,在波德莱尔笔下的巴黎和《拱廊街计划》的语境里,妓女享有这种特权,即仅仅作为一种商品而存在(也正因如此,她们对资本主义社会的真实本质有着独特的认知)。也许这是本雅明与阿多诺通信时的想法,他在信里神秘地召唤对

"交换价值的同情",就是说,同情商品的物化。对于我们所称的"文化研究"(本雅明无疑是这一领域的典型先驱),这一方案提供了一个新的视角,它建议晚期资本主义敏锐的文化学者必须对商品化、消费、文化的物化,以及我们现在所称的"欲望",带有某种情感,即使不喜欢它们。

至于卖淫活动本身,也许我们很少意识到它在年轻男人的生活中所发挥的重要作用(特别是自资本主义城市发展以来),甚至在20世纪20年代发明了避孕药片以后,其作用更大。这是19世纪和20世纪男性生活中的一个真实存在的维度,但由于对梅毒(和肺结核)的恐惧,这种生活在后现代之前的文学和文化研究中经常被默默地忽视了;当然,它在一些作品中也有崇高的表达,例如《路人》,本雅明特别喜欢这种作品(见前文),它聚焦于短暂的景象存在,城市生活中性的窥视;本雅明在《单向街》称作"规定"的那个部分里,把这种经验转变为他对阿西娅故乡的访问["如果她用眼睛的火柴触动我,我就会像火药桶似的消失"(I,461;IV,110)]。但是,我们如果要提及卖淫,那么就必须提醒自己,职业记者的作品是受命而作,且接受并不特别适合自己的约稿任务——这是本雅明的境遇,甚至对法兰克福学派及其杂志也是如此——这种写作也是一种卖淫,是一种具有商品面相的行为。

因此,我们必须揭秘对浪荡子的无处不在的指涉,否则任何关于本雅明的文章就都显得不完整了。这个人物无疑是贯穿本雅明全部思想与写作的空间性的一个明显表征;眼下,我们只是循着它进入更为宽泛的行走及漫步这一类别中——这要与德勒兹那不太广为人知的（精神分裂式的）空间漫游或闲逛区分开来，甚至要与启发德勒兹使用这一概念的"超现实主义漫步"，以及随后出现的（尚不知本雅明为其先驱的）情境主义的"漂移"区分开来。最后这些似乎由寻求某种东西引发，哪怕只是寻找未知之物；本雅明笔下的浪荡子基本上不是如此，但前文提到的一些情况例外。在他的波德莱尔式的虚拟化身中，他穿过人群，或者靠在一堵墙上，观察人群中各种各样的面相和生理特征。但这种认识论功能本身是模糊不清的，而我们若将波德莱尔笔下的这个人物的两个截然不同的来源并列起来，就能更好地把握这个人物与行动之间的关系。

在一个来源里，即在 E. T. A. 霍夫曼（E. T. A. Hoffmann）的《我堂兄的转角窗》（"My Cousin's Corner Window"，1822）里，主人公由于瘫痪而完全变成了认识论的：他逐渐变成了纯粹的凝视者，坐在窗边，观察他下面广场上度假的人群。据说波德莱尔指责霍夫曼的作品里缺少恐怖，而他在另一个伟大来源里，即在埃德加·爱伦·坡的作品里，却发现有大量的恐怖描写。

因为在后者的作品《人群中的人》（"The Man of the Crowd"，1845）里，浪荡子并非仅仅使自己加倍浪荡——他的化身从纯粹的观察发展成了最强烈的暴力行为。这篇甚至难以被称作故事的小品文，始于一个浪荡子（叙述者）观察另一个浪荡子，也就是与文章标题同名的"人群中的人"。他跟着他。渐渐地，可以看到他的观察对象变成了一个暴力人物，类似于《杰基尔医生和海德先生》（Dr. Jekyll and Mr. Hyde）①里的那种转变，尽管坡并没有把它

---

① 已出版的多个中译本都将书名翻译为《化身博士》。——译者注

直接写成谋杀。把这种发展比作从《恶之花》到波德莱尔散文诗的发展，是不是过于牵强呢？波德莱尔的散文诗里有一个著名的例子，施舍者打了不幸的乞丐，弗洛伊德主义者称之为一种转变行为——因为处于只能袖手旁观的境遇，被压制的强烈愤懑便外化发泄。

这只是一瞥，随后浪荡子便消退到那种实际没有内容的人物之中，他的作用是接受外部世界但不参与外部世界。不过，在本雅明那里，仍然存在一个朦胧的终极观点，即这种观察本身可被说成生产性的。

这是一种非个人化的"人物"，本雅明甚至没有通过他说话，而是对他进行引用（这也许是促成本雅明引用习惯的另一个层面），并赋予他急切重要的事物（必要的方法论和其他替代性的解释），但他不知何故又不出现，也并非真的在"代表"什么（因为并不是某个党派借他之口发声，尽管这个党派是他所做修正的目标）。这是"历史唯物主义者"，他"会认识""回避""理解那种情况……"。这一权威人物所蕴含的哲学智慧或许比布莱希特笔下 K 先生（Herr Keuner）的那种实践政治智慧更深厚一些，但按照拉康的意思，他不是一个巨大的他者（接近于分析者）。当然，从某个角度来看，历史唯物主义者（或者辩证的唯物主义者；本雅明似乎并未像我们今天这般严格地区分两者）自然是"马克思主义者"。只要愿意，任何人都可以采取这种立场，但本雅明对于其非马克思主义的读者，可能是出于礼貌而没有这样做，这与他不肯承认"马克思主义"包含某种其他人难以理解的绝对真理如出一辙，从而也规避了"我们"的排他性的群体后果。

非常有趣的是,"历史唯物主义者"不再是一个行动者;他像儿童一样,类似于一个中介,一种用于沉思的载体,也许是那个冥思苦想者在他现在"科学的"寓言象征之前所固定的最后形态。他可能也是哈西德派故事中的所谓智者,即本雅明在其论列斯科夫(Leskov)和讲故事的人的那篇文章里所谓的"提供忠告的人"的化身。因此,每一个本雅明的实际读者都会遇到这样的句子:它们恰当地避免被指责的第一人称(指名道姓的行为者或行动者),郑重地告诉我们"历史唯物主义者"将如何理解这个问题。

所以,正是在行动缺失的情况下才能把两方面统一起来,前面的人物变成了一种相当静态的面相,而前面行动的场景本身变成了一个空间,其实是一种真实的空间类型学(特别是在城市空间中)。于是,在缺乏实践的情况下,出现了一种纯思维的媒介,它一方面包含作为陌生化效果之发生地的儿童,另一方面也包含作为对历史进行科学理解之地的"历史唯物主义者"。结果,正是非个人化思维的最终形式变成了一种类似于技术的电影眼,而人物的作用让位于一种简单的作用,但矛盾的是,两者都使我们回到艺术和美学(这一点必须加以保护,并避免被法西斯主义和唯美化挪用)。在探索这些新发展之前,我想强调指出,非个人化在这里不应该被误解为本雅明自己的某种心理学特征或缺陷,相反,它是行动和行为本身普遍化危机的组成部分,在现代性中已经发展成为大众的政治对抗。行为的消解是那种经验消解的特殊形式之一,也是本雅明与众不同的经验;现在我们必须考察它留下的空白舞台。

```
                        城市
                   ╱           ╲
              浪荡子 ←————————→ 激情
              观察              赌博
                                收集
          视觉                      拱廊街
        （"清醒的陶醉"）
                   ╲           ╱
                   儿童 ←————→ 历史唯物主义者
                   ╲           ╱
                        电影
```

图 5.1

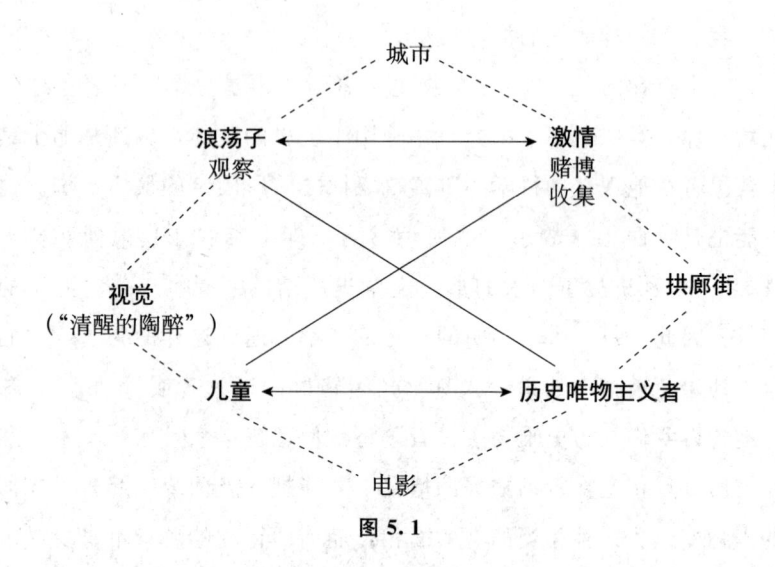

注释

［1］ "Le peintre de la vie moderne," *Oeuvres complètes*, II, Paris: Pléiade, 1976, 683 - 724.

［2］ 参见 Timothy Raser, *Baudelaire and Photography*, Cambridge: Legenda, 2015。

［3］ Roy Campbell, *Poems of Baudelaire*, New York: Patheon, 1952.

［4］ Jacques Lacan, *Le Séminaire VII*, Paris: Éditions du Seuil, 1986, 113 - 114.

［5］ 参见 Walter Benjamin, Howard Eiland and Michael W. Jennings, *Walter Benjamin: A Critical Life*, Cambridge: Harvard University Press, 2014, 316。

第六章　空间与城市

1.

　　于是，我们需要使旅行者本雅明摆脱老生常谈的浪荡子形象，尽管他的作品（也许是无意地）已经强化了这种形象。遗憾的是，米歇尔·德·塞尔托（Michel de Certeau）并未就本雅明进行空间实践的转义分析（后来的演讲暴露了他对本雅明"天使论"的兴趣）。因此，我已经提醒我们注意丽贝卡·索尼尔关于他的那些启示性篇章（也包括关于德·塞尔托自己）。现在有必要更正式地探讨一下这个问题，把本雅明的旅行见闻视为一种文类，并最终用来服务于一种历史观。

但是，如果不提他作品中经常出现的那种模糊的传奇人物（以及许多与之对应的人），如阿洛伊斯·李格尔（1858—1905）[其开创性的《罗马晚期的工艺美术》(*Late Roman Art Industry*，1901)至少对本雅明美学的一个方面至关重要]，那么任何对本雅明与空间的关系的解释都不可能完整。与齐美尔、罗森茨维格、希尔巴特以及罗歇·凯鲁瓦（Roger Caillois）[而且，我们或许还应把卡尔·施米特（Carl Schmitt）以及远比他知名但如今鲜有人阅读其作品的保罗·瓦莱里也算在内]一样，他的名字仿佛遮蔽了一整个知识界的秘密团体，唯有在这个团体的语境中，本雅明的独创性才能得到赏识。

正如马克·昂热诺（Marc Angenot）所表明的[1]，在维多利亚（或威廉二世或法兰西第三共和国）时期，关于健康和疾病（或退化）的医学意识形态日益流行，并且扩展到当时最重要的政治和伦理论争领域。马克斯·诺道（Max Nordau）的《退化》(*Degeneration*，1892)只是最突出地表达了意识形态选择的思想方法，对"文明"和文化之间的张力进行争论，与此同时，它力求肯定资产阶级价值观的合法性，以及资产阶级国家反对工会联合、社会主义、无政府主义和反殖民主义等的侵害的正当性[穆尔塔图利（Multatuli）的《马克斯·哈弗拉尔》(*Max Havelaar*)创作于1860年，《黑暗的心》(*Heart of Darkness*)创作于1899年]。现代性的意识形态绝对依赖于文明化和前现代的区分，其中关于非理性和反常性的基本医学观念发挥着重要作用。在视觉和空间文化世界里，李格尔的著作严重打击了那种意识形态架构。

在本雅明的思想里，关于李格尔的立场有两个基本点应该说明。第一个是大家所熟悉的：李格尔选择了艺术史上一个备受诟病的时期（应该指出，不论李格尔还是本雅明，都不相信有所谓的"艺术史"本身），这种选择本身就是一种蔑视行为，并表示无意赞成关于罗马艺术的传统观念，即因其形式笨拙、不自然、幼稚和古怪，罗马晚期艺术是一个衰落的时期（其实，除此之外，这种时期一开始就存在）。这可被看作兰克（Ranke）的著名格言"一切时代都接近上帝"的一种合乎逻辑的引申含义，但在实践中，不只是对艺术史家而言，某些时代比另一些更接近上帝的看法是一种长期存在的偏见。本雅明把李格尔的改变读作支持，不仅支持巴洛克计划（包括大量平庸的文学作品生产），而且支持《拱廊街计划》，其中各种二手资料都得到重视，但不会在年鉴学派的编史工作中合法化，也不会在文化研究的文化中合法化。

李格尔对于他的重要性体现在1929年未翻译的关于四本书的笔记中，这"四本书仍然具有意义"（III，169-171）：它们标出了本雅明认为是魏玛时期"现代"思想本质的问题。除了李格尔之外，他还收录了 A.G. 迈耶（A. G. Meyer）论钢铁建筑的著作《钢铁建筑》（*Eisenbauten*）（这本书是吉迪恩相关著作的先驱，它标志着柯布西耶式建筑在其"现代性"概念中的重要意义）；罗森茨维格的《救赎之星》（*Star of Redemption*），它作为一种新方法论的总结，就其历史范围而言，远远超出了当时的哲学、犹太教或神学问题；以及卢卡奇的《历史与阶级意识》，作为正统或19世纪马克思主义理论的重要发展。这些孪生的唯物主义和理论的对应——一方面是建筑、空间和历史,另一方面是救赎和阶级意识——奇怪地忽略了对他之至关重要的超现实主义的突破,但它出现在另一种对时代基本特点的表达中:

> 要包括布勒东和勒·柯布西耶——那意味着汲取像弓一样的当代法国精神,凭借这种精神,知识才能直击当下的要害。(《拱廊街计划》,N,1a5,459;V,573)

不过,李格尔那本著作的典范意义——并非只有本雅明一人欣赏它——很可能因本雅明的这样一种看法而得到了强化,即李格尔对研究对象的选择是表现主义这种新的感受力的一种无意识的先兆("表现主义"这个词,就像与之对应的"超现实主义"一词一样,他常常用作泛指"现代主义"的一个能指)。

但是,这种新的审美敏感性的出现与李格尔的历史观并不一致;我们将会看到,它明显不同于本雅明的历史观,也许还非常矛盾。本雅明认同历史时期指这种或那种特殊形式占有支配地位,他把形式称作"Stilwollen",我们可以翻译成"will to style"(风格意志):这一颇有影响的概念不仅打开了探索时代风格的大门(例如本雅明的巴洛克风格),而且打开了全面探索个体历史阶段之基础和上层建筑之特征的大门;关于这一过程,我想我必须援用其最惊人的进展,即斯宾格勒(Spengler)的历史主义,他的雄心勃勃的文化综合仍然值得阅读。不过,李格尔的努力之所以不同于某些普通的历史观念,是因为他强调表明不同阶段时代风格的空间感知形式。

此处李格尔调动了感知范畴：触觉和视觉，视感和触感，图案和背景。这些范畴已经被同时代人探讨过，例如沃尔夫林（Wölfflin）和后来的格式塔学派思想家。这些范畴独立发展，但主要处于形式的掌控中，形成了一种结构，后来被称作感知结构，这种结构可被理解为特定"精神"世界观的体现，或者理解为一种独特的身体、精神和世界的形而上学的协调。不过，在最初看似只是多种感知中，还有一种黑格尔式的运作。

（李格尔的"艺术发展"概念）如无具体形式方法作为基础便不可能理解，根据形式方法，李格尔认为，艺术作品展现触觉和视觉的迹象。最重要的是图案——背景关系。在《文法》（Grammar）一书里，触觉和视觉直接对应于图案和背景。在拉美西斯时代，埃及人忽略了背景，把图案聚集在墙上用以再现团结；古希腊人充分利用背景来安排图案，并以一神论的基督教掩饰图案和背景的差异，通过他们的金属制品，观看者看见视觉表面闪耀着光影，再现了那种最是非物质的、难以理解的现实，"像精神世界的力量一样难以理解"。[2]

但是，当我们要建构空间时，这种感知范畴的相互作用会变成一种有差别的观念，其中关于长方形廊柱大厅的纵向经验，与建筑的中心空间形成辩证的对照，类似于万神殿或特殊的密涅瓦神庙，最终把两者统一成有着中殿和配殿的基督教建筑结构。在我看来，很可能正是这种感知经验的差别，类似于不同筋腱肌肉在皮肤表面下的作用，一开始就使本雅明迷恋不已：其实，它们有差别的相互作用，构成了我在前一章提出的阅读他的"空间的句子"的基础。我也喜欢这样的推测：他非常迷恋李格尔后来论荷兰集体肖像画的著作，例如伦勃朗（Rembrandt）的《夜巡》（*Night Watch*），因为在这种形式创新里，当时新颖的资产阶级肖像本身被"视为"是对集体和革命的荷兰民主所做的突破性的新形式表达。

但是，李格尔与本雅明的历史观的不一致之处，恰恰是黑格尔关于感知结合（或风格意志）的发展阶段，它导致某种文艺复兴的"综合"，将它们所有的明显特征都包容进去。在这里，本雅明可能是想强调"罗马晚期风格意志"的独特性和特殊性，结果却将这一时期视为一个序列中的过渡阶段的观念：这是一种本雅明不会认可的历史时间观念，他用自己所提出的罗马晚期阶段与魏玛表现主义之间的辩证亲缘关系（或"选择性亲和"）取代了历史时间的横向维度，那是一种纵向且断裂的呼应或相似性。

2.

他游历甚广，但常去那些生活成本低、便于写作（如伊维萨岛）或与人交谈［如卡普里岛（Capri）、斯文堡］的地方。然而，这些城市是人们可以按照"超现实主义漫步"（体现在浪荡子这一历史形象中）的模式去探索的地方，或者是人们可以临时在当地安排出行的地方——比如寻觅珍本图书、巧妙安排访谈［与纪德会面，以及参加社会学学院的集会、在柯尼希施泰因（Koenigstein）的活动］，又或者是寻花问柳（妓女在他的作品里是个无处不在的形象）。不过，他生活在两个重要的首都城市，即柏林和巴黎——

而这种环境的日常经验完全不同于短暂的访问，它要求其他的再现形式。对于柏林，他在这个城市长大，做过两次尝试，最后一次选择是从独特的童年时期找出相关的重要时刻。对于巴黎，他的感知经验因多种历史和文学层面而非常复杂，最终通过选择历史层面，他力图理解一个城市的本质，每一次探究档案都在扩大他的感知，对它们的期待依然是他写的最感人的东西。但是，另外两个城市特别突出——莫斯科和那不勒斯（马赛篇和其他速写仍是一系列笔记而已）。

这些城市风光不易解读：大量细节的准确性困扰着读者，它要求同样水平的集中或机智果断的反应。"大量"这一术语也不是自然的选择；它是本雅明那些符码词语之一，旨在提醒人们潜在的范畴活动。正如我们所看到的，波德莱尔预期他在这种纯数字发现中构成一个范畴。数字在本雅明这里包括群众、大量生产、抽象（寓言）、许多，以及多种多样。然而，恰恰是那些大量的感觉，甚至经验的细节——警觉地感知的事物——再现了物质劳动的时间，并用以说明对本雅明的"生产"的评估。诚然，它们标志着浪荡子的警惕性，至少在本雅明的作品里是如此，但是，它们并非只是无目的地观看或习惯性地好奇，观察它们是为了把它们写下来；这就把它们与休闲时间的内容区别开来了。每一次定向注视都是在构成一个句子，一种实在而隐蔽的构成；而随着目光的活动，写作已经在完成。

在那种时刻，由于已充分构成，它们被转给长期保存的笔记本，并在笔记本里被储存下来。但这隐含着一种第二轮的劳动，第二次投入的劳动时间，其中它们会被重新整理分类。因为，事实上，这里所说的两篇著名文章的每一个段落都有其主题的一致性，在段落安排能够成形之前，这边写的全是乞丐，那边写的则是街上出售的东西。

不过，关于文章本身，如果认识不到本雅明作品里隐蔽着多少三方构成的句子——不论他是否有意为之，那么我觉得我们便不可能充分理解它们。我常常坚持认为，三方的关系是《讲故事的人》、《论波德莱尔的某些主题》和论技术再生产的那篇论文之间的关系。这些概述了一种断代分期，并在一部作品——它公开谴责"同质性时间"，以某种方式强制注意现在——里安置了一种更深刻的断代方案：后者默默地重建那种过去-现在-未来或以前和以后更长的时间性，而强调现象学的现在反驳它，实际上力求败坏它。但三方关系的断代分期不只是历时性的，它有自己的内在逻辑，并且很可能是更早的周期方案的残存。

没关系！关于城市的文章同样遵循这样一种顺序，正如我们接下来会看到的：那不勒斯、柏林和莫斯科各自本身并不仅仅是丰富的经验，它们还是城市个人主义兴衰历程中的不同阶段，也就是说，关乎第一人称的运用，对此本雅明一向表示反对。然而，恰恰是在这三座城市中被评判为最具"资产阶级"色彩的城市文化——有着19世纪室内陈设以及过多家具的柏林，本雅明最充分地运用了一种近乎普鲁斯特式的、关乎自我以及个人甚至私人经历的修辞手法。

3.

关于柏林和莫斯科的文章,每一篇我们有两个版本:一个是 1932 年的《柏林纪事》,它与 1938 年的《柏林童年》不同,因为后者排除了一切与童年本身无关的材料;另一个是本雅明 1927 年在莫斯科的个人日记,幸好被保存下来了,从这些日记里他挑选了确定出版的文章。

其实,保存下来的日记本[3]提供了一种可用的有效证据,它表明去除主体性的所有痕迹需要做额外的努力。[这是否布莱希特的《无视痕迹》("Verwisch die Spuren")的真正意思?]对莫斯科的访问,由于实际经历和真正存在的现实,显然是一段紧张忙乱并让人感到挫败的经验,充斥着挫折、紧张忙碌的日程安排、绝望中难以释怀的爱恋以及职业责任(今晚要看戏,找一个翻译,找出写日记的时间):这个日程令人筋疲力尽,对无心的读者和作者本人无不如此,这里完全与他的愿望背道而驰。实际上,最令人惊讶的是,看似中立的印象罗列与绝望的私人日记所形成的对照;前者构成出版的文章,后者简要地提供了他与阿西娅(她在一家诊所工作)和她丈夫(他必须寄宿在其家中)之间的关系——由于紧迫的会见和文化活动日程,再加上莫斯科人传统上不守时,结果使他们的关系完全变成了一种痛苦。此时的本雅明,汗流浃背,充满焦虑,在这座城市里匆匆忙忙赶乘公共汽车或电车,根本没有舒适感——而阿西娅,本是他待在那里的原因,却也消失不见了。确实,对本雅明自己而言,阿西娅和布尔什维主义是一样的;但是,

116 强调她的角色并不是要把他的动机或文章心理化或去政治化，我们将会看到，这仍是一个历史和政治介入的问题。

但是，在完成的文章《莫斯科》（"Moscow"）（II，22 - 46；IV，316 - 348；VI，292 - 409）里，这种匆忙的经历（人们不愿意把它等同于波德莱尔所居住城市的那种惊人的现实，但它在这里发生了改变），不是变成了经验智慧，而是变成了可销售的新闻"复制品"商品——变成了一种对应的物体：它被译成了斯拉夫语，但也变换成革命气质（本雅明在这里非常谨慎，显然不想涉及文化主义），变成了莫斯科餐馆充满自尊的服务员那种著名的"坏风气"（马上！立刻！）；它变成了购物者排列的长队，在等待中流失的时间。但它们并非空洞的时间，也不是无益的等待；它们在本雅明作品的这里和其他地方被变成了一种充实的审美空间。人们在风格术语手册中寻找适用于此的术语，即奇里瓜雷斯科风格（Chirruguer-esque）所处的空间，那种巴洛克风格在征服初期被阿兹特克工匠得心应手地运用到了首批教堂建筑中，但在巴洛克风格的著述里却几乎从未得到理论层面的阐述，除非我们将其归入自然及其时间性的不可逆衰败这一范畴下，即一种不间断的短暂易逝，被反宗教改革运动中已然缺席的超验神性冷漠地注视着。确实，因为这里时间变成了空间，这种莫斯科从早到晚片刻不停的日常生活，对这篇空间文章的读者以及国外的来访者而言，就变成了城市本身。时间的主题和聚焦，苏联的时间性，变成了写作客体的真实空间，变成了人们毫不犹豫地称之为本雅明艺术作品的空间。

但是，在政治上它意味着另外的东西。诚然，本雅明对他的苏联房东提出了一些批判,也给出了一些经验教训,主要是让他们警惕西方的美学观念,这些观念伴随着西方技术而被引进到苏联,人们以为前者和后者一样"先进""进步",但结果却非常枯燥乏味,俨然过时的学院教条和陈词滥调。他警告他们,在苏联这个地方,不要试图追赶过时的、传统主义的西方;实际上,在苏联以及其他地方,你们自己就是未来,因为你们有关于大众生产和工人写作的新概念〔谢尔盖·特列季亚科夫(Sergei Tretyakov)做了理论阐述〕。

不过,就日常生活而言,本雅明的文章(不是他的日记)保持着它冷峻的辩证姿态,超越了常见的善恶判断。他可能意识到,这种严格管制的、毫无情趣的乏味生活将如何把他的资产阶级读者打回老家。没关系!他不在乎关于未来的廉价的乌托邦宣传,也不在乎"歌唱明天"的许诺。他要让被蔑视的德国爱国者感受到后个人主义的生活是什么样子;那是这里真正传递的信息,是他非常耐心费力地把马赛克似的笔记串在一起的意义。这是文本的意义,是旅游见闻的道德精神。它是从骨子里打破习惯并重新适应,是改变习惯性认知的痛苦工作,是一种新意识的产生、一种新主体性的构成、一次真正的文化革命,其中时间和空间都发生了变化。

但是,倘若如此,那么那不勒斯在这里有什么作用?因为正是这同一个阿西娅被列为关于那不勒斯的那篇文章的合著者(I,414-421;IV,307-316)。也许她的名字表示这篇文章没有更早的版本,标志着一种完成了的主体性和客体性的综合。不过,实际上问题本身提供了答案:那不勒斯当时是前资产阶级生活,与莫斯科的后资产阶级生活和革命并列。著名的那不勒斯的"多孔性"(对此花费了不少笔墨,它并非一种本雅明的理论概念,也许应该归于阿西娅自己)意味着个体性之前的集体生活,其本质有些戏剧性,一种面对他者的生活(如在古希腊),其中公共的和私人的变得难以区分:它们被提升为一种理论概念,而其真正的具体性却难以保持。

确实,像"氛围"一样,"多孔性"要求空间服务于认知和历史;但是,氛围属于哲学范畴,实际上属于更狭隘的美学范畴,而多孔性趋向于社会关系。"(如此)分散、多孔和混合就是私人生活……(因此)关于这种伟大混合过程的真正实验室便是咖啡馆。"这种重叠感,相互渗透,边界隐退,也许是北方游客的视觉错觉,他们需要自己的区分范畴,以便认识并连接他们不在场的那不勒斯。于是,在庞大的宗教队伍里,异教在天主教内部兴旺起来[如罗西里尼(Rossellini)的《意大利之旅》(*Journey to Italy*)],其中到处都有"相互渗透贯通,例如白天和黑夜、噪声和平静、外部光亮和内部黑暗、大街和家庭,等等"。如此,石头的多孔性便是一种材料,物质和空洞于其中相遇并混合,宛如非常形象的墙上的洞口,可以使内外的景观混合。

我相信,这样召唤一种新的去除区分的空间,对现代的或资产阶级的游客而言,其目的在于唤起对个体性之前的一个时代的看法,在那样的时代里,李格尔可能说(不过是逆转了他自己的发展脉络),独立的客体并未脱离它的背景和语境,它只是后者的基本结构,即填充的空间("自然憎恨真空"的美学观念)占据着至高无上的地位。填充外部和内部空间的人民大众,无疑是波德莱尔19

世纪现代巴黎人群的前辈,他们在本雅明的美学和政治想象里扮演着非常重要的角色;但也可以说,他们是真实的存在,是现代性之前的集体性,可以瞥见前现代的过去。

这就是那不勒斯的那种纷繁热闹必须与莫斯科的体验严格区分开来的原因——莫斯科同样也是一个人口密集、各类活动相互交融且不分昼夜地展现出生活之流的满满当当的空间。毫无疑问,对大量莫斯科人而言,冬日的寂静增添了一种逃逸感、一种停顿、一种空洞寒冷的空间。但"眼睛(仍然)远比耳朵忙碌"。与此同时,冬天给这座城市带来了绿色("莫斯科冬天的超级享受");它表明城市内部存在着树林,风景与建筑的——肯定是中世纪建筑的——空间互相渗透。它还唤醒新的生存维度:糖果,尤其是味道浓烈的俄式小吃,肯定还会配上伏特加,这些是"莫斯科冬天最神秘的欲望",通过"这一维度"丰富了人们的生活。

然而,俄罗斯人口过剩与那不勒斯人口过剩的不同之处在于,俄罗斯的空间充斥着时间因素,充斥着时间上的紧迫性。这不仅因为社会主义的"生活……要求每天上百次采取同一立场";"人们很想说片刻时间是一种便宜的酒,他们永远不能满足,他们对时间感到陶醉"。在那不勒斯没有计划:"布尔什维主义取消了私人生活。""室内只是住宿之地,通常很少的库存不过是小资产阶级财产的残余,它还产生一种压抑的后果,因为房间里几乎没有什么家具。"如果"那不勒斯"记录了与过去的遭遇,那么"莫斯科"则是为进入后资产阶级、后个体主义未来而斗争的经验:它并非总是可爱的和美好的,但总是令人振奋,而本雅明的那些句子——从中

119

可引用的格言在这里不断产生令人惊讶的效果——记录了那种令人鼓舞的遭遇（并不是文本没有批判，它特别批判了模仿西方文化的努力；但其冷静的客观性使它获得提升，虽然没有超越善恶范畴，但至少超越了宣传和党派偏见）。与此同时，在那不勒斯，身体保留了南方手势"表达"的一切特征，不论是私下里还是在大街上（仿佛这里的"私下里"最初不是大街），情感的展现只是后来才变成资产阶级的主体性（阿多诺的"室内"），但保持着它们最初那种歌剧的戏剧风格：确实是一种景观社会，但这次［不像德波（Debord）忧郁地保留的那种几乎是后世界末日的资本主义虚拟社会］是一种欢乐的混乱，一种密集的时间和空间，但与莫斯科的雪景完全是不同的类型，然而两者共有这样一点：它不是资产阶级生活，不是特殊的资产阶级城市街道的那种沉静，没有人群（或大众！），独立市民或资产阶级主体的个体主义与他们的私人事务相伴而行——没有私人的东西！没有诗意的孤独！没有空闲的时间或无人居住的空间！

4.

于是，此刻非常清楚，柏林本身得到定位：它是前资本主义的、几乎是古老生活与这种喧闹的苏联未来之间那种个人主义的空间。它是小资产阶级个人主义的沉静，是资产阶级生活中空旷的街道，是资产阶级公寓和家庭里过多的家具与丰富的装饰——这种类型的空间在《单向街》里已有预示，在侦探小说这一文类里也有赞扬："1860年到1890年，资产阶级的室内——带有雕刻的巨大橱柜,不见阳光的角落放着盆栽的棕榈,阳台的护栏后面建有雉堞,狭长的走廊里煤气火焰在歌唱——只适合安放尸体。'在这种沙发上,姨妈只能被谋杀'"(I,447;IV,89)。人们会想到奥斯卡·王尔德(Oscar Wilde)对时尚女士帽广告的描写,其标题是:"因为这种风格,嘴累得微微张开。"随着个体自身的消失,资产阶级个人主义似乎达到了它的顶点。柏林只有通过它的种种物体才能充分展现,这是一个需要儿童视角才能完整观察的范围。然而,一座由层层堆叠的室内空间构成的城市,就像完全由集装箱搭建起来的后现代建筑一样,它的形象会是怎样的呢?那么,是否存在与前两座城市(那不勒斯和莫斯科)相对的第二种城市类型呢?这两座城市尽管处于历史进程中相互对立的阶段,但都富有意义。有时候,它(柏林)仅仅是空旷、寂静,街道上空无一人,但又像莫斯科的街道一样,被冰雪覆盖、寒冷无比。像《单向街》这样由文字构建的城市,人们可以在其中勾勒出一条满是象征意义店铺门面的街道,尽管与另外两座城市的人群、大众相比,这里(柏林)的人仅仅缩减为"恶性通货膨胀下的德国人"这种统计和社会学层面的概念,这样的城市能构成一个有意义的吸引人的景点蒙太奇吗?

该如何描述这种似乎无人居住的别样城市形态呢?首先浮现的形象是那种精致的盒子(étuis),那种有着毛绒衬里的盒子,你可以把珍贵物品放在里面,比如一块古董手表、一支钢笔,或许还有一个昂贵的烟斗,然后合上盖子来保护它们。但这些盒子是空的,它们恰恰就是那些有着毛绒衬里的公寓,公寓自身摆满了维多利亚时代(在这里我们或许可以说是威廉二世时代)的家具,然而〔就像乔治·佩雷克（Georges Perec）后来在《人生拼图版》（*La Vie : mode d'emploi*）中所描述的那样］，先前的住户都已离去，只在那绒面衬里上留下了他们的痕迹、身形的轮廓。

这将是本雅明在作品里嵌入论房间论文的地方。毫不奇怪，房间是人类经验的基本元素，问题是好像对它们没有什么可说的——因此，本雅明非常钦佩阿多诺在其论克尔凯郭尔一书著名的"室内"一章。它的重要意义只有通过降低波德莱尔的那种天穹才能得到提升，鉴于其最富表现性，它把真正的室外变成了一个自成一体的巨大房间。浪荡子感觉到这一点，他的"'完美的艺术'……包括一种'住宅'的知识。但是，'住宅'的原始形象是母体或贝壳，就是说，它使我们能够读出任何居住在里面的人物。此刻，如果我们回想不仅人和动物可以居住在某个地方，而且精神甚至形象也可以居住在这个地方，那么我们就会有一个关于浪荡子及其追求目标的明确想法"（II，264；III，196）。然而，与其他一切事物相似，这种由层层嵌套的住所构成的房间和建筑范畴，受到建筑界现代主义者高声预言的光和玻璃的透明性的威胁。人们甚至坚持（本雅明不会）像勒·柯布西耶那样，以其"自由计划"取消房间本身的范畴（宛如他的用柱子架空底层的建筑，其目的是废除街道）。无论如何，这种发展在本雅明身上所必然引发的复杂感受，需要通过一段漫长的探索才能解释他对房间的迷恋，不论这种迷恋是好还是坏；歌德在魏玛时期的"斗室"（II，150；IV，354）和资产阶级的公寓或盒子——那种毛绒里衬的容器，"盒子的主人"居住在里面，就像盒子里装的各种珠宝或昂贵的雪茄。

然而，这些都是现代城市的居民，他们的生活肯定可以用不那么隐喻的方式来表达吧？尽管其影响巨大，包括对本雅明的《论波德莱尔的某些主题》的影响，但格奥尔格·齐美尔关于大城市的看法并不合适。大城市的居民时刻受到日常工业生活的冲击，他们的住所构成分离的隔间——一种环境的真正陌生化效果，在这种环境里，集体性已经消失，异化的成年人的形态只能使图像混淆，提供一种意识形态的表面、一种面具，其背后存在的事实被掩盖起来。本雅明对家庭的憎恨，也许还有对他自己的家庭和男性家长统治的憎恨，在当时法国文学里表达得非常明显，其中真正的资产阶级已经充分存在，纪德的大声呼喊"家庭，我恨你！"是无处不在的回应和主题。在德国，经济繁荣的滞后造成了腐败泛滥，只有通货膨胀使其暂缓，结果怀旧的德国人必然转向更早的时期，其空间成为魏玛时期简朴性的缩影，生产也沉静无声〔"觉得今天这种沉静的时刻只能在夜里出现"（II，149；IV，353）〕。本雅明真诚地以他的《德国男女》(*German Men and Women*)——旧时的通信集——来召唤在纳粹时期被抹杀的另一个德国：也许是第四种乌托邦空间，还有一个手工业资产阶级（正如凯勒的瑞士中篇小说里所描绘的那样），受人尊敬，没有阶级负罪感。柏林的概述对强调这些矛盾提出了两个不同的方向。第一个是隐蔽的三联式，许多这样的三联式散布在所有这些文本里；要是能发明一个寻找它们的游戏，就像寻找隐藏在风景画中的人脸那样，倒是符合本雅明风格的做法（这里是柏林，它是包括那不勒斯和莫斯科在内的一系列城市画像中的一项）。

但是，这两部关于柏林的系列作品——《柏林纪事》和《柏林童年》——还提供了一种不同的可供探究的素材：一种纵向的或叠加的素材，在学术计划中，对此进行历时研究却不是个好主意（这与针对另一对事物——《莫斯科日记》和那篇最后只称作《莫斯科》的权威性文章——所发生的告诫类似。确实，《柏林纪事》充斥着多种主题，它们在《柏林童年》里会被作为插曲进行更充分的阐述，有时四五个插曲出现在早期作品的同一个段落里（如去祖母公寓的旅行）。不过，更有启示的是把它们读作兼具两种迥异文类或两种话语类型的作品。《柏林纪事》开篇提出了四五种测绘城市的不同方式（以及——这是典型本雅明式的叠加，也可以说是一种次要动机——引领他经过每一幅地图的指南）。但是文本，即便始于那种意图（也许恰恰是因为它始于那种意图），立刻就陷入了历时性，陷入了生活——或最好说教育小说——的连续性。

第二个文本（我们也有多种不同的版本！）采用了《单向街》的框架：一系列在形式上独立并因此而自治的部分，但我们绝不能说它们是一些片段；也不是真正的插曲；它们太过完整，难以说是随笔；"现象学的运作"是我更倾向于使用的一个比较累赘的表述；或者在一个或许太过仓促地拼凑起来的景点蒙太奇中的各个部分。此刻想到的是，虽然错误但不可抵制，它们都是对客体的沉思，因此它们自身变成类似于分离的客体；故而《柏林纪事》不断努力（适当地）讲述人生故事之类的东西，讲述一系列事件。这最后的冲动被本雅明的新标题有意地遏制住了，它把这些运作局限于童年领域，就童年而言，它可以告诉我们一些有启示的东西，不论是作为主题还是对象，都将在本雅明的写作生涯里或隐或现。不过，我们会发现，两种文本导向一个共同的结局、一个共同的结论（在《柏林童年》里称作"月亮"的那部分的结论，这部分在《柏林纪事》里也有一个版本），其占据的位置与《单向街》里的"去天文馆"相似。

但是，也许我们可以从这种观察入手，这样会更切题一些，即《柏林纪事》反复被文学反思的时刻打断，在这种反思的时刻，仿佛它一再质疑自己的文类地位，进而提出风格和话语的问题。（我们将会看到，在《柏林童年》里，这些只会以一种展现出来的方式反复出现。）开篇关于地图和向导的内容，或许在此处已经有所体现（而且确实如此），但可以将其限定为一条神秘莫测的评论："唯有通过这两种形式，（城市风光）才能合理地——也就是说，有持久留存的保障——得以呈现，要不是我已坚决放弃尝试去企及第一种形式，同时又满怀希望有朝一日能实现第二种形式的话"（I，597；VI，467）。第一种形式马上就与普鲁斯特（本雅明翻译过他的作品）联系了起来；而第二种形式则依然模糊不清——它可能是地图［我们今天也许会把它等同于弗朗科·莫雷蒂（Franco Moretti）的作品］，但也给出了一些其他可能性，其中包括一个神秘的说法（"第四向导"，这里召唤的不是一个人，而是那种在城市中迷路的罕见能力），以至于再对这些可能性做进一步的理论探讨似乎也没什么意义了。

但是，事实上在其开始，假如这些文本仍然只是双重的选择策略，那么后来的反思本身就为我们提供了澄清："回忆，甚至广泛的回忆，并不总是等于自传。而这些（他的意思是《柏林纪事》里的主题）肯定不等于自传，甚至关于我在这里非常关注的柏林时期也不是。因为自传必与时间相关，与序列相关，与构成连续不断的生活相关。而这里（同样在《柏林纪事》里）我在谈空间，谈时段和不连贯性"（II，612；VI，488）。

这里再次是线和点的辩证，其矛盾和不可通约性至少可以追溯到芝诺。不出所料，这是一种不对称的辩证，其继续的条件比它的对立面更容易确定，就像他在这里实际做的那样。连续性是叙事，它是自传，也是在柏格森之后最终被限定为"同质的时间"。但是，其对立项所采取的形式并不那么清晰，尽管在此处它被用来界定（新的）本雅明式的审美：断裂或中断，文本或札记之间的鸿沟，事件之间的程序，无聊，非历史——所有这些非连续性因素中没有一个能掌握开启《柏林童年》里将成为一种别样写作的内容与形式的钥匙。也不难看出其中缘由：要点在于，这是一个没有线性内容的实体——它若不具备线性特征就无法界定一种形式，尽管这是一种独特的全新线性特征，跟人们认为与其相对应的事物所具有的线性特征并没有多少共同之处。在这里，那个自然而然浮现出来的词——远非浪漫主义意义上那个被用滥了的"片段"一词，更不用说"札记""印象""记忆"这些都带有自身意识形态的词语了——此刻看来最适合的词仍然是"插曲"，它一下子就唤起了与布莱希特式美学及其"史诗性"或叙事性戏剧、音乐厅系列中的各个独立节目、小品文等中类似问题的亲缘关系，这些事物的逻辑并非朝着故事的方向延伸，而是朝着轶事、社会新闻、俏皮话、意外转折、出洋相、若尔斯所说的"简单的形式"的方向发展。不过,这些不应该也被视为某种叙事吗?我们在这里不是面对故事和场景、生命故事及其突变、历史哲学和大量个体事件之间的巨大分裂吗?个体事件不是造成了这种分裂并改变了它的意义和方向吗?

其实,本雅明并没有使用这些术语,他的术语是异常独特的一个词,在其整个作品内部有它自己的逻辑和命运,而其不可翻译性系统地误导了他的评论者。我的意思是指"Bild"(图像)这个词,对此"image"(形象)一词显然不能令人满意,简单的"picture"(画)在我们看来也好不了多少。不过,当大量争论的关键词"辩证的图像"——"辩证的形象""静止的辩证"——进入脑海时,读者已经开始猜测这里的危险是什么。我们回头再谈它。图像对布莱希特的插曲而言,其实就是令18世纪戏剧陶醉的静止场景——舞台上的情节忽然停止,构成了一幅名画。但此时《柏林童年》要成为什么?一本画册?一本精选的影集?

同一段落里对普鲁斯特的提及否定了这一点,它详细说明了大师的步骤,尽管它仍然神秘费解:

> 普鲁斯特随意开始的东西变得惊人的严肃。他曾经打开记忆之门,但从未达至其终点部分(德国人说:"新段落,新任务")。没有任何形象令他满意,因为他看出形象可以被展开,而真实只是居于它的折叠状态——那种形象(图像),那种趣味,那种因它而感动,所有这一切都已被展开和解剖;此时记忆从微小向着最小的细节、从最小的细节向着无限小的细节发展,而它在这些微观世界里的遭遇变得极其强大有力。这是那

种致命的游戏,普鲁斯特开始时也一知半解,因此他难以发现更多的继承者,但他需要更多的同伴。(II,597;VI,467)

这里所需的两个脚注首先排除了自动回忆德勒兹对莱布尼茨的折叠和调解(诚然,在时间充分和成熟的反思中,回到这一点可能很有意思),并将说明本雅明并不认为普鲁斯特的特点是琐碎化,也不认为他是一个业余爱好者,但提醒人们普鲁斯特的主要风格甚至内容最初的发展和完善,都出自他与上流社会各种女士漫谈的信件。不过,这种时间性的警示——一种"致命的"游戏不可避免地产生于这种开玩笑的戏谑——肯定对他自己是一种鼓励,预示着从这些分散的记忆中会形成《柏林童年》这部作品。

此处适合暂停并重新评价本雅明与伟大前辈的关系;《普鲁斯特的形象》("The Image of Proust")也是个不错的文本,根据它可以完成这样的作用:鉴于本雅明此时带有一些普鲁斯特主义的气息,它可以作为他翻译这部作品的标志。(其实,他觉得越来越远离普鲁斯特,怨恨花时间去做相当机械的翻译,唯恐被普鲁斯特的风格和理论——无意识的回忆、唯美主义,等等——污染。)

毫无疑问,这篇文章本身无疑会使普鲁斯特的拥趸们失望,特别是那些新近才迷上普鲁斯特作品的人,他们对具体细节、阅读经验、书中人物本身及其命运充满了热情。但是,本雅明所写的不过是一篇"赏析"(有些像讣告,但针对的是作品本身而非实际的作者),他满足于提炼出这位散文家对那位小说家所形成的两三种独特印象——或"形象"。

我们可以首先(从三部分中)选出第一部分最后的一大段,机敏的人会发现,这一段包含本雅明文集的所有主题,虽然它们只是瞬间闪现。一个关于幸福和过去——一种奇怪的、非时间的"埃利亚的"幸福——的注释,使人想起了梦的机制,呈现出基本上是本雅明的相似性范畴。儿童知道这一点——本雅明交叠放置的长袜可以作为证据,并且超现实主义也并未落后多远;这一切都在图像里达到顶峰:本雅明利用对普鲁斯特的精确观察,来对他自己喜欢的主题和问题进行探讨。

在第二部分,我们观察到一种反常的、典型的、转换的过程在发生作用,其中理念逐渐转变成人物。从"闲聊(不管怎么说,就是八卦)的生理机制"——而生理机制本身会引导我们关注人物性格,阶级这一隐藏主题会在本节末尾演变成全面的阶级斗争——我们似乎进入了真正的心理学领域:"邪恶的好奇"——这促使这个局外人常常以恶意、戏谑、窥视式的方式"观察"一个特定的封闭社会群体,并尽力暗示他自己也属于这个群体。这种性格特征突然与另一种毫无关联的特征——奉承——发生碰撞,奉承是普鲁斯特最典型的言语行为,在他的信件中尤其让人难以忍受,甚至最终让人无法忍受。这是普鲁斯特的性格或者"容貌"的两个迥异的方面吗?不,对本雅明而言,它们结合起来并产生一种特殊的人物构成:作家就是家仆——于是,突然之间,普鲁斯特作品全新的一面光芒四射[类似于在《斯旺之路》(*Swann's Way*)的序曲里被忘记的楼梯]。它是否也会变成本雅明式的人物?很可能不会:他本人的行事风格太过直率,不会去阿谀奉承,不过,或许为了巩固与最亲密的朋友(或对他来说,最不可或缺的朋友)之间的关系,偶尔会有一些带有吸引力的情感维系之举；而且他非常骄傲，不可能做任何人的仆人。但是，他诗意地描述人物特征，以他自己典型的比喻代替莫里斯·巴雷斯（Maurice Barrès）那种成功的比喻："看门人门房里的波斯诗人"——阿拉伯门房之夜。

然而，无论这种联系多么奇妙地对家仆这一形象进行修饰，都还有另一种变形在等着它：那就是侦探，本雅明将这一形象与浪荡子联系在一起。正是作为侦探，本雅明自己才重返这种贵族残余群体，他使自己介入其中，以便做出最后的判断：他们是纯粹的消费者（寄生虫），其无意识的风格和存在主义的努力都在于掩盖生产的痕迹。在这里，我们听到的是历史唯物主义者的言论。

那么，在简短的最后一部分，文章开篇强调了遗忘在普鲁斯特式回忆中所起的关键作用，现在，他顺便将其与恢复青春联系起来，然后以风格与疾病、普鲁斯特式语句和哮喘及窒息之间的关系作结。这导致一种"风格生理学"，其中形象本身经历放射照相：对它的记忆最初是视觉的，并抛出一个面孔目录，事实上证明在其身体深处存在着气味，颇像"把网抛进大海很久的某个人所体验的那种沉重感"（II，247；II，323）；并非波德莱尔的读者对小说的某种洞察，而是小说被惊人地再度吸收——是否可以说"改变了性质"？——成为一种更确切的本雅明式的文体。可以预见，后者会实现它最后的责任——结束浮华——认同普鲁斯特的病床等于西斯廷教堂里米开朗琪罗（Michelangelo）的台架！

不过，即便有了这堂微观分析的课，我们也还没有触及那些不时穿插在《柏林纪事》这个不算早期的、未完成的文本中的形式思想的结尾部分。例如，我们并未触及事件这样庄严的范畴——但它确实在那里，耐心地等待着我们。最初是以大灾难的形式出现："从我的童年开始，所有街道最醒目的形象（宽阔的道路）……都是（这一定在1900年前后）一条非常荒凉的延伸的道路，道路上滚滚洪流不断地咆哮而下"（II，597；VI，468）。不过，"大灾难"概念在本雅明生命的下一个十年里会经历大量提炼。

因此，还有童年本身的问题（以及伴随它的仍是普鲁斯特式的记忆本身的问题）。抛开其他考虑——譬如收集和父亲的身份，在本雅明的语境里，它首先应该被认为是一种陌生化效果，实际上是它们当中最基本的陌生化效果，并且可能与布莱希特有着最密切的内在联系。并不是后者的作品，虽然本雅明喜欢它们，也不是主题本身（布莱希特本人对这种主题很少或没有兴趣）；毋宁说，最重要的是改变方式的巨大价值，它具有揭示历史本身运作的力量。在《柏林纪事》献给斯特凡的献词里，即使不是在我们已经讨论过的关于《柏林童年》的那种更曲折的判断中，人们也能辨识出一个简单的波德莱尔式计划，即留存一座城市的"形象"，这座城市先是在历史中消逝，而后更为明确且不可更改地从人们的记忆中消逝。但间离效果是另一回事，它绝不仅仅是某种制造纪念品的工具。

这可以用作一种分析工具，类似于X光机器，一种解开秘密的机制，它主要使客体回到其过程中。正是如此，儿童的生活一次又一次地呈现为一系列叠加的寻宝活动，而当梦寐以求的物体最终被找到时，却发现它根本一文不值（就像袜子卷成一团的那个寓言故事一样）。这不应该与挪用、"在记忆中占有"（II，632；VI，516）

128

相混淆，也不应该合并到"我的领域"（II，634；VI，518；I），这种情况或许更接近马克思对占有和财产的区分。不，这里发生的是替代，以物体本身替代欲望和对物体的追求，换言之，对生活本身的追求。我们将会看到，这是《柏林童年》的成就，在句子自身的活动中，它把这种替代戏剧化了。

如同普鲁斯特观看著名女演员拉·贝尔玛[萨拉·伯恩哈特（Sarah Bernhardt）]的演出的经历一样，这种揭示也关系到戏剧，只是我觉得结论完全不同于这位大师的那些结论。在普鲁斯特那里，对著名女演员"实际"表演的不满，最终被用于说明这样的教训：不存在"真正"第一时间的经验，那种现实的发生只能是第二时间——不是在对它的记忆中，而是在对它的写作中。

在本雅明这里，正好相反，表达经验并不会导致整个经验分裂（这个范畴尽管有各种变化，对本雅明仍然非常重要），但必须对其进行重构。年轻的本雅明看戏时发现，经验的价值在于期待：并非最终欲望的实现，而是等待的时间，期望本身的时间，仿佛时间点及其破裂导致重回线性现实本身，而不是它的瓦解。我了解到，他告诉我们，"对一个事件的期待在多大程度上可以比随后实际发生的事件更有意义和更持久"（II，625；VI，506）。本雅明的现代主义在这句话里得到集中和凝聚，它教给我们要以某种怀疑的方式了解他作品里看似实现的时刻，同时表明了一种新的选择：不是透过时间打破静止的瞬间，而是把它引进柏格森编造的那种坏的"同质的"时间，一种完全不同的、更神秘的等待和无聊的时间["无聊是梦幻鸟，它孵化经验之蛋"（III，149；II，146）]。此时"图像"

作为一种静态的形象或画受到质疑，至于氛围本身，甚至在最接近的核心，它所保持的永恒距离也会变成赋予它价值的东西，因为它总是预防某种绝对占有或认同。因此，很可能，他早期针对自传话语对叙事的公开谴责并不会排除另一种（讲述故事的）方式，即处理所有这些童年经验的交叠和感知中内在的不同时间性的方式。

在确定这另一种叙事时间的话语的先决条件之前，我们应该准备再次通过针对心理学本身的警告来接受它，特别是关于它遵循的方式，其中我们倾向于认为是记忆效果的东西，《柏林纪事》必然失去把它们心理学化的冲动。非常明显，他个人的哲学努力［柏格森式的表述，如"我们觉醒的、习惯性的日常自我"……"我们更深层的自我"（II，633；VI，516）］因承认写作失败而突然中断；然后更成功地重构了那个空间，而其持久性归因于父亲带来一个家庭人员去世的信息。也许本雅明想把这一点暂时用作一个结尾或结论：报告的死亡结束了童年？它在《柏林童年》里又被重写了两次，但取消了这种结束的功能。因为这是讲了两次的死亡，这第二个版本的第二个版本讲述了原因（在《柏林纪事》版本里他已无意中说出了关键词）：父亲没有说出死亡的原因，即梅毒。资产阶级的房屋、公寓和房间的安全，在这里证明非常虚伪地掩盖了成年人卖淫的现实，换言之，掩盖了性活动本身。通过童年多种不同的搬家，这种证明保持着关于房间（形象、图像）的活生生的记忆（它表明，伴随着童年本身，家庭和犹太教都将结束）。[4]

但是，这种实际对房间的寓言化——不是通过父亲的方式，而是主要通过死去的堂兄及其不能说的疾病——把我们导向对《柏林纪事》和《柏林童年》进行最后的区分,使我们回到这一讨论最初的开始,以及自传的叙事(同质的时间)和那种被召唤代替它的神秘图像之间的差别。

所有这一切在一次发现中达到高潮。关于这次发现,本雅明深感骄傲,他在一次通信中以大致相同的方式对它多次提及:"如果说我的德语写作比大部分同时代作家都好,那是因为我 20 年来一直遵循一条小的规则:除了写信,从不用'我'这个字"(II,603; VI,475)。这是引进文本的一个奇特的标志,正如我们所看到的,由于第一人称文本充斥着极端和保证,对"自传的"性质深感不安,于是根据这种看法的真实精神,他力求否定这种品质。我必须承认,依照我自己在《柏林纪事》和《柏林童年》两个文本中获得的经验,我觉得后者是更客观的描述,而前者对个人和亲友的忠诚证实了其标题的主观色彩。因此,我最初的印象引起了一种不正常的怀疑:正是通过这种对"我"的排除,更成熟的文本才实现了其主观性,而且本雅明的发现就在于非个人化的表达有着出人意料的力量,它能够传达那种私密的情感,而这种情感若用主观且情绪化的方式去表达,就会沦为毫无生气、呆板僵化的文字。

实际上这种情形是现象学本身的含混性,此前它多次与本雅明式的印象主义联系在一起。因为,在新康德主义以认识论为导向的科学语境里,如果现象学的方案能够凸显出来,回归到主观性,回归到狄尔泰恢复和评价的那种经验[5],那么也许矛盾的是,人们同时认识到,胡塞尔的努力——他旨在将最严谨的非个人化方式运用到那些迄今为止被弃置于纯粹主观性以及即便不是非理性也是最具个人色彩的体验形式之中的内容上——假如在这些意义上不是"客观的",那么便毫无意义可言。但是,真理常常不处于这些相互矛盾的判断之间,而是决然地同时处于对立双方那如镜像般的立场上:现象学部分地反对19世纪晚期的科学启蒙形式,同时又率先对当时已被认为是纯心理学的东西给予后主观主义的关注。

但是,应该看到,我对本雅明两个文本特征的表述是错误的,因为第一人称——根据统计——在第二个文本中出现的次数,远比在第一个更富叙事性和自传性的版本里多。在针对第一人称话语的郑重的警告之后,紧接着的是澄清一切繁杂的解释:结果,本雅明实际发现的东西是"自我"和场所之间的更密切的关系,而且,要最真实地表达他的童年经历,并非要依靠对前者的坚持,而是要借助对空间和场所的侧重。(经验和真实性概念之间不可分割的关系也是从现象学走向存在主义道路的一种基础课程——即使同样不乏悖论。)

让我们更确切地回顾一下这些发现。真正自传叙事的主人公——连续性的英雄——是其他人物中的一个人物。最后这些人物——对一切叙事话语至关重要——被严格排除了,正如《柏林童年》前言中一段已经提醒我们的那样:"某些传记的特征……全都退缩到现在的工作中。伴随这些特征的是面相——我的家庭和相似的同伴的面相"(III,344;VII,385)。由此,正如我们已经看到的那样,一个有着交友天赋、有时可以像人们期望的那样爱社交的孩子,却有着表面上的孤独和离群索居之感。

于是,在这种几乎是现象学的悬置或"还原"之后,仍然存在的是场所和图像，它的演员消失了，它的街道像电影片场一样空荡[我们清楚地记得，"阿杰特（Atget）的照片似乎记录下了犯罪的场景"]。在这种记录中寻求的真理是什么？犯罪的法定证据在这里被收集并呈现出来，表明了什么罪行？它与经验——童年的或其他的——有什么关系？答案在于柏林在城市风光三部曲中所处的位置：罪行是资产阶级的安全措施，是更安全地方的阶级特权，是资产阶级文化本身那种现象学的或意识的本质，它们在这种无情的注视下完全不同于自传声音对它的描述。只举一个例子足矣：

> 因为，即使 19 世纪 70 年代的产品比随后新艺术的那些产品更结实，它们最突出的特征也是单调乏味的方式，它们不在乎所用的时间，就其未来而言，它们唯一靠的是材料的持久性，从不做理性的计算。这里一种家具的类型处于支配地位，它任性地融入不同世纪的装饰风格，因此完全满足于自身及其持续的时间。这些房间里不可能有贫穷的地方，也没有死亡的地方。(III，369；IV，258)

并非只是模糊地预测消除这种杂乱的 19 世纪的历史主义，这种源自各种历史风格装饰的财富，通过对即将到来的吉迪恩的钢铁和玻璃的现代主义的大清洗，敲响了深刻地预言一个阶级没落的钟声，由于它自身的压力，在大战和随后的大萧条的打击下，这一整个阶级陷入被历史遗忘的状态，资产阶级及其"文明"随之结束。

本雅明先前就谴责这种只关注风格的短视观点，其前希特勒主义者的机智对自身的判断，恰似对那些内容臃肿的客体的判断：

充满这许多房间——12 间或 14 间——的库存,今天可能很适合放到最差的旧家具商店。而且,如果说这些短暂易逝的形式比取代它们的新艺术风格的形式稳固得多,那么让你在其中感到自在、惬意、舒适且备受慰藉的,就是它们那种漫不经心的姿态,它们就这样附着于岁月与日子的悠然流逝中,将自身的未来仅仅托付给其材质的耐久性,而全然不依赖于理性的考量。这里有一种东西居支配地位,不论它多么尊重次要的时髦奇想,它基本上完全确信自己及其持久性,因此它不考虑损坏、继承和转移,永远对其结局保持同样远近的距离,似乎它的结局就是一切事物的结局。这些房间里不可能有贫穷的地方,甚至没有死亡的地方。它们不提供死亡的地方——这就是为什么它们的主人都死在疗养院里,而家具被直接运送到旧货商那里。家具本身不会死亡。(II, 621-622; VI, 500-501)

然而,正是世俗轻薄的自传式第一人称者,经常毫无顾忌地提到死亡;只有在后来文本那种非个人化的画外音里,毒气室的嘶嘶声才能被真正听见。当他以这篇关于《柏林童年》的自传性叙述来为自己的三部曲收尾时,你会发现自己在很大程度上遵循着超现实主义者的规划进行回溯,回到对儿童那种行事方式的描述上,儿童在没有预先警告和尚未成为"个体"的情况下,试图把禁止的空间转变成游戏景观,由此发现席勒的游戏美学本身是以韦伯式的对已然资产阶级化的空间的祛魅为前提的。

那么巴黎呢?难道《拱廊街计划》构成了莫斯科和那不勒斯之外的第三个可怕的城市,成为一座纪念奥芬巴赫(Offenbach,或至少是卡尔·克劳斯笔下的奥芬巴赫)黄金时代的奇特碑,以及一个既充满怀旧之情又如同布莱希特笔下的好莱坞那样，是天堂亦是地狱的所在吗？是的——而这也许解释了其过去历史基础的秘密，即基础是"19世纪的首都"，杰出的新兴资产阶级世纪。也许，在前资产阶级的人群中，波德莱尔及其孤独的浪荡子毕竟是完美的人物，他体现了从街道生活的前资产阶级法国转变到空旷的、里程碑式的、被谴责为资本主义的童年的柏林。

注释

[1] 参见 *1889*，Quebec City：Le Préambule，1989。

[2] Margaret Olin，*Forms of Representation in Alois Riegl's Theory of Art*，University Park：Penn State University Press，1992，137。

[3] *Moscow Diary*，Cambridge：Harvard University Press，1986。

[4] 参见 II，629；VI，512。亦可参见，*Berlin Childhood*，"Sexual Awakening"（III，386；IV，251）。

[5] 不幸的是，他把它称作"经历"（Erlebnis）。

第七章　最重要的德国文学批评家

目标是我被看作最重要的德国文学批评家。

〔致肖勒姆的信，1930年1月20日（C359；B505）〕

1.

在最后的例子里，这种情形是社会的和体制的：要成为这种（现已失去的）意义上的批评家，意思是存在着有文化版和文艺专栏的报纸、非专业性的杂志〔类似于纪德的《法兰西新闻报道》（*NRF*）〕和其他形式的期刊（在魏玛时期和战后的德国广播里，国家广播电台也为文化评论保留了一块地方）。这种条件还排除了学术的地位〔虽然格奥尔格圈子里的某些人，例如贡多尔夫（Gundolf），通过论遗产的学术著作似乎达到了这个层次——就后者的情况而言，他有一篇研究歌德的作品颇有影响，但本雅明厌恶这篇作品］。同时，"德国文学"可能排除了关于德裔犹太人身份的争论，以及关于肖勒姆经常向他提及的希伯来文学和犹太复国主义的争论。应该补充的是，对于非德语的读者，本雅明确实做了一些纯德国"传统"的东西，包括许多论歌德的重要文本、一篇论相对被忽视的瑞士小说家戈特弗里德·凯勒（对卢卡奇而言是个重要人物）的长文，以及论浪漫主义批评和美学的著作。但这里唯一一次有意为之的反法西斯干预举措是一本古典时期的书信集——《德国男女》，该书于1936年在瑞士出版，旨在面对当时已在学校被彻底制度化的纳粹对过往历史进行的新修正时，提升另一种德国人文主义的形象。

但不能说他承担了整个建构新德国传统的工作，那是卢卡奇的雄心和最显著的教育成就之一。毫无疑问，最重要的原因是，他对文学（和艺术）史本身作为一种形式和思想方法非常怀疑。这些延续了一种历史连续性的观念，而这种观念以各种各样的伪装形式存在（社会民主主义的进步观念就是其中颇受青睐的一种），并常常为他提供经常争论的目标。

结果是，虽然他丰富的学识预设了从古代到格奥尔格学派广泛的（西方）经典档案（他愿意承认格奥尔格学派在时间上是最后一次德国文学运动），但他自己个人的经典完全是非正统的，在任何流行的意义上都不可能说具有"现代主义的"特点，即使它表明了对一切最新的文学和文化发展都有强烈的兴趣。然而，他并未对文学形式的历史进行理论阐述——对小说没有多大兴趣［他采访过纪德，但只在读《阿德里安娜·梅叙拉》时才捕捉到火花］，对诗歌语言的未来缺乏历史学家的眼光，甚至对戏剧的演变也没有历史观，尽管有布莱希特、阿西娅、皮斯卡托（Piscator）、表现主义者、爱森斯坦、科克托（Cocteau），戏剧氛围浓厚的柏林、巴黎，以及贝尔格（Berg）的《沃采克》（Wozzeck），等等。他找时间写的东西却是今天被称作边缘的东西：神话故事（非常遗憾，关于这项未来的计划，他没有留下什么笔记形式的东西）、神秘事物（不论肖勒姆喜欢的卡巴拉，还是星相学和笔迹学，但他认为自己擅长笔迹学）、从赫布尔到列斯科夫的老式故事、奇幻文学（希尔巴特）和文化奇闻（类似于前面提到的食品节）。正如我们所表明的，他认为，卡夫卡不是现代文学文化中的经典人物，而是一位奇异的、梦幻似的怪作家，是那种你可能与一些朋友私下分享的神秘爱好；波德莱尔也不是经典作家，而是像布莱希特那样，是他终生的思想伙伴。

我认为，他愿意把自己看作一位语文学家（他与奥尔巴赫的联系最近已经引起人们的兴趣），但对于这一学科的学术地位及其必然的主题考古研究，他都没有任何兴趣。称他只是一个作家，就是企图把他激情的风格实践与缺少"创作的作品"分开，实际上，就是说他缺少生产它们的雄心。在我们当下的语境里，把他称作文化记者，简直就是把他的作品边缘化和庸俗化，降低他的作品在其几乎是形而上学的对语言本身的关注中的重要性。

今天，他会被称作欧洲人（并在欧洲共同体里被广泛宣传），而且毫无疑问，他要根据（一些）民族文化进行思考。然而，在一封致弗洛伦斯·克里斯蒂安·朗（本人是德国人文主义传统的鼓动者）的信里，他这样评论一位同事："他毫无顾忌地完全献身……于欧洲人……对我而言，正好相反，界限清晰的民族特点十分重要；不论是德国的还是法国的"（C 214；B 309）。但那些是他的语言，而人们的印象是，不仅他认为语言比文学重要，而且这种看似严格限定的"欧洲中心主义"的核心，实际上远比那种对歌德被严重误解的"世界文学"概念进行复兴时所秉持的缺乏说服力的经典化价值与范畴，更契合人们在全球化时代的期望。然而，他是个真正的国际主义者，尽管他关注的核心基本上是德国和法国之间的差别。[为了理解这些差别在当时有多么复杂，以及在东方与西方或现代与传统对立的情况下，它们如何包括了我们现在争论的各种事物，读者被引向托马斯·曼（Thomas Mann）的那部篇幅浩繁、饱含同胞间内部争论的《一个不关心政治者的反思》（*Reflections of an Unpolitical Man*），但这部作品本雅明本人同样讨厌。] 全球化、世界文学和其他一切在本雅明的这些探讨中都已经存在；他非常认真地承担了当代法国发展分析者的角色；作为他自己国家知识和文化生活的一个全面的观察者，只有葛兰西可以和他并肩。

无论如何，他对英国或美国的事物没有多大兴趣；苏联东欧对他而言是一个庞大的实验室，那里的实验在历史上总是至关重要，即使不一定是范式；而地中海世界——他曾长期居住在那里（另一种根据可能性而合成的德国传统），却只以卡尔德隆个人和巴洛克风格的面貌出现在他的作品中。他从未真正掌握活的西班牙语或希伯来语的知识；虽然那些对他而言是一种存在，而非仅仅是学术的东西。在论及本雅明的时候，我们必须非常谨慎地判断是否应该使用"现代""现代性""现代主义"这些词；它们在当时并不常用，除了波德莱尔本人的作品，而本雅明提到这些词也都大部分出现在论波德莱尔的作品里。诚然，他具有正统现代主义者崇拜新颖的一切标志，其实验性肯定也与他相关。但我们会看到，他对美学和审美化的敌意，使他完全脱离了现在常说的现代主义的目的——如人们在一系列艺术家那里所发现的，从马奈（Manet）经印象学派到塞尚（Cézanne），或者从马拉美或庞德到奥尔森（Olsen）或阿什伯利。然而他毫不动摇地坚信，当下和历史本身有一种逻辑："要包括布勒东和勒·柯布西耶——那意味着汲取像弓一样的当代法国精神，凭借这种精神，知识才能直击当下的要害"（A，459；N，la 5；V，573）。如果说本雅明有一种"美学"，那就是当前情境里的这种"美学"，它迫使我们探究关于评价法国文化比德国文化"先进"的观点，并说明在这种"先进"概念中布莱希特的地位。

另一个必须推迟讨论的关键主题与知识分子本身的地位相关，这是一个列宁感兴趣的问题，葛兰西（另一位语文学家）和本雅明自己都深信这个问题的迫切性。但我们不能忽略的——而且是在一场看似附带提及的文学批评问题的讨论中完全出乎意料地出现的——是暴力问题。

2.

文学批评——在德国一般被模糊地称作批判——破坏作品本身；这正是本雅明对阿多诺所推崇的"艺术作品的自主性"持敌对

态度的现实基础。在本雅明的语言里它一再被戏剧化,常规的文学批评告诫我们要不惜一切尊重有机语境,而他称文学批评是从有机语境中"硬抽出"(herausreissen)段落、引语、主题和观点。"破坏"是这里的关键词,本雅明反复强调对作品的真正阅读是一个"破坏"过程。[1]

这个概念源自弗里德里希·施莱格尔和本雅明早期论德国浪漫主义的批评著作,它实际上假定了一个包括两个阶段的过程(在他的生涯中这个过程的条件常有变化),其中第一个阶段是文本的连续性——更狭义的语文学阶段,接下来是在更广泛的哲学意义上的第二个批评阶段:一种评价和意识形态的判断(他几乎从不用形容词"意识形态的")。于是,时间和历史"破坏"作品的时代标志,使它的内在核心或"真理内容"、真理时刻不受阻碍地展现出来;这个过程将被他的法兰克福学派的后继者简化并规范化。但是,我们这里感兴趣的正是破坏的时刻;它当然与当代建筑表明的那种激进的简化时刻有着家族渊源:阿道夫·鲁斯(Adolph Loos)抨击"罪恶的装饰"和资产阶级的堕落,勒·柯布西耶打破墙和街道,使用玻璃的透明性,可谓是他的钢架结构作品的纪念性的反纪念性。关于本雅明本人,随着我们对他的观察——以朴素纯化的斗争美学武装起来,一头扎进巴洛克那堆砌辞藻、繁复华丽的世界中,我们就会感觉到某种深刻的东西。

但是,如果暴力和破坏的根源在于他的语言与文学偏见,那么它们对他的作品和思想就会产生更普遍的后果。在本雅明的早期作品中,实际上在他的日记和札记中,这方面有两篇更充分的阐述非常突出：一篇是 1916 年的《论语言本身和人的语言》（已经讨论过），另一篇是 1921 年的《暴力批判》，这两篇显然准备作为一部系统的政治理论（或政治神学）作品的组成部分，但在其有生之年未能完成［战后出现了大量解释，特别是雅克·德里达（Jacques Derrida）和朱迪丝·巴特勒（Judith Butler）］。

这两篇看似不相关和相对完整的文章的特点，以及评论家对它们已有的评论表明，两者本身都不是理论阐述，而是对文本的评论，每一篇都是对另一个更重要的文本的注释。这意味着两篇文章都应该被看作人物和修辞语言的储备，而不是旨在生产某种确定术语的哲学文本。例如，那篇关于语言的文章，其实是关于《创世记》的未完成的评论，因此它允许比喻地使用"堕落"这一术语，以及在第二篇文章里发现的那种神圣与神话暴力之间的对立。

第二篇应该读作关于乔治·索雷尔的划时代著作《对暴力的反思》（*Reflections on Violence*，1904）的沉思，该书论述了 19 世纪晚期无政府主义的重要伦理问题（书中的"恐怖主义"一词第一次开始普遍流行），以及布尔什维克和它区别于孟什维克与后来的社会民主派的重要伦理问题。索雷尔著作的持久贡献在于"总罢工"概念，它投射出一种新的、有活力的工人阶级行动的神话。这篇文章类似于葛兰西对运动战和阵地战的区分，它力图将不同类型的革命行动与胜利的列宁主义行动区分开来；但是，在法国工团主义的语境里，其重点不是一个已经形成的共产主义基础，而是劳工和工会的境遇，其中似乎迫切需要找出一种不同于以工资为导向的这种或那种单一产业的局部罢工。因此，"罢工"在这里具有一种不同的、更大的重要意义——它反对整个社会秩序，中止一切生产，类似于 1968 年 5 月的运动，或者在我们自己时代闪现的群氓和暴乱（并因此重新唤起我们阐发某种策略的兴趣）。

与此同时，重要的是理解"暴力"这个术语在这一整个时期（或至少从 19 世纪晚期到俄国十月革命）与当时也被称作恐怖主义的概念相关，但属于当时的"无政府主义"性质，对它的焦虑遍布欧洲，从各种政治暗杀和暴动蔓延至诸如康拉德的《间谍》(*Secret Agent*) 等文学作品中。其实，对卢卡奇而言，在苏维埃革命前夕，对陀思妥耶夫斯基的思考（计划作为《小说理论》最重要的一章，但从未完成）就是对《卡拉马佐夫兄弟》(*The Brothers Karamazov*) 未写完的第二部的一种沉思，在这部小说里，善良年轻的主人公阿辽沙变成了一个"恐怖主义者"，他暗杀沙皇，结果被处死。但卢卡奇也详细描写了布尔什维主义的暴力，两者已经同义，与社会主义和孟什维克的政治形成对照，列宁曾经把它与这种政治区分开，包括它著名的口号"武装斗争"。（众所周知，在匈牙利的苏维埃时期，卢卡奇作为内战期间的政治委员，对处死许多叛逃者负有责任。）

本雅明的文本含蓄地记录了这种偏见，断言他不同意后来甘地那种类型的各种"非暴力"思想（I, 233, 243; VI, 107）。但他强调的是其他重点，主要是区分国家暴力和革命群体的暴力：这是一个著名的区分，20 世纪 60 年代通过对力量和暴力的哲学区分再次得到确认，并再次肯定国家本身固有的暴力，不仅在于国家的基本行为，而且在于它真正的结构和存在。正是这种肯定在近期导致了对国家权力的专注,并导致了左翼倾向于取消所有形式的国家组织,认为它们因其结构本身而必然是压迫性的。这里不是重新唤起远为更当代的左翼争论的地方,但我想暂时中断我对本雅明的评论,表达一下我自己的看法。我认为,暴力本身是一个不连贯的、意识形态的概念,在政治上令人感到混乱,最好以强调经济问题取而代之,而不是强调"福柯的"这种或那种权力问题。本雅明的文章通过其最独到的断言确认了我的这种观点,即暴力只是作为一个事后可以命名和可以理论化的问题。只有在"暴力"行为发生后,我们才能确定它是伪普遍性的、所谓的"暴力"的一个实例;实际上,本雅明以标题宣称对"暴力"进行批判,其意思是告诫我们,在这种意义上,正是暴力本身实施它自己的自动批判,揭开它意识形态的面纱,于是它的概念能够及时出现,仿佛它一直存在,像永恒的柏拉图式警告似的主宰着政治领域。

但是,本雅明有其他方式狡猾地打破这种意识形态概念,因为这种概念总是作为一种灵活的扳手,用以破坏政治行动和各种承诺——换言之(作为暴力的概念或暴力的名称),它总是具有反对政治的功能。这一基本转变在其文章的开始部分非常明显,其中分析的框架因哲学领域的目的和方法的根本分离事先就确定了方向。本雅明寻求——这是一次激进的转变,其后果一开始可能不够明显——暂停和搁置任何对目的本身的考虑。由此他把对暴力的一切判断都中立化,不论是肯定还是否定,力求根据目的、结果、综合价值等对暴力进行辩护或谴责,以便以其自身的内在构成来考察所谓的暴力是否完全是方法问题。

结果，两种不同类型的暴力立刻变得清晰可见，并足以证明它们是两种不同类别的行动。这些现在可以根据它们与法律本身的关系来界定：它们一方面制定法律并维护法律，另一方面又破坏法律。这提供了以更基本的政治和结构方式来区分力量与暴力的基础，因为法律与国家的存在本身是一致的（而国家的破坏与列宁主义的国家消灭的方案也是一致的）。

于是，这种分析和澄清立刻又因另一种情况而变得复杂起来——本雅明对神话和命运、对神话暴力和所谓的神圣暴力、对狂妄傲慢的惩罚［经典惩罚的实例是对尼俄柏（Niobē）和破坏《圣经》的可拉（Korah）的惩罚（I，248-250；II，197-200）］等所持的"神学"偏见。为了使一种复杂而隐晦的讨论简单化，我建议把神话暴力解读为本质上是法律的建立（和维护），相反，把神圣暴力解读为惩罚，作为对存在主义者所称的限制人类的方法，或换句话说，神仙划定的人类生活的范围和界限，也就是说，本雅明称作命运和与希腊悲剧相关的领域（如与巴洛克风格相对立的悲苦剧）。倘若如此，那么就可能从根本上消除对这个问题的疑惑，社会和政治——集体——的法律压制（以及与它们相关的犯罪，尼采是最早断定这是一种政治工具的人之一）便可以与纯个体的和存在的命运分开，而这种命运是为限制和死亡、普遍的生活和存在的事实等纯粹的"自然"问题保留的。用本雅明自己的话语来说（在这种系列文章里，语言不是一个问题，除非违法包括欺骗性的文字现象）：

> 合法暴力的消除源自……更自然生活中的自责，它把生命

（不论是天真还是不幸）交付给对生活犯罪进行"补偿"的某种报应——这无疑也洗清了犯罪，但不是自责的犯罪，而是法定的犯罪。因为对纯生命而言，法律对生活的规则终止了。神话暴力是对纯生命的血腥权力，其目的是权力；神圣暴力是对一切生命的纯粹权力，其目的是生活。第一个要求奉献；第二个接受它。(I，250；II，199-200)

非常清楚，如果神话暴力是国家和法律、社会秩序和社会机制，那么神圣暴力就只能是对它们的指责，因为它们力图把一种实质的标准形式强加给历史和时间。于是，本雅明把革命暴力与神圣暴力相联系，因为它企图破坏过时和倒退的连续性：在他最后的文章里，他加入了在钟楼上射击的革命者的形象；并把歌德神秘的《亲和力》解读为被压迫者的回归，其中毁掉婚姻誓约的行为释放出古代所有的破坏性力量。

"历史，"卢卡奇说，"是对形式的不断破坏。"在这种意义上，本雅明的神学和政治比喻从他的语言学里形成，并且全都发现它们的根源在于暴力；这种暴力被充分运用于国家和法律，同样也被运用于文学文本（"自主的艺术作品"）。暴力变成了此时此刻可能性的条件，"可认知的现在"，其中索雷尔关于总罢工的神话、上帝对暴君和古代军队的报复，以及人类历史上的一切革命，这些汇集在一起呈现为一种充满活力的、多维的"辩证的形象"。

3.

如今，我们距离第一次世界大战（无论是从技术层面还是集体层面而言）对曾经被称作"美好时代"的新兴资产阶级所造成的毁灭性冲击太过遥远，以至于难以体会由此而催生的艺术先锋派（1915年的达达主义、1924年的超现实主义）所蕴含的那种暴力性。另外，"超现实主义"这个词本身在本雅明的使用中是模糊的，包括从实验主义（甚至我们现在使用的"现代主义"）到历史运动本身，即在巴黎制造事端的年轻人团体。实验主义的意思非常笼统，以至于本雅明可以把自己的《单向街》称作超现实主义作品。关于巴黎的年轻人团体，我们必须非常细心地把他们与德国梦想家及和平主义的理想主义者区分开来，后者被不甚严格地划到表现主义的旗帜之下。

当然，本雅明异常关注文学运动的形成和先锋派本身，关注当地的争论和实验的实践。但我觉得，我们最好不要认为这些兴趣主要聚焦于先锋派，相反，它们主要关注列宁所说的"当前的形势"，即在一个特定时刻国家生活中知识分子的生活和生产状况。这肯定会产生出某种文学史：例如，他自己一再表达的对魏玛时期的看法，它们基本上可以用下面这段话来概括：

> 表现主义模拟革命的姿态，但无任何革命的构成。在德国，它只是通过方式的改变才被克服，而不是作为批评的结果。这就是为什么所有它的歪曲能够以一种不同的形式在其以前的新客观性里保持下来。两种运动的基础都是从资产阶级立场出发，努力团结以便与战争的经验达成妥协。表现主义试图以人性的名义来实现这一点；后来却以客观性的名义来实现。(II, 405; VI, 175)

他补充说，两者都是知识分子的产物，甚至表现主义的阶级偏见也以其理想主义的人文主义被揭示出来，但新客观性则是激进左翼的产品。不过，这些知识分子的意识形态无法提供保障；他在同一残篇［《伪批评》（"False Criticism"）］里告诉我们，他们所规划的道路是"一条随时可以左转或右转的道路"。于是，这段话构成了一种境况——战争和帝国的衰落——对此两种辩证对立的观点被证明在政治上是一样的，换言之，它们产生相同的政治后果。

与此同时，在政治运动（及其"宣言"）借用军事组织术语的意义上，表现主义不能被说成先锋或前卫。也许它是前卫群体的一种新的经验，明显不同于以前的艺术运动或小团体，这也说明了本雅明1929年对超现实主义"报道"的开始部分为何那么激动［该报道的副标题"欧洲知识界的最后快照"颇有含义（II, 207-218; II, 295-310）］。

在"报道"的开始部分出现了一个新的人物，他也许是我们认为的"辩证唯物主义者"的先驱：此人就是"德国观察者"。我们回到了那些日子，德国的后来者羡慕地眺望莱茵河对面西方的生产力，特别是法国文化。托马斯·曼反对其西方化的兄弟，在致命的世界战争中，努力说服自己相信古典德国传统文化的优越性，但与托马斯·曼不同，本雅明的观察者看到了所有冲击的能量，像一个巨大的瀑布倾泻到本来无事的德国资产阶级日常平静生活的平地上。

他对其根源不抱幻想："1919年在法国文人小圈子里发生的事

件……可能是一条纤细的溪流，它受战后欧洲的挫败厌烦情绪滋育，也是法国颓废的最后一点表现。"但德国批评家却可以根据其在欧洲范围内的重大影响而"安装他的发电站"。这里有一个关于"世界文学"不平衡发展的更为具体的实例，它体现为非常不同的国家境况之间的相互关系，歌德在 19 世纪初就已经拓荒性地对这种关系展开了探索（现在，我们必须应对它在全球化和世界市场中呈现出的各种新奇的复杂性——本雅明在其对纯数字、大众和多样性的主题关注中也感受到了这一点）。

正是"大战"打开了这条裂缝。本雅明无须告诉我们，超现实主义的出现是改变他自己生活的事件：可能是战前青年运动的组织者在这里突然面对着真正的先锋派（其实是后来所有先锋派真正的原型，它以某个与之配合的先锋派"宣言"而完成）。这一独特的先锋派是在"危险时刻"被唤起的，当时战后的欧洲文化陷入了反革命的"恢复秩序"状态，即便不是陷入一场没完没了、毫无意义的庆典中，而这场庆典无视卡尔·克劳斯几乎同一时期在其公开朗诵奥芬巴赫作品时所倾注的那种活力和讽刺的尖刻。超现实主义的特点在于它同时发现了两类在学术上仍遭排斥的思想成果——马克思主义（当时已被社会民主主义正统派和修正主义篡改了本质）以及弗洛伊德主义，而这一新运动把弗洛伊德主义中令人愤怒的主题提升了，出乎意料地把它与萨德侯爵（Marquis de Sade）的那种神秘的"理想爱情"的传统并置在一起。作为一种政治，超现实主义仍然囿于"无政府主义投石党和革命纪律"之间那种更普遍的矛盾，而其真正的创新在于它试图在"诗歌生活"内部协调这个圈子，例如，像兰波（Rimbaud）所主导的那样，探索诗歌的美学范畴。这正好符合本雅明的建议，即"将危机转移到语言的核心"（C 84；B 131），但他补充了一种在魏玛德国遗漏的集体维度（只是在早期青年运动中匆匆掠过）。

他发现超现实主义具有巨大的、充满活力的可能性，因此非常兴奋，但要表达这种兴奋，他还必须克服许多保留、含蓄和异议。其中有些是历史的，因而对现在已成为过去的运动的"英雄阶段"不够熟悉。在那个时期，超现实主义触动并改变了"一切与之相关的事物"。它对"醒着和睡着之间阈限"的发现，使语言变成一个超出"自动产生所谓'意义'"的领域。并且，在"自我"之外，它能够触及一种经验，这种经验肯定与宗教和神秘主义相关，但它是"一种唯物主义的、人类学的灵感"，故而只能被认定并命名为"世俗的说明"。

在这一点上，解释集中于本雅明最强烈的兴趣和理想之一，即在陶醉（例如毒品）和清醒之间形成的对立统一，而清醒本身与新发现的荷尔德林的诗歌领域和他著名的天鹅相联系，完全不同于波德莱尔和马拉美那些消失或冻结的领域：

> ……仿佛陶醉于亲吻
> 你的眉毛低垂
> 内心却圣洁清醒。[2]

然而，超现实主义者也知道这种对立统一，并在他们的"研究"中，也就是在他们的日常生活中追求这种对立统一。这就是为什么将这一运动与唯灵论和神秘学的那些外在表象等同起来是错误的,对于理性主义者而言,这些都是危险信号,而且在布勒东的名著《娜嘉》描写精神分裂的篇章中似乎不可避免,此外还有资产阶级对性痴迷和通奸那种更为低俗的误解。所有这一切都将为"理想爱情"近乎神学式的升华所改变,正如奥尔巴赫所表述以及拉康将会探究的那样,拉康本人就是 20 世纪 30 年代无所不在的、本质上具有超现实主义色彩的文化的后期产物("在神秘爱情中,女士最无关紧要")。

但此时我们发现了本雅明的一个重要秘密,即过时之物的秘密。本雅明把这一点归于布勒东以及他在跳蚤市场的闲逛,归于阿拉贡对最后的肮脏昏暗的拱廊街的探索:"最早的钢铁建筑、最早的工厂大楼、最早的照片、开始消失的物品、大型钢琴、5 年前的服装、时髦劲儿开始退去的时尚餐厅。"为什么不加上无声电影、旧式汽车、往昔岁月的热门事物、黑白照片、20 世纪 30 年代的发型,甚至那个时期的人物类型,等等?"布勒东和娜嘉是情人,他们……把这些东西掩盖的'艺术气氛'的巨大力量引至爆发点。"《拱廊街计划》的整个构想便在于此,即把过时的第二帝国的风格转变成"革命的经验,即使不是革命的行动"。

怎么能实现呢?或至少本雅明为何认为在他作品的这个阶段(他已经收集了第一批大量资料)可以实现呢?布朗基这个人物(他像一个绝望而平静的幽灵萦绕于这个时期,就像他萦绕于魏玛时期,并将再次出现在那种萦绕于纳粹 1940 年胜利的"永远回归"之中)不足以把这些档案转变成炸药。他认为,能实现这一点的是

"以政治代替过去的历史观"。说得明白一些,"历史"在这里的意思是编年史,是利奥塔(Lyotard)宏大叙事中的连续的历史、同质性的时间、资产阶级的进步,以及过去不可阻止地迈向必然未来的这一运动。"政治"意味着不同意义上的历史,即伟大起义的不连续的历史,既包括反抗统治者并将其推翻的经历,也包括遭受失败的经历,还有那不可抵制的反抗权,以及恢复一切的自然状态。

但是,"过时之物"可以在空间里以非常不同的方式出现,特别是在城市空间里,以及在原型城市本身即巴黎的空间里;关于城市,阿杰特空寂且不朽的照片记录了"犯罪的场景":"十字路口幽灵似的信号灯在车流中闪烁,事件之间不可想象的类比和联系成为那天的秩序。"甚至内部在这里也是巴黎的公共空间,他告诉我们:"在这些地方,这些人(布勒东和娜嘉?超现实主义先锋派?巴黎群众自己?)之间的东西像旋转门似的转来转去。"另一个暗藏的空间隐喻把对空间本身的表面说明陌生化了(类似于《单向街》里在弯弯曲曲的道路下方突然转向的军队):谁消失在旋转门里?谁出人意料地出现(像最后论文中的弥赛亚)?这是超现实主义抒情诗所表达的空间。

因此,正是艺术变成了一种奇怪的记载,而最初唯灵论误导的印象和现实的神秘则具有一种"信念,相信存在真实分离的概念,不论是在事物内部还是在外部",它们"很快从理念的逻辑领域"跨越到"词语的魔力领域";这里不可能不考虑整个年轻时的语言神秘主义,它在本雅明的《认识论-批判序言》(《德意志悲苦剧的起源》的序言)里达到顶点,但这里我们必须加上阿波利奈尔

(Apollinaire)的更新的艺术特点,这种更新的艺术创造出"新的现实,其不自然的现象与集体词语所指涉的那些现象同样复杂"!

出于热情（按照字面意思来理解这个词!），本雅明把他的所有激情汇集在一起,但发现它们全都集中于超现实主义计划。因此,技术出人意料地出现了——"难以理解的机器奇迹",这使本雅明建议把"这些过热的幻想与希尔巴特四通八达的乌托邦"进行比较——未来主义与玻璃建筑的对比,又或者陶醉状态与勒·柯布西耶式的清醒的对比。

这是一种保留,他具有内心对话的所有标志,即使不是自我批评。毕竟,这是同一个本雅明,我们记得,他这样说:"要包括布勒东和勒·柯布西耶……"(A，Nla5，459；V，573)但这造成一种张力,它也导致非此即彼的政治评价:反抗或者革命?超现实主义政治,就像本雅明自己的政治理念一样,明显产生于对资产阶级的恐惧和厌恶,因此在"丑闻的边界"带有其原初的痕迹,亦即反叛的痕迹——换言之,是布朗基本人以及波德莱尔的那种反叛的痕迹。

因此,有更多的理由回到对"左翼的忧郁"的谴责,回到对社会民主的谴责,回到"所谓好意的左翼资产阶级知识分子",揭示其政治是纯粹的道德主义,从而确定超现实主义丑闻本身的真正目标,进而在超现实主义"浪漫的虚构现实"中仍然发现"可用"（布莱希特常用的一个词）的东西,"把对邪恶的崇拜作为一种政治手段"。今天,在西方,萨德和洛特雷阿蒙(Lautréamont)的作品已经出版并广泛传播,在我们身后留下大量对他们作品的道德谴责，关于这种情形，可以认为它忽视了在美国左翼和右翼中反复出现的清教主义乃是政治力量。其实，本雅明本人就引发了争议，仿佛早有预见一般，他公开赞扬陀思妥耶夫斯基那臭名昭著的《斯塔夫罗金的忏悔》（"Testament of Stavrogin"）中强奸儿童的情节。超现实主义对这种"卑劣"的纪念驳斥了小资产阶级的乐观主义，以及社会民主派认为人性本质上是"善"的信念，因此它出乎意料地肯定了这位俄国正统作家，在这位作家看来，"所有这些邪恶都有一种原始活力"，在政治上激发他的悲观主义——如果人们把"善的诱惑"视为人性中另一种邪恶的渊薮，也许可以更好地理解这里的含义，就像读布莱希特的《高加索灰阑记》（*Caucasian Chalk Circle*）那样。这就是为什么纳维尔（Naville）的"悲观主义的组织"与索雷尔的相呼应，而最终是"对时间的呼唤"。绝对不相信："不相信文学的命运，不相信自由的命运，不相信欧洲人性的命运，尤其三倍地不相信各种妥协：阶级之间、国家之间、个体之间的妥协。"无限相信的只有法本公司（I. G. Farben）与保卫和平的德国空军。

这种大量对诚信的表白，在知识分子对自己的使命非常真实的困惑中达到高潮：难道我们不应该放弃艺术本身？那不是超现实主义反抗美学的含义吗？"难道他'艺术生涯'的中断可能不是（超现实主义艺术家）新功能的重要组成部分？"无政府主义对反抗和革命的混淆将被改变成陶醉和清醒之间的张力。本雅明以对身体的重新肯定结束了他的文章，并限定"形而上的唯物主义"（唯物主义的反抗）必须让位于"人类学的唯物主义"——一个仍然没有澄清的条件和计划,对本雅明也不是一种明确的解决方法或规划。但重要的是,这种肯定导致另一种更熟悉的肯定:"只有在技术层面身体和形象空间相互渗透,以至于各种革命的张力都变成身体上集体性的神经冲动,并且集体的所有身体神经冲动都变成革命的释放时,现实才超越了自身,达到《共产党宣言》所要求的地步。"超现实主义宣言也这样要求吗?"因此,世俗的说明"变成了科学虚构,即使不是后-氛围的(post-auratic)。所有这一切在《技术复制时代的艺术作品》的三个版本里都将被进一步打碎。

不过,就目前而言,这篇论超现实主义的文章已经从一篇对法国文化发展状况的报道逐渐变成一份自成一体的美学-政治宣言,所以它不应仅仅以含混不清地召唤一种新的美学-政治来收尾。于是,颇具其个人风格的是,作者以这样一个本身就堪称一个事件的句子来应对这一挑战:(超现实主义者们)"无一例外地用人的面容嬉戏去换取闹钟的表盘,而那闹钟每分钟都会响上60秒"。

也许他在这里想起了那则关于革命者的轶事,革命者火烧钟楼以便使时间停止并开始新的时间(这则轶事在他后来的文章里将再次出现);无论如何,这种新的时钟会同时做两件事。它将永远号召武装起来,但同时也把日常生活变成充满当下感的时间,在这样的时间里,每一分钟都实实在在地持续60秒。在这种政治实现中,个人存在不会承载过重:身体已经变成一种机制,但不是机器,它超越了空洞的时间——正如布勒东在《超现实主义宣言》(*Manifesto of Surrealism*)的第一页里所表明的,这是超现实主义者自己并非不熟悉的一种要求。

4.

但是，本雅明与超现实主义者交好有一个特征，需要我们更仔细、更批判地关注；这就是他的梦幻语言，在这种重大的相遇之后，它开始贯穿本雅明的论述，并且（我认为）它大大削弱了《拱廊街计划》的诸多部分，或者至少削弱了其中的某些观念（"从19世纪醒来"）。如果在非常不严格的意义上，"超现实主义"一词经常可以简单地指代我们（在同样不严格的意义上）所说的现代或现代主义——比如《单向街》作为一篇"超现实主义"的文本，那么，由于同样的原因，这同一个术语在非常狭隘的意义上，也可以包含对这一运动热衷梦境的全盘认可。

本雅明和阿多诺都认为，应该在写作中记载自己的梦想，实际上应该花大量创造力这样做。我的感觉是，在当今消费社会，在晚期资本主义的大众群体中，人们对梦幻效果的兴趣已经大大降低了，因为在诸如罗伯特·威尔逊（Robert Wilson）的《海滩上的爱因斯坦》（*Einstein on the Beach*）这样的奇观演出以及像魔幻现实主义这类风格定式中，梦幻效果已经失去了其感官上的冲击力。非常明显，甚至普通的后现代电影也认为"现代主义"梦幻系列的效果〔类似于布努埃尔（Buñuel）那些绝好的影片〕都已经过时，只不过是昙花一现。甚至心理分析也放弃了弗洛伊德伟大发现的表达方式，即认为梦是愿望的实现，它把具体愿望的现象学情结改变成欲望的形而上的升华。正如鲍德里亚有时认为的那样，在我们这个时代，这是否意味着无意识非常独特，它是一个超越商品世界的领域，像自然本身一样独立于那个世界？

不论怎样，（在《拱廊街计划》的片段里）对"幻象"语言的偏爱，可被概括为一种更普遍的关于概念问题的观点，这些概念问题由"非理性"的看法提出：由理性产生的伪概念，只能表示不会被无内容的名字同化的东西。在一个像18世纪启蒙运动那样的时代，理性非常狭隘地被理解为与整个宗教和迷信的环境对立，对非理性的指责仍然保持着某种力量，其证据仍然具有表面的客观性，但尚未通过恰当的专业术语在医学上得到规范和确认；而非理性依然是外部的一个完整世界，针对它，理性必须加强才能够防御。但是，世俗化意味着那个世界逐渐被占领，它的"黑暗的地方"被探索和测绘；它的他者性被消解为分析者和人类学家所熟悉的东西，它的能量被重新投入广告宣传和法西斯主义。魔力可以长期通过诉诸"魔幻"这个术语来解释，就像现代社会学的奠基人试图以其重新创造的"超凡魔力"所做的那样。在晚期资本主义消费社会里，或者你也可以说，在大数据和完全是信息储存与分类的社会里，几乎没有什么东西可被称作非理性的——换言之，它规避了被哈贝马斯称作"交往理性"的力量领域。梦想被同化为新媒体技术的特殊效果和魔力；对于精神错乱和神经病，我们只能求教于新的"世界之书"、精神错乱的诊断和数据，或者心理分析词典。

但这给资本主义上层建筑的分析者们带来了一个独特的问题。马克思本人在对商品下定义时（我认为是在他1872年重写的《资本论》的开篇几章里），发现自己必须借助宗教语言：

> 商品……是一种很古怪的东西，充满形而上学的微妙和神

学的怪诞……商品的神秘性质不是来源于商品的使用价值……这只是人们自己的一定的社会关系，但它在人们面前采取了物与物的关系的虚幻形式。因此，要找一个比喻，我们就得逃到宗教世界的幻境中去。在那里，人脑的产物表现为赋有生命的、彼此发生关系并同人发生关系的独立存在的东西。[3]①

他借鉴了18世纪德·布罗斯（de Brosses）会长收集并命名的人类学资料，将这种关系称作拜物教。从一个角度来看，这个问题是上层建筑与基础或生产之间的关系这一更普遍问题的一个具体实例，而本雅明过于仓促地宣称"上层建筑表现基础"（《拱廊街计划》，392；A，K2，5，392；V，495），并没有解决这一问题。无论如何，由于这段著名的文字，马克思开创了一个特殊的传统，其中资本主义的日常生活至多可以说是某种意识形态的，最坏可以说是一个魔法领域。一般说来，只要商品和上层建筑的性质对左翼仍然是第二位的（部分地因为现代化及其对上层建筑的占领尚未完成，部分地因为左翼政治继续从动员工人阶级中汲取其力量，或换句话说，从"基础"的条件中汲取其力量），问题就不是特别迫切，马克思的神学比喻就仍然有效。

但是，在20世纪20年代和30年代，世界革命开始退潮，资本主义对生活世界的生产呈现出趋于普遍化的态势，于是——尤其是在所谓的西方马克思主义中——上层建筑理论化的问题非常强势

---

① 中译文引自：马克思：《资本论（纪念版）》第1卷，人民出版社2018年版，第80—90页。——译者注

地回归,并且随着卢卡奇那部具有划时代意义的《历史与阶级意识》(而且完全与他本人的政治意图相悖)的问世,商品化变成了一个政治问题。实际上,在第二次世界大战之后,它作为一个关键的政治策略和动员的问题占据了舞台的中心。早在去殖民化和冷战之前,人们就已认识到美国化的危险。列宁可以用习惯的方式谈论对工人阶级的贿赂,并据此解释他们为什么在 1932 年的德国选举中支持希特勒,但这种解释终究不足以(即使真实)回答现在已经陈旧的问题:"为什么美国没有社会主义?"(对它更好的回答似乎是"种族")。

因此,在这个时刻,马克思的典型阐述经历了重大转变:我们可以说,第二次世界大战之后,西方或发达国家的商品化已经完成,并且可以被重新命名为消费主义(同时,殖民主义被消解和重构,而蔓延到全球的资本主义现代化接近于马克思所说的"世界市场"的条件,今天我们称之为全球化)。正是在这些条件下,从列斐伏尔(Lefebvre)开始,某种称作日常生活的东西开始被确定为一种新的研究客体,伴随着空间本身,根据其自身进行理论阐述。其特征被描述为第二种或平行的领域,意思是(如福特早就理解的那样)工人自己已经是分裂的人格:一方面是挣工资的人,另一方面是消费者。日常生活是作为消费者的工人的第二种人格的影子世界;社会学家、作家以及实在的主体自己最清楚和最了解这一维度(戈达尔在一个难忘的时刻这样宣称:劳动,像性一样,难以再现)。

因此,产生了发现一种独立语言和结构的欲望,以便再现现在看似魔幻或魔力的领域。本雅明已经意识到这个问题,在他的一篇早期（1921）文章《作为宗教的资本主义》（"Capitalism as Religion"）里就捕捉到了这个问题（I，288-289；VI，100-103）。在写作没有得益于卢卡奇那种对商品形式的理论阐述的情况下，本雅明从纯粹的饱和状态、被填满的时间、"自然不会跳过"等角度来阐述自己对资本主义的理解，资本主义无处不在，甚至不许把工作和"休闲"分开，它完全掌握了时间，使其充斥着资本主义惯例，而对于这些，本雅明只是指出了其中的问题所在。在后来一个不常重复的论述里，他注意到人们认为危机是一种事件，因而"灾难就是那样继续下去"（IV，184；I，683）。这条早期的笔记似乎与后来的那条相关：犯罪和资本主义所宣称的绝对充足存在着时间维度；然而，不只是时间存在问题。"犯罪"当然不只是一种主观或心理层面的体验，而更像是古老事物的回归，是一种等待被如此命名的魔力。

那个名字大概会是幻象；然而，这种新的补充使我们转到一种二元性，一个虚假的现象世界，其背后的真实世界以"自在之物"般的顽强继续存在着。或者，换个角度来表述这个说法，它就是一场梦，这场梦预设了一个不同的领域，我们可以醒着进入这个领域。这些论述似乎都不恰当，不论对资本主义还是第二帝国时期的巴黎而言。在资本主义或其背后，使用价值是否仍然是我们能够再次清醒地进入其中的一种现实？帝国的臣民能够从中觉醒地进入的真实生活是什么？肯定不是法兰西第三共和国。本雅明的论述在比喻和现象学甚或存在主义之间犹豫不定；它们有可能影响他的历史札记，使其丧失历史真实性。

同时，应该探索这种再现在资本主义更晚阶段的命运。例如，我想到居伊·德波颇有影响的《景观社会》(Society of the Spectacle)，其中对视觉性的强调包含着一种与真实的深思熟虑的距离。其表现特点是与过分强调认识论的更广泛的批判部分重叠，而这种认识论的出现源自对现代哲学反对新康德主义的反应（柏格森、实证主义、现象学、存在主义、辩证法，等等）。这种更广泛的批判强调康德传统及其把哲学局限于知识本身的狭隘性，以及排除其他方式与现实的关系。然而，德波的做法为分离和沉思的知识留有空间，适宜地局限于观看和观看者，但又包括生产并形成动能，至少展现出经过重构的虚假现实。这仿佛是这种再现偏执多疑的维度，它的比喻必然假定一个超出景观的地方，从这个地方可以看到它的本质，看到它是被构成的（即使不是经由历史，至少也是被这个或那个统治阶级构成的）。当然，德波相信，在这种几乎是普遍的幻象中，美国和苏联的走向趋同；同时，他对"修正主义"的谴责局限于揭示特定事件（景观），但他对视觉性的坚持却有效地发展了商品化的主题（他用一句令人难忘的话指出，形象是商品物化的最终形式）。

鲍德里亚对资本主义这种"魔力"理论的看法在于他的"仿真"概念，并至少在理论方面呈现出比景观社会的论点更胜一筹。仿真首先是一个总的过程，它并不特别强调事件，但它肯定包括各种景观；它不需要直接对其效果负责的代理或某种机构存在，但提供某种"真实性"退化的图像，这种真实性是内在的，它无所不包，远远超出某种景观，例如人们在必要时离开，砰的一声关上了身后的门。因此,仿真也可被想象为一种精神过程或某种天生的疾病——一种邪恶的魅力!——它排除一切事物的真实性,包括我们自己、我们自己的个体或集体身份(即使事实上这些从开始就一直存在)。因此,这种再现远不及德波的政治性,而接近于一种形而上学建议的情形。

这种建议似乎可以在我们称作《黑客帝国》(*Matrix*)和《楚门的世界》(*Truman Show*)的种种表现里找到其最终形式,在这两部影片里,现实是从外部预先准备好的幻觉,舞台导演或仿真接线员的存在也非常明显地被戏剧化了,因而一幅更普遍的关于事物偏执多疑的画面便变得不可避免。假如绝对需要保留这种"幻象"概念,那么我们可以把鲍德里亚的仿真过程更有效地重新译回到本雅明所说的审美化。

事实上,这一后来的表述会引导我们去发现,在本雅明自己的思想里,相比于"幻象"这种颇为肤浅的描述,有一种对文化判断来说更令人满意的替代说法,即倒退与"先进"生产力之间的对立。因为倒退已经让我们走上他所称的"审美化"之路,而且这无疑能更充分地阐释在他所处的现代文化中开始出现、并在我们当下文化中达到顶峰的那些现象。消费主义以及商品形式在认识论和伦理学(更不用说政治本身了)之上取得的胜利,无疑更能确切地描述这样一种社会生活:它充斥着各种图像,并且围绕商品消费进行了重新组织,为"美的假象"或悦目的外表本身所迷惑。本雅明将其与法西斯主义联系起来,或许在历史层面受到了诸如纽伦堡那样的纳粹宏大场面的出现,或者德国神话在宣传方面的运用等情况的

156

局限。但是，今天我们更能够看清景观社会的审美主义改变我们的信息消费方式的途径，随之而来的是传统审美体验本身的退化，以及与传统法西斯主义具有某种家族相似性的宗族主义的再次出现。

5.

但是，我们必须抵制诱惑，不可以崇尚新颖的方式来对待本雅明的"先进"概念，因为崇尚新颖已经成为现代主义的普遍特点，现在已经成为关于这种风格和时期的常规定义。对本雅明而言，并非所有形式的新都是先进的；例如，存在着法西斯主义版本的审美化。而且，对于不那么新的、稍微过时的，本雅明也有自己的史学偏好：他认为，布勒东"第一个认识到革命的力量从'过时'之物中出现……在这些空想家和预言家之前，没有人认识到为何贫穷……能被转变成革命的虚无主义"（II，210；II，299）。人们如果思考巴黎相对独特的历史性（在巴黎，中世纪的城市风貌实际上一直保持到第五共和国），那么就不难把《拱廊街计划》里的材料与这种慢慢过时的存在感联系起来。因此，甚至超现实主义者的20世纪20年代的巴黎，也带着19世纪的遗产进入正在实行现代化但尚未完成的20世纪世界；著名的"可认知的现在"变成了一种特别适宜的具有立体感的凝视。这既涉及理论，也涉及方法。假如问本雅明在什么地方实践了真正的马克思主义批评（记得他机智地对苏联文化主管抱怨说，他们把当时西方流行的资产阶级文学理论不加区分地一股脑地引了进来），那么我们发现自己必然转到他关于爱德华·福克斯（Eduard Fuchs）的文章，他觉得法兰克福赞助者赋予他的那种使命非常繁重，因而使他又回到了社会-民主的、仿佛是前现代的19世纪的正统马克思主义。

因此，非常重要的是说明这篇文章，它始于这样的句子："爱德华·福克斯一生的工作都属于最近的过去"（III，260；II，465-505）。本雅明对待这些"前辈"极其谨慎，实际上，他对恩格斯著名的干预做法[4]的尊重，在当下根本得不到"辩证历史唯物主义者"（例如阿尔都塞）的呼应，他们曾猛烈抨击恩格斯的人文主义，以及他根据马克思的发现对整个黑格尔哲学（现在我们认为是"辩证唯物主义"）的重构。但本雅明的辩护者——例如汉娜·阿伦特（她在其开创性的文集中遗漏了这篇关键的文章）——提醒我们，那篇文章是应法兰克福学派的杂志——瓦尔特·本雅明重要的收入来源——的要求写的。因此，需要某种机智来把控马克思主义传统，在文化领域既不能特别具有实验性也不能冒险，因为阿诺德·豪塞尔（Arnold Hauser）和马克斯·拉斐尔（Max Raphael）可能被认为是该领域的先锋（阿多诺很久以后到20世纪60年代才产生重要影响，而面对卢卡奇的正统，布莱希特的理论则是异端）。本雅明对福克斯描写的学术严肃性，令期待其迸发光彩的人非常失望，也许它本身就是对这一主题的并非含蓄的评论。它好像在说，都是一些老一套的东西，很普通（除了开篇论历史的几页内容）。但是，今天我们这些从学术角度来阅读这篇文章的人，肯定想知道他对"人文学科"的思考，因为统治阶级一向顽固地把它归于沙箱（本雅明后来关于教育的思想总是坚持阶级导向，这使我们常常想到他为何总是认为自己是资产阶级知识分子，并从那个阶级的角度进行写作和思考）。

不过，由于社会民主党早期认为最重要的任务是组织和教育工人阶级——由此提出了该如何对待"人文学科"的问题，所以本雅明也利用这个机会批判对资产阶级和实证主义立场的全盘接受（他之前对苏联同志提出过同样的批判），特别是批判卢卡奇式的"传统"、"遗产"或曰"文化传承"概念，以及资产阶级和非辩证的认识论的科学主义。但从本雅明一生的作品来看，他对技术的讨论特别有意义，因为左翼正在危险地接受中产阶级对其神奇力量的美化以及它所提供的新型舒适，忽视了它的"破坏力量"，而世界在战争中已经体验过这种力量，意识到这种力量，可是任何回顾这一19世纪晚期黄金时代的历史学家，都会发现那个时期的思想家——不论他们来自哪个阶级——普遍缺少这种意识。"破坏性元素"：这是贯穿本雅明一生作品的维度，也是他始终坚持批判的维度，不仅在文学和文化方面，而且在纯机器和物质的"进步"方面。

因此，对福克斯的颂词成了一首挽歌，既为社会民主主义伟大时代错失的机遇而哀挽，同时也是一次为"文化史"设定新议程的契机。关于"文化史"领域，他曾在一句名言中提醒我们，这句名言在《历史哲学论纲》（*Theses on the Philosophy of History*）中被着重重复过，即"从来没有一份文化文献不同时也是一份野蛮的记录"，以及"艺术与科学的成果要归功于其同时代人默默无闻的辛劳"——这正是前文所呼吁的那种以阶级为导向的教育计划，彼得·魏斯（Peter Weiss）的《反抗的美学》（*Aesthetics of Resistance*）践行了这一计划，该书在欣赏过往"杰作"（比如开篇对佩加蒙大型浮雕那绘声绘色的描述）的同时，也生动地展现了那些不得不将这些杰作变为物质实体的奴隶和工匠们的默默无闻的劳作。

但是还有更深层的问题，因为显然，如果人们从本雅明的观点出发进行探讨，鉴于他深信我们接触过去的方式具有不连续性，那么习惯上所称的文化史就变成不可能的东西了。其中有两个基本的原因。首先，任何对文化客体的考虑都独立于生产过程——它们的具体过程，但人们认为，在过程的背后，是生产方式本身的真正构成——这个过程会把考虑的客体物化并"崇拜"它们（运用马克思独创的术语使我们可以把这种语言转换成商品资本主义的术语）。

其次，鉴于商品生产基本上是连续的，我们很可能会得出这样的结论，即现代主义的整个意识形态，推动绘画从马奈发展到塞尚，进而发展立体主义的目的论，在这里都不成问题：本雅明对历史学主义以及对那种静观过去的观点的批判，否定了连续的历史存在本身。这会让我们当中的一些人——那些"历史唯物主义者"——感到失望，这些人仍然在文化领域工作，但可能并不像本雅明引用的另一个结论——"在无产阶级争取解放的斗争中，艺术不可能进行重要的干预"——那样令人沮丧。这双重障碍必然构成本雅明文化分析的两难困境，其形式问题至今尚未得到解决。

那么，在爱德华·福克斯的先锋著作中，有什么值得赞扬的东西呢？肖像本身不可模仿，其乐趣使我们摆脱了前面所谈教条的束缚。它们聚焦于怪异的模糊性——"双极性质"，以及它的美和它更令人厌恶的品质（本雅明再次参考了正在消失的巴洛克的二律背反）。

但是，它们需要一些初步的限定条件。在福克斯的作品里，那些更具局限性的社会民主特征可被概括为在历史进化观的两个领域里资产阶级思维持续存在：一个基本上是一套伦理或道德的个体化的判断；另一个是归纳的、极简的心理分析观，它被完全等同于性。这两个方面的局限都表示个体范畴（按照本雅明的看法，包括弗洛伊德的"无意识"概念）优先于集体范畴。

然而，一旦这些局限得以确立，福克斯关于性解放的看法便得到赞扬：他或许不是韦德金德（Wedekind），但他"尽可能避免压抑和情结理论"。本雅明认为，"他对放荡不羁的杰出辩护"是把它作为一种真正的人类仪式，这种仪式把我们与动物分开，因而他的辩护令人难忘，具有创造性（也许预示着后超现实主义的"社会学院"的兴趣，本雅明偶尔与该学院发生联系）。

160 　　在这一点上，本雅明赞赏福克斯是杰出的收集者，随之而来的是杜米埃成为他作品的中心。其实，我们对本雅明本人的探讨很可能还要用这句揭示性的语言："杜米埃这个人物一直伴随着他的事业生涯，因此人们几乎可以说，这使福克斯变成了一位辩证的思想家。"难道我们不觉得这是在本雅明自己作品中对波德莱尔这个角色的思考吗？是那种不能以其他方式生动地面对的矛盾的轨迹？在杜米埃伟大的讽刺漫画里，本雅明对其抽象过程的特点的表述，甚至还暗示了布莱希特：杜米埃把巴黎人的公共和私人生活转变成"斗争的语言"。于是，在福克斯取得的成就里，通过一系列直接引语可以说明杜米埃的作用。这里有一种对内容-形式颠倒的分析，它值得迈克尔·弗雷德（Michael Fried）的评价："杜米埃笔下的众多人物都在进行最专心的观察。"这种观察颠覆了讽刺漫画，使其变成了艺术家自己。

但最重要的是，其中有一系列视觉分析，在结论中应该充分注意它们的细节。就此而言，物质世界充斥在他的写作里，甚至在避免公开提及它的地方亦是如此。他对革命时期版画艺术的特点的典型表述证明了这一点：

> 一切都是严格的、紧张的、军事的。人不会躺下，因为训练场不允许有任何"安逸"存在。甚至当人们坐下时，他们看上去都似乎要跳起来。他们的身体充满张力，像是箭在弦上……队列的真实如同颜色一样。画面给人以冷静和精细的印象……如果与洛可可风格的绘画相比……色彩……必须是牢固的……若适应画面的内容，还应该是金属颜料。

关于无意识"拜物教"的历史等同物，一个颇有启示的评论非常直白。福克斯说："对鞋和腿越来越多的崇拜表明，阴茎膜拜正在被阴户膜拜取代。"相比之下，乳房膜拜的增长则成为倒退的发展的证据。"对掩盖着的脚和腿的膜拜反映出女人对男人的统治，而对乳房的膜拜则表明女人扮演着男人娱乐对象的角色。"

福克斯通过研究杜米埃，对象征领域进行了最深刻的洞察。他对杜米埃画的树的论述是他整个生涯中最愉快的发现。他在那些树里看到：

> 一种独特的象征形式……它表达杜米埃的社会责任感，以及他确信保护个人是社会的义务……他描绘树的方式……总是

表现它们广泛向外扩展的树枝，特别是如果有人站在树下或在树下休息。在这样的树里，树枝延伸像是巨人的手臂，而实际看上去它们仿佛在无限延伸。于是，这些树枝形成一个穿不透的屋顶，使在它们下面寻求庇护的所有人免遭危险。

这种绝好的深思使福克斯洞察到在杜米埃作品里母系拥有支配地位。

6.

因此，在福克斯的作品里，最持久的东西不只在视觉中发现，而且还在面相里发现；如果记得超现实主义者本身就热衷于视觉艺术（不论是在梦里还是在绘画里），并且还记得许多布莱希特作品（除了有关城市的诗歌）中的诸多原创之处在于其舞台场景和肢体动作；如果回忆本雅明相对少见的对文学文本的分析（以及他偏好说明在时间的这个或那个时刻作者的境遇），那么我们便会开始觉得，他自己的"美学"概念超越了纯文学或语言学的局限。

但这是在缺少两篇重要文章的情况下进行的推断。有了《讲故事的人》和《论波德莱尔的某些主题》这两篇文章，我们便触及了本雅明作品里深刻且独具创见之处的核心：叙事性和社会生活的原始素材之间的关系，历史本身的可塑性和再现性。这里，他自相矛盾地与20世纪最重要的文学和叙事理论家们——卢卡奇、巴赫金、形式主义者和诺斯罗普·弗莱——站在了一起。说他自相矛盾，是因为他在这里为我们提供了对小说作为一种文学形式的极有价值的洞察，可是他自己对小说史上任何具体的作品都缺少或没有真正的批评兴趣（歌德的《亲和力》对他个人有巨大影响，不仅用作他的许多理论兴趣的某种转折点，而且无疑是经典中的白象之作——如果经典中有白象之作的话）。但是，关于对小说及其批评（乃至哲学）传统的分析，人们必须注意这样一个奇怪的事实：在这一文学形式方面真正具有创新思维的思想家们发现自己关注的并非处于发展全盛时期的"小说本身"，而是小说诞生的时刻，或者从另一方面说，是小说陷入危机乃至几近消失（"小说的死亡"，等等）的时刻。换句话说，小说从来都没有真正处在那种关注的中心位置，它总是处于边缘地带，处于生成或消逝的过程中。本雅明也不例外，他同样属于这一独特的、带有思辨性的"伟大传统"。这一点可以像卢卡奇在其核心著作《小说理论》中所阐释的那样来解释：小说根本就不是一种形式，算不上一种真正的文类，而是一种替代品，替代那些再也无法言说、无法用传统文类或形式讲述或再现的内容，是对最初不存在或不可能的事物的象征和掩饰。

此处最好澄清本雅明关于小说的立场：他当然阅读小说，这一点毋庸置疑。但不像诗歌（荷尔德林、格奥尔格、波德莱尔、布莱希特的诗歌），也不像戏剧（卡尔德隆、黑贝尔的戏剧），他发现把小说作为一种形式来写没有用途。这里有一篇很能说明问题的评论，题名《阅读小说》（"Reading Novels"），是他少见的关于这一文类的分析陈述：

> 并非一切著作都以同样的方式阅读。例如，对小说应该吞食。阅读小说是一种消费的乐趣。这不是共鸣。读者不会把自己置于主人公的地位；他吸收发生在主人公身上的东西。但

是，对那些事件的生动报道是诱人的形式，它提供桌子上有营养的膳食。现在，当然存在未处理的、健康的经验形式，这恰如存在生的、对胃健康的食品——就是说，自己体验某种事物。然而，小说艺术类似于烹饪艺术，始于原始材料结束的地方。有许多有营养的食材，它们不能生吃；正如有许多经验，阅读了解它们比亲身经历更好。它们强烈地令许多人感动，因此个人若要亲身体验它们便不可能从中幸存。简言之，如果有一个小说的缪斯——它将是第十个，它一定具有厨房仙女的特征。她从原生状态培育世界，以便制作出可吃和美味的东西。你如果一定要的话，可以边吃边看报纸。但一定别读小说。因为读小说会卷入两组相互冲突的责任。（II, 728-729; IV, 436）

《思想图像》（*Denkbild*）开始了这种与食物的比较，可以说，正是吃而非阅读才是这一隐喻的要旨。然而，在我看来，本雅明思想的关键在于其与经验的关系（毕竟，经验与历史相关，而历史是他的基本主题）。阅读一首诗的文字并注意它内部韵律和节奏的相互作用；观看一部舞台戏剧——这些都是一种存在主义经验的素材。不论剧场里我周围的人群多么庞大，最终也是我个人经验的元素——它属于我个人，类似于马塞尔关于贝尔玛和拉辛（Racine）的经验属于他一样。如果它是一种真正的经验（而不是一种体验），它提供给我的就是一种独特的任务：找出正确的词和句子来捕捉住这种经验。

同时，小说是某个他人的经验。确实，主人公可能有他们自己的个人经验，我可能面对它们；小说的语言有时可以达到一种诗意的浓度，我可能把它作为一个客体来探讨。但是，作为一个整体，小说与其主人公的经验并不一样（这是小说形式今天衰败的秘密，它日益受视角局限的支配，逐渐滑向心理学和主观性的范畴）；这也不是说它就是作者的心理经验。然而，它是一种客体化的经验，一种从外部提供给我的经验。用布莱希特的话说，它是烹调的美食；我可以心满意足地吞食它（对我而言，它也可能是好的或坏的）。但它很少是我的。（关于经验，还有一种辩证的氛围：它可以是"我自己的"，也可以不是。）偶尔，一部小说带来的经验非常独特，在某个方面是我的标志，但大部分都只是一种乐趣。那么，我们需要问的问题是：是否故事片的经验（一般说，它是小说的堂兄弟）也受到同样的限制？对《技术复制时代的艺术作品》这篇文章的传统阅读表明情况确实如此，但故事片经验的集体性和大众性（与剧场的集体性不同）标志着一个新的舞台，也许是一种质的飞跃，在那种消费里，它转变成另一种完全不同性质的经验。这还有待进一步观察；与此同时，同样有待观察的是，大众所进行的这种辩证的扬弃是否可能适合独自一人阅读的小说？也许在当今的消费社会里，对畅销书而言确实如此，就像在 19 世纪，对于早期报纸连载小说的读者一样。不过，这肯定不是我们的理论家们所寻求的那种内在的美学价值。

此外，我们会看到，小说也并非讲故事的确切实例。为什么《讲故事的人》是本雅明最完美的文章？不仅因为它讲了一个关于讲故事的故事，或因为它澄清了对本雅明的技术"概念"的大量曲解；甚至也不因为它开始了他一生作品的中心关注，即经验的理念以及对经验发生的事情。实际上，人们很难发现本雅明那些最重要的主题有哪个在这篇文章里没有被提及（并由此而被重新定义、重新阐述）(III, 143 - 166；II, 438 - 465)。

但是，这篇文章是关于一位俄国作家的，这并非这篇文章最不重要的特征（这是一篇应列斯科夫短篇小说集的出版商之邀而写的应景之作）。因为对于西方，尤其是对于西方的左翼人士和革命者来说，俄国不仅是一个充满象征意义的空间，散发着"斯拉夫精神"和宗教神秘主义的气息，还是这样一个地方：在这里，农民依然保留着地球上近乎原始生活的古老民俗，同时还存在着非西方的新文学，以及有着蓬勃发展的最先进的音乐、戏剧和绘画文化。对于苏维埃革命的首批热情支持者，比如马克斯·韦伯或莱纳·马利亚·里尔克，甚至对于卢卡奇本人而言，列宁看上去就像是从陀思妥耶夫斯基笔下走出来的人物，就连葛兰西也是在好几年后才接触到列宁的实际著作。莫斯科——第三个罗马——仍然是城市中的一个传奇，甚至当本雅明本人在其拥挤的大街和电车上从一个约会赶往另一个约会时，它也显得与众不同。俄国的农村保留着它的氛围，本雅明未能亲身体验，集体化的灾难后果当时也鲜为人知。

其实，列斯科夫的故事，以及一般的讲故事，正是从广袤的农村出现的（正如后来在西方，我们现在所称的叙事分析，恰恰是从弗拉基米尔·普罗普对俄国故事的分析中衍生出来的）。甚至今天在苏维埃研究中，关键的模糊性之一仍然是：苏联的独特性质和命运是否产生于马克思主义或它的"俄罗斯特点"？斯大林虽然是一个独裁者且不是俄罗斯人，但似乎可以有选择地体现两者。

本雅明一开始就告诉我们，像列斯科夫这样讲故事的人似乎离我们越来越远，他脑子里仿佛没有俄罗斯的大平原和河流，没有果戈理和陀思妥耶夫斯基笔下的那种外省的城镇，没有契诃夫笔下的浪漫的暴风雪，也没有托尔斯泰笔下的那种富有魅力的军官——他们征服了高加索，就像林肯的老兵征服了夏延（Cheyenne）。"距离"是我们在这里必须召唤的术语，它使人想起单独阐述那种他称作氛围的神秘的东西，这种情形并不常在他的著作里出现（我觉得只出现了三次），但却产生了一种后来非常重要的理论："一种距离，不论它多么近。"

列斯科夫的故事对我们有这种意义上的氛围：它们在时间上遥远。然而，令我们着迷的并不是故事中那些带有异国情调的内容；确切地说，是讲故事这一行为本身距离遥远，而被提及的这位作家仍然可以使它接近我们，其方法是"再现环境。他知道在这种环境里接下来会发生什么"。本雅明通过区分我们所说的"短篇小说"（有其自己漫长但又基本上是现代的传统）和这种古老的、前现代的"口语小说"或口头故事的活动，预先阻止了这里的误解。卢卡奇没有完全理解这种差别，他认为现代短篇小说仍然是一种史诗，在现代性的荒原里幸存下来；事实上，他对小说作为一种独特的现代形式或非-文类所做的颇具影响的赞赏和分析（巴赫金也有类似的做法），即便从某种意义上说是本雅明此处思考的出发点，也完全颠倒了《讲故事的人》中的侧重点。

于是，距离本身在这里开始呈现出一种极为明显的特点。它只能通过旅行者来传达，而本雅明无疑是一个旅行者；它要求接近，而它本身就是本雅明私人词汇中的另一个奇怪的、充满个人色彩的术语。最后，它可以被拉近（如在氛围里）而不失去其本身作为距离的基本性质。归根结底，距离是讲故事本身的一种明确的特征，现在我们回过来谈它。因为，如果故事必须通过讲故事的人作为一个人物形象所呈现出的面相来理解，那么旅行者（或者，更确切地说，水手）便可以为这一人物形象的构建做出贡献，不过，与之相对的、深深扎根于故土的农民同样也可以做出贡献。颇为典型的是，本雅明会通过想象来使自己的人物设计复杂化，他并非真正地把旅行者与那片土地上的坚毅居民这两个截然相反的形象合二为一，而是类似于进行一种组合：结果发现是前现代的师徒劳动制度，徒弟要经历一个做雇工和外出游学的阶段，之后才能成长为独当一面的师傅。是阶段而非进步：历史断裂，但角色转换〔就像布莱希特的《论教育剧》(Lehrstücke) 里那样〕。

但是，我们还尚未说明讲故事的人所讲的内容是什么，以及其传达的信息可能是什么，而这信息必须在距离与故土、在异域情调与熟悉却古老的事物，甚至在近在咫尺却带有传奇色彩的事物（其本身在久远的时间维度中也是一种距离，就如同在旅行中我们总是随身携带着那个无比熟悉的自己一样）中找到相互矛盾的源头。我们随后会明白，这一根本算不上是信息的"信息"被称作"经验"，在本雅明的思想里，它似乎是一种由同化作用所界定的东西，按照他最初的表述，这种同化作用是如此深入身体层面，以至于被称作"归并"(Einverleibung)，即纳入身体，比习惯更为深刻，而这无疑接近于布莱希特所说的"举止"或者"姿态"本身。[但这同样没有真正的对立面，而我们后来的倾向（至少部分源自齐美尔关于城市的论述）则要将其对立面等同于"经历"——一种发生在我们身上的经验，一个构成标志的一次性事件，一次打击——或许这种认定应该受到抵制。]

但是，首先，只要拥有这独特的机会（本雅明很少阐述"经验"是什么），我们就应该抓住这个时机来说明这种宝贵的东西——他还想告诉我们这种东西正在消失：因此，正如他令人惊奇地告诉我们的，毫无疑问要"在正在消失的东西里发现一种新的美"（为了将来参考，让我们保留这两种特征——波德莱尔在"现代性"里为我们指出的溃疡和脓包的"新的美"，热爱那种已经变得过时的东西，即本雅明从超现实主义者及其在跳蚤市场的漫步中所了解的东西）。

然而，我们绝不可想象有直接了解这种真实经验的方式：即便它能够在人物身上体现，它也必须通过自身的传播、通过对它的讲述，以及向他人讲述它的这一过程来协调（而它的对立项小说，如我们所见，则描写"非同一标准的东西"、难以交流的东西、某种对个体独特的东西；由于村庄及其口头讲述故事的集体性，这种个体性以及形式本身会发生变化）。

不过，这还不是充分发展了的麦克卢汉主义，而本雅明的许多现代崇拜者却把他与这种主义混为一谈了。故事的本质——从此以后我称它为传说——肯定是口述，因为它总是包含着一个讲故事的人；而小说肯定是印刷文化的一个实例，但并非完全由于经常引证

167

的技术原因。小说的秘密——它掌握着对其进行结构分析的不为人知的关键——在于它不可能再次讲述。所谓情节概括的贫乏,此处是为了证明把小说的事件传递给交谈的朋友相当困难,这些困难不是偶然的,而是构成的。

但伟大的讲故事的人向来都知道如何依据不同场合的需求来扩充或精简素材:可以将其浓缩成看似矛盾的社会新闻的形式,也可以为乐于倾听的公众娓娓道来,使其成为夜晚的核心活动,就像那众人皆知的围坐在篝火旁讲故事的场景一样。这种原始素材在结构上的独特性,用一个本雅明未曾使用过的术语来描述会很形象,而这个术语本身是在一种全然不同的叙事文化的场域中才出现的——我指的是"轶事"这个词,它很可能会成为安德烈·若尔斯的"简单的形式"(他也不知道这个表述)与普罗普的神话故事之间的桥梁,普罗普的神话故事是这种古老故事如今尚存的、仍可辨认的形式之一,正如本雅明所说,这种古老故事正逐渐被弃用,渐渐被社会遗忘。

经验出现在口述和事件交汇的地方,并首先出现在记忆中。但这并非一种本体论,它很少被用于重提巴多利(Badolian)那种问题:如果事件已经过去,它是否发生过还是只在事后存在?这里的本质在于它能够被重复(可以讲述它),这不同于小说(无人想重复它),也不同于实际生活。于是,通过另外的记载,这种重复的可能性可以从语言方面以某种抽象的方式(本雅明把它称作"无感觉的相似性"——他对模仿的定义)重新思考,实际上,是根据词、名称和柏拉图的理念重新思考。在诸多文类中,它实际上与谚语的抽象相关。按照另一种记载(在本雅明的作品里,这些关键的实体都是根茎，它们向四面八方延伸），经验与实践本身相关，它像一种习惯要彻底与本能区分开，与无意识的性质区分开，亦如熟练的技术要与本能反应区分开。对此后面还会再谈。

如此，经验的一种构成性质便是重复，在某种特殊的时间意义上它仍然有待于限定。通过它来彻底否定各种形式的心理学，它可以被否定性地限定。心理学是小说的领域；词在这里可以被放大到包括各种方式的解释，就像小说家阐述某个特殊行为的多种动因时那样。解释（再次转换记载）可被理解为一种低级的、堕落的语言领域——很快会被从信息方面重新界定。但在这里，在故事里，信息就像包装上的说明一样无用：如果我们需要别人向我们描述一把勺子以及它的使用方法，那么我们就不再处于讲故事的世界（但值得注意的是，这里意想不到地出现了布莱希特的"有用"一词，它很快会变得更加贴切）。

最后，还有故事的语境，人们遗憾得不得不在此处诉诸"语境"一词。因为语境在这里是双重的：它是世界本身，这个世界无须解释（无论是心理学层面的还是其他层面的），因为它是一个凭借类比而统一起来的完整宇宙［如福柯的《事物的秩序》(Order of Things) 开篇所呈现的知识］，是一个在世俗之外由上帝的计划或自然法则组织起来的世界（II, 153；II, 452）。但更直接的是，故事是故事讲述者的实践，他自己的身体和独特的气质镌刻在故事之中［"像制陶工人的手印留在陶器上那样"（III, 149；II, 447）］，同样，也正是在听众的身体里，故事被吸收，并成为听众的"经验"。

可以预言，此处本雅明的解释转到了性格学，出现了一种新的面相学。对讲故事的人,也就是列斯科夫本人而言,这位与故事同名的讲故事的人,在这里作为一个新的人物被重新写入他所讲的故事,这个人物就是智者。我们在这里或许最接近犹太教的传统,而这种传统对本雅明迷们来说构成了另一种诱惑,因为这种人物,即"正直的人""提供忠告的人",无疑就是哈西德派故事本身的经典主人公〔在本雅明年轻时,马丁·布贝尔(Martin Buber)曾对这类故事进行过系统性的复兴〕。说来奇怪,这种带有教育意义的人物不仅延续了本雅明早前对青年运动的关注,还与布莱希特及其艺术实验重新结合,并从中汲取了新的力量,比如布莱希特的"教育剧",以及他所坚持的艺术应当将各种议题戏剧化,并在迄今为止极为稳定的环境里开拓新的可能性这一观点。于是,"提供忠告的人"这一人物为其拉比式的职能增添了革命性的维度,而艺术也重新发现了那被长久遗忘的古老教育使命(格言和神话故事依然展现着这一使命,不过小说已经失去它了)。

顺便说一下,正是从这种故事回归教育(具体实例的教育,而不是法律的禁忌和惩罚、抽象和压抑),我们才发现神话故事本身所具有独特的功能,但在本雅明许多未完成的计划中,他从未想要表达这种功能。因为诉诸神话故事不应该被理解为怀旧,也不是荣格和克拉格斯所推行的倒退到古代。相反,"神话故事告诉我们最早的安排,使人类摆脱神话置于他们胸中的梦魇……古时候神话教育人类,直到今天还教育孩子……遇到神秘世界的力量要灵活机智,精神振奋"(III, 157; II, 458)。[5] 神话的混乱才真正是古代的,它们才构成本雅明经常混淆"哲学和历史"的核心(阿多诺和霍克海默在其《启蒙辩证法》里重复了这一点,他们说"做了重大改变",但我觉得它不再是真正关于本雅明的作品)。

在所有这些方面,"经验"都是一个时间现象,本雅明在这里试图把它与编史学联系起来(后面我们再谈他所做的这种努力)。在其开创性的《小说理论》里,卢卡奇根据时间性的危机来界定这种形式;而本雅明关于故事的许多理论阐述,则在卢卡奇的新范式里进行了伟大的创新。例如,小说本质上是一种传记形式,必须有结尾,必须有明确的结局,就像福楼拜的《情感教育》里那凄凉的最后一幕。这就使本雅明可以如此反驳:"实际上,对于任何一个故事,'它如何继续?'的问题都是正当的。然而,小说家一旦写下'完'字,就别指望他能再多迈出哪怕是最小的一步了,并且这样做等于是在邀请读者去对生活的意义进行一种带有占卜性质的领悟"(III,155;II,455)。我认为本雅明的意思是,这是一种虚假的邀请,而"生活的意义"是一个纯粹形而上学的、毫无用处的问题(它属于那种被康德式传统从理性思维中排除的先验论的一部分)。

"以后幸福地生活"才是正当的世俗问题(奥尔巴赫这么说),而死亡则是对小说的总体性问题违规的、毫无意义的回答。本雅明认为,叙事的结束是死亡的名字(III,156;II,456),我想我们有各种理由把这种主题去心理化,并从本雅明旨在以实践本身及其教育形象结束的章节中,消除忧郁的出现和死的愿望。他告诉我们,故事发明了一种独特的讲述"整个生活"的方式;但小说——甚至那些热衷于启蒙的小说,例如歌德的《亲和力》——不可避免地以死亡和毁灭为结束。本雅明一生的著作没花多少时间来论述这种形式，但死亡以结构的方式刻写在上面。

7.

这就是为什么本雅明要抓住编史学剖析的两端：先于小说创作的讲故事，以及小说危机的征象，即小说最繁荣的发展回顾起来像是其终结的标记，而这种形式的危机以出乎意料的方式重申了黑格尔那声名狼藉的"艺术的终结"。关于这一点，又出现了第二个悖论，即本雅明并非在任何伟大的小说家身上去探寻这些标记和征象，而是通过一位与他们生活在同一时代、有着截然不同创作技艺的诗人，也就是波德莱尔（1821—1867）来探寻的。

因此，尽管《讲故事的人》带有俄国韵味（以列斯科夫为借口），但把握它向同样重要的文章《论波德莱尔的某些主题》的近乎即时的转换很重要。后者是为霍克海默的《社会研究杂志》撰写的约稿文章，阿多诺拒绝了本雅明早前对《拱廊街计划》所做的总结，从而迫使他的导师写了这篇文章，这可是一大功劳！——这种做法应该深受责备，但结果令人愉快！

因为这两篇文章一起记录了那个至高范畴——事件（以及与它相伴的、作为对它的记忆的"经验"这一相关概念）——的存在和解体的过程。这是一个在本雅明的评论中被反复谈到的故事，但像口头讲故事一样，它总是带有重复，因此其中现代时期经验衰退的关键主题再次被加以详述。

这种看法围绕着第一次世界大战的影响已经得到澄清，在许多方面成为一个重要的转折点。例如，约翰·伯格（John Berger）将我们与技术关系的彻底逆转归因于战争。战前,在集体幻想以及像立体主义这样的运动中,技术带有乌托邦色彩;而在经历了坦克战、堑壕战、首次空中格斗以及令人难以置信的大量人员伤亡之后,技术就变得险恶多了。[6]然而,在他那篇至关重要的文章《经验和贫困》("Experience and Poverty",1933)里,显然"经验"这个至关重要的词已经出现,但本雅明更强调他的旧术语"无表情"和退伍军人从战争中带回的沉默:"经验从未受到如此彻底的反驳:战略经验已经被阵地战违背;经济经验被通货膨胀违背;身体经验被饥饿违背;道德经验被统治权力违背。乘马拉街车上学的一代,现在站在露天里……面临着毁灭性的气浪和爆炸的力场"(II,732;II,214)——这种召唤在1936年的《讲故事的人》里被逐字重复。鉴于战争直到1918年德国投降后才对其本土产生影响,此处的重点在于战后初期生活(通货膨胀)的普遍性灾难。本雅明向来谨慎地将战争的"诗意"(如马里内蒂和阿波利奈尔作品中所展现的烟火、审美展示等)视作倒退且带有法西斯色彩的东西,并且用"贫困化""缩减"这类术语来描述技术的这种破坏性的一面。这一观点在《讲故事的人》开篇有更充分的阐述,它与那种常常被认为是《技术复制时代的艺术作品》一文之主旨的对技术的颂扬截然不同。

本雅明自己没有经历战争(他当时逃到瑞士以躲避征兵);他在格奥尔格·齐美尔的一篇文章里发现了这种普遍性贫困的更丰富的脉络,这篇文章实际上与他自己的文章《论波德莱尔的某些主题》互利共生,因为若没有这篇文章,他的文章(及其在《拱廊街计划》里的延伸内容）几乎不可能成为焦点。也许把齐美尔作为这年青一代作家和散文家的导师不太恰当，即使他们当中有许多人参加过他的研讨班（如年纪大一点的卢卡奇和布洛赫，年纪小一点的本雅明和他的同学）。齐美尔作品的特点使其有别于当时新兴的社会学建制；甚至就连他那本《货币哲学》(*The Philosophy of Money*) 对学科目的而言都太过富有诗意了。确切地说，他的文章是对现代性的探索，在其中，一种经验性或主题性的特殊性自身汇聚起了理论阐释；最重要的是，正是他文章的形式，为那些与其说是他的弟子或知识追随者，不如说是他所开创的新理论风格的文学践行者的人，提供了范例。

齐美尔最著名的文章《大都会和精神生活》(1903) 为本雅明提供了一个舞台，使他可以从丧失和恶化而非富足和自然天才方面重新评价波德莱尔的诗歌现代主义。在这里，新的工业城市取代了战争中的那些特殊事件，成为这种贫困状态下的日常生活场景。齐美尔从压力与神经紧张的角度对其加以描述：在城市的街道上，人们要面临诸多令人痛苦的、需要抉择的分岔路，而且货币这种抽象概念不知怎地要融入此前人们在具体事物间所过的日常生活中（海德格尔称之为"上手状态"）。诚然，19世纪末创立了社会学这个学科，其目的是提供材料、分析和方法，因为受到威胁的资产阶级需要用它们来保护自己，反对这种新的"国中之国"，即工人阶级——对本雅明而言，也就是新的工业社会中的群体和大众。然而，齐美尔的文章也是对现代生活中那些飞地、逃逸路线的一种呈现（这有点让人想起卢卡奇关于在小说那种典型的现代无形式状态中，小型史诗或传统形式及文类得以留存的观点）：在本雅明的作品里，这些飞地常常会投射出诸如冒险家、陌生人或情人之类的人物或面相。

对于城市的"紧张不安"（大约同一时期在美国变得非常流行的一个概念），本雅明要做的是把它变成一种新兴的实验心理学的语言，转化为"刺激"概念，而这些刺激同时也是"冲击"。于是，波德莱尔变成了这种新经验的宝库，在类似的大众即其他城市居民中（与本雅明不同，波德莱尔不是旅行家），变成对个人有机体攻击的不断打压。

但随着这一改变以及"冲击"概念的出现，就有必要构建一种与之截然相反、截然不同的生活形态，使其能与当下这种生活形成鲜明的对立（而且，其形式和风格也会彰显出那种差异，并作为这种差异的征象而存在）。这就是为什么本雅明觉得他自己必须唤起工业城市出现之前的那种乡村或农民的田园生活，那种不同的时间性和新陈代谢方式；他还觉得必须将这种对立转化为一种新的术语表述。于是，"经验"这个涵盖一切、用于描述人类普遍生活经历的现象学术语，其内涵变得日益专门化。"经验"这个词，原本包含着教育和学习、富有意义的习惯以及手工艺实践等诸多层面，从而使其含义变得丰富，但现在它必须与在充满压力、神经紧张、人群熙攘和金钱交易的新世界里（换言之，在刺激与冲击的世界里）以一种不同方式所"经历"的东西彻底区分开来。这些当下的体验如今会被归入经验的范畴，即那种一次性事件中所发生的情况，一种突如其来的刺激，它不仅是一种瞬间的冲击，而且会在城市的日

173

日夜夜里以多种形式不断地重复。与那种存储在身体里、融入记忆中的旧的经验不同，新刺激的连续冲击促使其承受者发展出防御机制和抵抗习惯：经验本身就带有习惯，但不是从不断实践中学到并完善的智慧，而是一种外部的防御、内部的信号和警示，是一种回避，甚至是对众多信号的充耳不闻，以及对它们保持警惕的状态。"街头智慧"（Streetwise）是一个在美国那种特别危险的城市生活环境中产生的用语，但本雅明已经把它归于波德莱尔。它兼具进攻性与防御性：这就是它与波德莱尔的独特文体创新及犀利语言之间的关系，因为这种语言能穿透与现代性本身相关的再现和可再现性的问题。

在两篇文章里，许多哲学家都被用来说明这些过程的时间性，因此它们必然既涉及记忆也涉及当下。柏格森被用来说明经历时间的压迫性（其中他被与普鲁斯特联系在一起：今天这样做已不再流行）；弗洛伊德被用来确立核心观点："新兴的意识取代了记忆的痕迹"（IV，317；I，612）。然而，在本雅明著名的独特方式里，由于他汲取自己典型的间离技巧或虚拟效果，他的程序实际上颠倒了所有这一切：不是通过记忆限定故事，而是要通过故事重新限定记忆。记忆在这里只不过是经验本身的一个符号，它表示客体的存在；记忆只可通过不能忘记来重新限定——可以被讲述的东西，通过传统的讲故事的人来讲述。

诚然，口头讲故事的人的时刻本身就是历史的：说唱艺人、口头史诗的吟诵者、夜晚围在火炉边那些人当中的核心长者、独特的颇有才能的纺纱工，仿佛其声音仍然活跃在昨天中国的广播里——在这些人物出现以前，有一种非常古老的体系，类似于黑格尔笔下主人与即将成为奴隶者之间的那场久远的争权斗争。这是一种常见的转换，是境遇硬币的两面：一面是充满死亡气息的、承载着宿命的、血腥的战士、武士、骑士（马克·布洛赫告诉我们，在最早的黑暗时代，新兴的贵族就是任何拥有一匹马的人）所吟诵的史诗；另一面则是能带来生机、愿望得以实现、具有修复魔力、有乐于助人的动物以及讲述农民童话里青少年英勇事迹的世界。对于这种故事形式，本雅明想在完成《拱廊街计划》之后专心致志地进行研究。

毫无疑问，关键在于事件本身；但不能提前给出它的内容，因为它由历史的时间性限定，而这种时间性决定着它的经验时刻；甚至死亡的时刻因此而被更改亦不例外。正如我们回忆的那样，"以后幸福地生活"的神话故事表明，"最早的安排是使人类摆脱神话置于他们胸中的梦魇"（III，157；II，458）。但是小说背离了传记的形成——一种深刻模仿时间中重大事件的形式。本雅明以赞同的方式引用了一个同时代批评家的看法，即"一个35岁去世的人，在他生命的每一点都是一个35岁去世的人"；本雅明附加的信息是，他会以这样的形象"留存于记忆之中"（III，156；II，456）。事实上，本雅明是在描述故事的视角及其与命运搏斗的方式；小说维护命运，但剥去了一切记忆，其中个人的时刻似乎是存在主义的（直接而又充斥着固有的"走向死亡"）。然而，故事却使我们回到"自然的历史"（III，151；II，450）。

因此，在本雅明广博的文集中，《讲故事的人》这篇文章独特地闪耀着"微弱的弥赛亚的力量"的光芒。实际上，在他的著作中，只有这篇文章谈到了救赎的可能。讲故事的人，最后发现竟是智者、老师，在原本是短暂的自然生命中，他保留着经验。但是，正如在哈西德教派故事里那样,智者还是主人公,甚至在最不可能看见的地方他也出现(例如在卡夫卡的作品里)。然而,正是在这种意义上,他的智慧在世界事物中恢复的光辉很容易为倒退的伪光以及法西斯主义对神话的挪用所盗用:这有些像是神话故事被没收,用于给神话、给宣扬罪恶和宿命的邪恶预言家披上羊皮。同时,这种形式巧妙地在其结构中隐藏了那种关于普遍救赎的神秘信息,本雅明认为它是历史的救赎,这一点我们在最后一章再谈。

但是,关于波德莱尔,这里暗示的是另一种可能性,也就是《技术复制时代的艺术作品》一文里谈到的那种可能性——根据经历而非经验创作出一种全新艺术的可能性,这是一种瞬间的艺术,它把持续的时间缩减成纯粹的信息,因而也是一种失去历史性和当前时间禁锢的艺术。这是一种文化(以及政治)困境,我们身处短期记忆、近乎算法化的当下,周围充斥着模拟、单一性、人工记忆以及"成瘾性孤独症"等现象,相较于他所处的时代,我们如今更能深切体会到这种困境。"对于是在过去经历的人,没有任何安慰可言"(IV,335;I,642)。然而,赌博者仍然存在最后一线希望:

> 想起你这时间贪婪的赌徒
> 靠弄虚作假赢钱,彻底打击!这是法律。

这是对赌博者希望的误解:他处于不会赢的情境。永远不会输的是时间(类似于下棋的自动化),时间"一直是赢家"(IV,389;I,693)。

然而,此刻应该反思本雅明的思想和作品里最深刻的矛盾是什么;麦科尔(McCole)在一个脚注里非常委婉地表达了这种矛盾:"这部作品的怜悯哀伤之处在于:不存在腐败的时代,针对他完全愿意谈一种衰退的经验,提示必须保持平衡。"[7]事实上,他谈的无非就是这个事情,麦科尔所说的怜悯哀伤其实是一种基本的历史矛盾,即那种"恰恰像这样持续下去"的危机,而这种危机被称为资本主义。本雅明试图通过历史来解释历史。

注释

[1] 在我读过的评论中,只有迈克尔·W. 詹宁斯(Michael W. Jennings)的《辩证的形象》(*Dialectical Images*, Ithaca: Cornell University Press, 1987)给予了这种无处不在的"暴力"所应有的注意。

[2] Friedrich Hölderlin, "Hälfte des Lebens," *Gesammelte Werke*, Düsseldorf: Bertelsmann, 1956, 231.

[3] *Capital*, Vol. I, 163.

[4] 特别是恩格斯在后来的信里对非历史的"观念历史"的抨击。

[5] 要保持无产阶级的美德:"信心、勇气、幽默、机智和刚毅"(IV, 390; I, 694)。

[6] John Berger, "The Moment of Cubism," *New Left Review* 42, 1967.

[7] John McCole, *Water Benjamin and the Antinomies of Tradition*, Ithaca: Cornell University Press, 1993, 269n17.

第八章　大众的手和眼睛

1.

本雅明的声望与他那篇论艺术作品的可复制性的著名文章密不可分，它忠实地涵盖了从古代铸币术经印刷术、摄影到当时的电影等诸多内容（这个文本最完整的版本是1936年出版的第二版）。关于这篇文章的基本主题，有许多被允许的不确定性。它不是关于电影的吗？嗯，不：没有提到任何一部影片，只有卓别林和米老鼠亲自登场；甚至爱森斯坦也没有露个面。但电影肯定被包括在一个更宽泛的主题范围内——这个主题就是媒体，当时"媒体"这个概念尚不存在，要探讨这个主题的话，人们至少会期待对广播（本雅明自己的"媒体")的讨论，以及更多的关于出版社和报纸的讨论（也是对存在的关注)。同时，整篇文章中最著名的"概念"是所谓的"氛围"，它似乎与美学和美相关，而与那种据说会使其消亡的可复制性无关。

但是，我们如果认为它是详细阐述一种全新的美学（也许为"现代"或"媒体"时代），那么就忽略了本雅明计划的要点。他非常明确其政治功能，这就是要"抛开（beiseitesetzen）许多传统的（美学）概念"（III，101；VII，350)。不过，翻译者将这种阐述推到了一个有用的方向，他把策略性的动词"中性化"，而这正是本雅明的意思。这是使这种概念失效的问题，解除它们的武装，犹如人们使一个工厂丧失功能，破坏它大量生产的武器。在那种意义上，这篇文章旨在使以前的、现已过时的批评价值对审美化没有用途，也就是说，对法西斯主义没有用途。

在这种过时的、旧的文学和艺术思想里，没有必要认为技术是其中的主要因素；我们往往会忘记，正是在第一次世界大战之后（并非很久以前！）才形成有效的大众政治，以及相关的政党和运动；确实，在这些运动里，历史上第一次民众持久地占据了舞台中心，而不是偶尔、间歇性地爆发式出现。这就是说，数量将作为本雅明思想里的一个基本的、有组织的范畴而发挥重要的作用。对他而言，大众决定新的范畴、新的思想方式，以及新的社会学主题，例如在工业时代对新民众的研究。

这篇文章的第三个也是最熟悉的版本——论《技术复制时代的艺术作品》，实际上是经过他在法兰克福学派旗下的《社会研究杂志》工作的朋友审查的产物，因此被删除了大部分明显的政治性的（或布莱希特式的）扩展。无论怎样，这篇文章都不是一个直接的论证，而是与本雅明的许多较长的文章相似，其真正的形式只在最后论历史的文本里才清晰地展现出来，它是一组论题，其论述重心在各个章节之间有着明显的转移。我不禁想把这种形式——插曲化，用我们前面的术语说——与当代的摄影进行比较，摄影不存在没影点，它的视角可以跨越广袤的视域而不断转换。举一个我提过的简单的例子：它尽管非常著名，但根本不是一篇论电影的文章——只是偶尔提到几个导演，如卓别林、迪士尼（甚至没提爱森斯坦），并且没有提到任何具体的影片。实际上，电影只是本雅明的思想通过历史，特别是历史变革的发展在这里抛起的一个浮标。

我个人的感觉是，《技术复制时代的艺术作品》这篇文章必须被当作《摄影小史》("Little History of Photography"，1931) 的续篇来阅读，在《摄影小史》中，一个规模较小但可与之相比且具有预备性的历史序列得到了解读；因此，它处于我们将会发现的本雅明历史思想中类比与因果这两种相互对立的关系之中发挥作用的状态。

但是，这篇文章的初稿还有效地表明，在本雅明探讨技术的每一种方法的核心处都存在着二律背反，而这也是每一种摄影理论的核心处的两难困境，是一种时间性的困境。换言之，在客体世界里，使摄影不同于正常事物的是它同时存在于过去和现在，即使过去并不存在。最具影响力的摄影理论［桑塔格（Sontag）、巴特、本雅明本人的理论］都因这种必然性而化不利为有利，将这种本体论上的悖论置于其论述的核心位置，将其视为一种独特的属性，不是要去解释它，而是要对其加以描述。

正是这种悖论——在这种现象的各种延伸里不断重演——说明了摄影的双重性质：既是技术又是艺术，既是形象又是工业制品，既是历史事件同时又是碎片或静止的标志。这种二律背反可以延伸到"形象"概念的真正核心，但在那里一直没有得到解决。人类感官延伸的经验应该在编年史里找到它作为科学发现的具体时间，而若将其理论化同样是一种困境。我认为，它对视觉性自身的问题是持久的（尽管声音和广播相应地复制），因为它本质上处于视觉领域，而这个领域最初（如果有的话）是复制出来的，不论我们是否与铸币、印刷术和电影本身相联系。其实，我们谈的是听觉形象，虽然视觉性是分开意义与感觉材料的基本标志。没有意义或理论内容的纯视觉性的东西完全是偶然的；就连它的概念都是唯心主义的，也会同时带来哲学唯心主义的各种问题，特别是抽象和普遍性方面的问题。这是精神和肉体之间的接缝，但不论在多样化的现代哲学中如何缝合，它必定仍在身后留下最轻微的疤痕（然后必然不可避免地使我们回到哲学原初的地方，在那里，从地球那种讨厌嘈杂的混乱中出现了人类）。

不过，在文体风格领域，正是由于歌德著名的"温和的经验主义"，我们才发现那种在抽象分类和视觉观察之间的妥协，并从中可以假设某种原初的形式。现在变得清楚的是，本雅明的《思想图像》恰恰就是这种妥协，形象与理论负荷的妥协，它在图像和理论之间协调（歌德用的词！），永远不会屈从其中的任何一个范畴。但

180

是，假如所谓的《思想图像》在语言里找到其实现的客体，那么我们至少可以看到，在视觉方面，摄影如何为本雅明提供了远距离的相互对等物。绘画完全是视觉的客体；只有在复制它时，它才开始呈现某种理论和抽象的功能，作为说明或例子〔马尔罗的《沉默的声音》(Voices of Silence) 通过外部复制强调了这种抽象过程〕。但摄影总是蕴含着思考。它可能思考感伤的思想，如在强烈诽谤家庭的照片（一切摄影美学的最低点）里，甚或在肖像里。它可能思考旅行者的思想——但此时阿杰特证明这些庸俗的城市风光如何可以升华成"伟大的艺术"（犯罪的场景，本雅明这样称呼它们）。但是，人类的智慧和注意力（在心理学和哲学的意义上）必然会在感觉材料和成品之间进行干预：选择本身已然是思想的一种转瞬即逝的勾勒，而浪荡子则是摄影师的先驱〔波德莱尔所举的现代人的例子，即"现代生活的画家"康斯坦丁·居伊（Constantin Guys），已然在摄影术问世前就开始抓拍了〕。

本雅明论摄影的文章（II，507-530；II，368-385）可被看作循着前面论复制的文章的脚步，因此可以说明其更隐蔽的意图。它开始的几页马上写出了摄影从发明到商品的谱系，对处于发展过程中的电影命运投射出一种严格的人工制作室的前景。

它的两个外部界限阐明了以下内容。首先，摄影术的发明、纳达尔、达盖尔以及第一张照片，都应归因于手工艺。劳动，尤其是手工劳作，同样存在于讲故事的过程中；而小说则与之相去甚远，并且我们将会看到，历史是无法被讲述的。生产本身就是马克思主义这一理论的核心所在，而诸如"氛围"之类的看似独立出现的审美术语，作为审美价值或审美理论，都将以"生产"这一核心来衡量。

在历史发展的另一端，摄影工业的商业化必须被理解为商品化（虽然他不用这个词）。但本雅明对我们传统的商品理论也做了补充，这会说明在论复制的文章的结束部分（政治部分）他对审美化的解释。因为这里清楚的是，审美是补偿性的倒退，为了恢复原初的面貌需要这种倒退。皮埃尔·布尔迪厄（Pierre Bourdieu）与他的合作者，在一本杰出的论业余摄影的小书[《二流艺术》(*Un art mineur*)]里，记录了业余摄影的特征，确认了本雅明这里的理论阐述。第一个特征是这些业余摄影家所表现出的绝对蔑视，他们想把自己看作家庭照相的艺术家；他们的主要动机——或许这是波德莱尔的判断——其实是首先逃避家庭，在资产阶级门外创造一种独立的生活。因此，业余摄影本身被揭示为一种"逃避的路线"，一种抵抗资产阶级社会的形式（虽然是"微弱"的方式）。

但第二个特征伴随着第一个特征，就此而言，它可被看作一种政治上的否定形式：这一时期的业余摄影家，在工业和商业摄影面前纷纷退逃避，他们全都倾向于借鉴绘画美学来合理地解释自己的爱好。于是，这就成了二手美学；它非常明显地忽略了复制和技术的所有问题（甚至不承认它是一种困境，就像已经提到的当代或后现代摄影理论所做的那样）。这种借来的辩护恰恰就是本雅明在其整个作品（涉及诸多主题）中所说的"倒退"的含义，而且最终他会将其诊断为法西斯主义的一种征象，从另一种意义上说，也是法西斯主义的内在结构。于是，在整个商业化和商品化的危机中，

"创造性"（本雅明在很大程度上以反讽强调的方式使用这个词）"变成了一种拜物教，它的特点只在对时尚变化的断断续续说明中存在。摄影的创造性是它服从时尚。世界是美的——这就是它的格言"。暂且先不提他在《历史哲学论纲》结尾处对时尚"虎跃"的提及，但要留意"拜物教"这个词，马克思在对商品下"定义"时就已用过该词；同时也要看到本雅明对"艺术性"、"美"以及美学本身持续不断的抨击。于是，审美化变成了美学，变成了补偿和倒退，变成了一个社会构成的征象，这种变化通过剥离、通过阿杰特的暴力（他去掉了人民，因此破坏了意识形态的人文主义范畴），以及通过把"充满梦想的主体……更多的是其畅销的先驱，而不是它可能生产的知识"去神秘化而更好地再现出来。由此，本雅明自己也诉诸幻象之类的概念（在《拱廊街计划》里），并含蓄地认同弗洛伊德的方法，从而恢复了其中一切否定和破坏性的东西。然而，弗洛伊德的方法在其解释过程中无情地从梦中剥去了一切美和审美的幻想。

这里对我们阅读《技术复制时代的艺术作品》一文有益和有启示的是其方式，其中自相矛盾的是，对摄影更直接的考虑，通过把时间引入分析，从视觉性里排除了审美主义的多重诱惑。正如特里斯唐·查拉（Tristan Tzara）的一条引文所说，当把他的电源灯转向感光纸上时，摄影师"发现了通过纯粹而敏感的闪光能做什么——这种光非常重要，胜过一切为眼睛愉悦而安排的群星"。在这里，机器超越了人体及其感知能力，这主要不是那篇著名文章意义上的复制（即为成千上万的其他人增加这种形象），而是本雅明独特的模仿或"相似性"概念的双重意义上的复制。这是一种超越和超验,它使我们有可能大大超越为电影想象的东西,并把它投射到计算机那些未来的能量中,从而导致特殊的"后人类"理论的兴起。

但是,此处我们需要保持的是时间对光影形象本身的双重效果。其实,我们将会看到,本雅明的这篇短文将使他的光影观念超越技术层面的定义,使它回到美学价值领域(这无疑是其最初的出发点)。在《技术复制时代的艺术作品》一文里,价值仅仅以政治的形式出现,而在最后著名的结论部分,作者预见到可能存在对新媒体的有选择的占用,它可被用于法西斯主义的目的,也可被用于共产主义的目的。

在论摄影的那篇文章里,我们发现了一种相当不同的关于这种新技术的历史,它的基本结构也许完全以审美趣味为根据:它最早样本(首先是达盖尔银版照相法)的价值至少部分是技艺——一种与身体本身及其控制密不可分的活动。但是,可以预见,第一代摄影艺术家/工匠受到资本的压制:"商业从各个方面侵入职业摄影;后来,当修改底片……变得十分普遍时,趣味便迅速退化。"

他遵循着这种发展,展现出了马克思-黑格尔式的方法,即真正辩证的方法,令人惊叹:对技术或形式朝着更糟方向演变的肯定,与它的对象或内容随之发生的发展变化相匹配。他指出:"在这一早期阶段,主体和技术完全一致,而在随后的衰落时期,它们变得完全分离。"卢卡奇本人也无法更精妙地将历史的主体和客体在它们所有平行的自主性中结合在一起。摄影时刻的氛围(随后我们再考察）与其在实际生活的情形一致，像摄影师一样，商人也在发展，随着商人发展的是资产阶级社会本身。在这篇文章中，我们能看到一些例证：年迈的谢林，不过最主要的是一些市民，他们是一个处于过渡阶段的群体，填补了18世纪大商人与19世纪中叶精明的赚钱能手之间的演化空白：凯勒的《马丁·萨兰德》（*Martin Salander*）、曼的《布登勃洛克一家》（*Buddenbrooks*），但最重要的是，略超出巴尔扎克视野范围的左拉笔下大百货商店的出现，它位于一家传统裁缝店的对面，在那里你可以从一匹匹布料中挑选自己所需的料子。那个旧世界生产的衣服依然经久耐穿（本雅明不仅打算用这个表述来指代照片拍摄对象，还打算用它来指代达盖尔银版照相法本身）："人们衣服上的褶皱都透着一种永恒的气息。只需看看谢林的外套就知道了。它肯定会和他本人一样永垂不朽：它从穿着者身上借来的形状与他脸上的皱纹相得益彰……（这一早期阶段的）摄影师面对的每一位顾客，都是新兴阶级的一员，他们身上散发的氛围已经渗透到其礼服大衣或松软领结的褶皱中。"我们不应过分纠结"新兴阶级"这一术语与这些古典市民阶层衰落的惨淡景象之间的不协调，因为，正如卢卡奇或者写《家庭白痴》的萨特所讲述的那样，这个阶级在1848年就不再"崛起"了；左拉和莫泊桑所记录的取代它的阶级，（用我们正在阐释的马克思-黑格尔式方法的简略表述来说）与本雅明希望我们理解的摄影技术的演变"相呼应"——也就是与技术复制方面的进步，特别是将光线固定在底片上所需时间的缩短相呼应。这像是主体的永生，对此我们知道本雅明在前面一节已有所指——主体服从时间的长短，以便产生铭文或记录——时间持续本身就是氛围。在注视达盖尔银版法照片时，我们的感觉是时间过程本身：氛围和真实性现在表现为目睹的证据，证明作为生产的纯时间性。于是，工作室的出现及其"艺术的"装饰，转而变成这种新兴工业试图人为地恢复其最初的氛围（现已消失）；这里的某个地方有卢卡奇式的主题，也许是以巴尔扎克真正的现实主义直接性的名义对自然主义描写的谴责。我刚刚读过一本书的评论，其目的是吸引我们注意烹饪中时间本身的作用，这不仅体现在食谱要求的烹饪时长上，还体现在菜肴本身的味道上；这种对时间性的唤起，即将其"融入"具有灵韵的物体中，在那个珍本书籍的年代有其对等物，并以某种方式出现在经验中，小说中的各种经历都转变成这种经验。也许它还与儿童占有一部喜欢的影片有某种关系，以前，对于这种影片，人们可以一看再看而无须重新购票。用米什莱（Michelet）的"历史，就是时间！"的话来说是否合适？至少他自己一定是这样想的，那时，在1789年8月4日达到高潮的夜晚，他大声喊道：

> 你让我们等了多久呀，伟大的日子！我们的前辈等了你多久，做梦都想你！……只有他们的儿子们看到你支持他们的希望，否则他们便不能生活，他们会戴着枷锁死去……我自己，他们的同伴，在历史领域与他们一起工作，饮着他们的苦酒；还有谁可以使我摆脱这痛苦的中年，不至于死去？只有你，啊，辉煌的日子，自由的第一天！……我活着是为了讲述你的故事！[1]

实际上，这是作者欣慰的呼喊，那时，在写了一句又一句关于他的多卷本法国历史后，手拿着笔，面对着各种指令或打字机，他终于写到了革命本身。在这些古老神圣的书页上，干燥的墨水本身肯定仍然散发出一种氛围。

将《摄影小史》叠加在论复制的那篇文章上面的优点是，前者通过展现主体和客体、器官及其主体的辩证，提醒我们历史仍然在两方面继续，客体的历史必然以某种方式伴随着主体的历史（反之亦然）。那些局限于技术发展——例如作为媒体的摄影或电影——的历史叙述有一个不足，那就是它们忽略了社会历史中那些平行的发展，忽略了新媒体也必须"记录"的那些原始素材。于是，这里我们再次且更充分地面对"氛围"的问题（而且，相当意外的是，还有讲故事的人和讲故事的"氛围"问题）。

2.

在本雅明这里，"氛围"是一个标志性的核心概念，其复杂之处在于它在多种理论语境中发生作用。术语的选择（保持了它在欧洲语言中的一致性）表明策略地运用了感觉的模糊性：因为这种画家的术语常常表达圣徒的光环，而它事实上源自一个表示微风的经典词，其本身也包括一种芬芳气息。于是，感觉的外围传递出某种可理解的非物质的东西，并保留了一种精选的、达到其最超验程度的身体上的直接性。信息的传递取决于修辞比喻的质量而不是术语。它可以推测是某种经验的名字，后者一向是本雅明思考的核心主题（除非它被以柏拉图和哲学的方式理解为持久的经验，而不只是偶然对我们发生的事物）。在这种形式里，重要并值得注意的是这种"经验"历史地消退或消失。

诚然，它从属于现象学分析：这里，本雅明阐述的微妙——在他整个作品中只重复过几次——必须加以强调："距离独特的异象，不论它多么近"（III，104-105；VII，355）。我认为开始最好先从生物学方面来探讨这个"定义"，诉诸那种把生命有机体与外部世界、与不同于它的东西分开的隔膜。这种有机分离是内部与外部之间的距离，是自我（我的身体）与非自我之间的距离；正是这种距离使氛围的来源变成客体本身，变成一种意识的客体，或者如后来所称，"自主的"艺术作品。

但这种描述的特征不能被简单地理解为与其他特点一样的一种特点，即相似或接近。这里近和远的关系是绝对严格辩证的：它们彼此限定，任何一个若没有另一个便无法理解，它们作为两个不同的词的分离是它们必然经过语言本身的标志或痕迹。它们的结合必须被理解为悖论和不协调——我们要抓住远近独特的奇异性，一种密切的、无限接近的遥远；外部的"客体"必定同时是非常近而又不可触及的某种东西，而这种困难的结合意味着这种客体是罕见的，确实属于一种独特的类型。这种要求限定这些客体是"审美的"；据此对氛围经验的描述便进入排他性的哲学领域，我们称之为美学（自康德以降，美学与认识论和伦理构成了人类思想的三大领域，因为康德基本上排除了形而上学本身——超验——作为一种理性的思想范畴）。

这里"氛围"大致变成了仍是重要的、构成性的学院美学概念的对应物，也就是美。事实上，美仍然是阿多诺美学的核心，并尽可能完善。即使——尤其是——在浪漫主义者和维克多·雨果那里,你希望把丑引入艺术的经验,它仍然处于以美来确定丑的作用域之内。外貌或外观,一个更宽泛也许更有用的哲学概念(尤其对整个德国哲学传统而言,特别是对本雅明而言),仍然与美紧密相连,因此也隐秘地与氛围息息相关。只有戏剧的美学概念(第一次联系到席勒),以及后来构成的美学概念,为自己在历史上赢得了独立于外观或美的地位——但两者都不能被理解为氛围的对立面;实际上,关于处理本雅明这种独特的术语,我们面对的困境是它没有任何对立面:非氛围不可被认为与氛围处于辩证对立的状态,而只是氛围缺失的状态,因此很难把类似于电影美学的东西(更不用说媒体或新媒体)归于本雅明。氛围(以及伴随它的美的概念)的丧失导致了美学作为一个哲学学科的消失。

于是,此时这个不寻常概念的作用发生了变化:它原本是一个关乎经验的概念,随后又成为一个美学的概念,而如今随着它的隐退或消失,它变成了一个历史的标志。因此,艺术的——无疑也是人类经验的和一般感知的——氛围的消失可以成为我们所说的现代性的一个标记和潜在定义。如果再不能获得氛围,那么我们就发现自己处于可以认定是现代的东西之中;就此而言,现代性的其他特征可能背弃"氛围",以便进一步完善这个概念。例如,现代性与工业和机器的联系提醒我们,氛围可能是与手工艺和工具相联系的某种东西(其实,我们已经看到,这种联系在本雅明阐述讲故事的独特性质里已经得到证实,它并非恰恰是第一眼瞥见的氛围现象,但其更深刻的相互关系随着他关于这一主题的著名文章的不断展开而逐渐显现出来)。

但是，当我们在现代性语境中考虑氛围时，一些其他哲学后果也开始出现。在我最初的论述里，我忽略了一种次生的联系，但它似乎一直伴随着本雅明少见的试图确证氛围的努力：正是"地平线上的山脉或支脉把它的影子投射到观看者身上"——换言之，这是自然本身，或"自然美"的问题，阿多诺在《美学理论》（*Aesthetic Theory*）里认同这一点。这种联系表明，一种过时的美学常常（如果并非总是）寻求通过诉诸自然本身来确证它的存在；同时，更不祥的是，当氛围消失时，自然本身便处于接近消失的过程中〔这种情形在我们自己的时代比本雅明那代人所处的时代更容易理解，他们当时只能得益于第一次世界大战留下的荒原——参见《经验和贫困》（II，732；II，214）〕。这种对自然的威胁合乎逻辑地伴随着主体的身体和感知能力的降低，或换句话说，经验本身的匮乏，但它通过否定现代性而提供了另一种解释。

不过，在历史的生活世界里，氛围的脆弱性及其最终的消失使另一种思想列车运动起来，不仅产生出这种易变概念的另一种作用，而且产生出一种完全原创的文化的、最终是政治的解释方法。因为，在现代性整个消除氛围的情况下，较之艺术家的努力以及辩护者对它的重申，或至少人为地对它的复制，什么东西是更必不可少的呢？这种努力奠定了本雅明批判地使用"倒退"概念的基础，为那些希望避免现代主义、承认其困境的人提供了一种全新的策略——波德莱尔回避各种城市经验的冲击，或者勒·柯布西耶在其钢铁和玻璃建筑中去除装饰及附加部分。这种新的策略旨在恢复社会和美学丰富的幻觉。它被确定为审美化，并被呼吁掩饰资本主义存在的贫困，逐渐与资本主义的逻辑即商品化联系起来，实际上，正是通过商品审美化才能欢呼它的胜利，包括美化战争（以及把它作为审美经验欢呼的实用性）并在法西斯主义中达到顶点。

因此，氛围，或至少在其历史的缺失里，变成了一种分析判断的工具；但这一概念从结构上说缺乏真正与之对立的术语，这表明它本身不可能为现代时期提供一种构成新美学的方法（本雅明建议把政治化、经验的历史化作为对法西斯主义审美化的唯一修正）。先进的艺术避开倒退，并在现代资本主义世界的困境中提供一种真正的选择，它回避这种从此过时并对其他事物审美化的概念。含蓄地讲，它提供的根本不是艺术——参见论超现实主义的文章最后提出的问题；对艺术家压抑的问题，例如"他的'艺术生涯'的中断'难道会不是'他的新功能的一个基本部分？"（II，217；II，309）。换言之，完全放弃艺术，过另一种政治的知识分子生活。

在某种意义上，本雅明自己已经这样做了，虽然他肯定清楚地意识到在资本主义条件下文化-新闻生活所固有的矛盾，并常常把它们表达出来。但我提出一种更深刻的理论解决方案：它包含放弃范畴，因为像伦理或美学范畴一样，这些范畴预设个人的领域及其范围和有限的作用，旨在取代数字、大众、多样性等全新的范畴，其中氛围这样的经验没有任何地位，但也许可以获得一种不同的经验。

正是在这里，我们发现了一种远比论复制的那篇文章概括的参照更确切和更复杂的关于氛围的论述。氛围，正如我们在摄影中见证它的命运时所看到的那样，具有肯定和否定的两面性：一种看似辩证的对立状态，但这种对立被变成了一种混合感情的意义和一种双重约束，因为本雅明对这两个方面都极为关注。肯定形式的氛围引发真实性的描述，以及这种或那种一次性的独特价值。然而，否定形式——其中氛围是那种巨大的文化骗局的组成部分，它补偿了工业"永远相同"造成的那种商品化的贫穷，并消除大众的复制——模仿的氛围引发了对本雅明一方的强烈谴责。这些看似矛盾的氛围版本，在他的作品里通过历史叙事得到调和，包括从最早的创新时刻到最后的商业开发阶段（II，507 - 530；II，368 - 385）。

但是，较之对氛围的简单论述以及他在后来文章里的引用和再用，《摄影小史》为我们提供了更多的可用素材（"距离独特的外观或外表，无论它多么接近"）。复制会减少辩证关系的一极，并根据它们自己的要求，使现象尽量接近大众，包括它们"需要以照片形式的特写或相应的复制品占有客体"。然而，德国最初回避了受指责的术语"占有"，而用了"获得"这个更巧妙的像工匠似的词，它比占有问题召唤的合法性网络更接近身体。不过，这里大众开始"占有"的东西根本不同于原初的东西，就像时间不同于永恒："独特性和持续性在后者当中紧密交织在一起，就像短暂性和复制性在前者中一样。"这里布莱希特/赫拉克利特关于短暂性的形而上学意义被焕发出来，但很快又变成一种方法——不是间离的方法，而是揭开氛围的面具，说明它是非常不幸现实的欺骗性的外部现象：

> 剥去客体的外壳，打破氛围，都是认知的标记；它对事物同一性的感觉已经发展到甚至单一、独特的事物也失去了独特性——通过它的复制。

我们在这里远离了幻象,远离了仿真世界和商品化的世界,并由此探讨关于持久同一性真理的政治苦行主义。本雅明再次将阿杰特请上他的"证人席",赞扬他拍摄的空旷街道所具有的新奇性,那种"人与周围事物之间的有益的疏离"。随后出现了一个重要的句子,其蕴含的深意直到后来在那篇论复制的文章里才开始得以展现。通过召唤这种新的、消除误解的对失去氛围的世界的想象,他宣称"它让受过政治教育的眼光自由地发挥作用,在它的注视下,所有的亲密关系都成为说明细节的祭品"。这是一种赞扬我们新的政治洞察的奇特方式;也许值得回到前文所召唤的亲密性,它们神秘地预示了各种各样的现代视觉分析〔如迈克尔·弗雷德的"全神贯注"、罗兰·巴特的"泪点"、罗莎琳·克劳斯(Rosalind Krauss)对"视觉无意识"的看法〕。举例说,"在希利斯的纽黑文卖鱼妇(的照片)里,她眼睛向下,有些懒散,迷人地谦逊,但仍然有某种超出摄影师艺术所表现的东西,某种不可能沉默的东西,使你充满一种不受约束的欲望,想了解……那个活着的女人;她甚至现在仍是真实的,绝不会同意被完全融入'艺术'之中"。这种奇怪的、超验的内在性,也许超出了弗雷德通过全神贯注概念捕捉的东西,并开始接近巴特的那种泪点,但这里被唤起的不是某种纯偶然的视觉细节,而是主体注视中不可同化的基本的他者性——在这个例子里,未婚妻未来的丈夫"似乎在抱着她,但她的眼睛却掠过他,注视着不祥的远方……(这)是另一种性质,它对照相机而非眼睛说话:'他者'最主要的意思是,人类意识感知的空间让位于无意识感知的空间"。人们可能思考观看和注视-客体之间的区分,这一点拉康从萨特推演出来[2]；按照本雅明的观察，更多的是，这些工业形象最早的观看者对前景感到恐怖，觉得"照片中这些小的面孔可以看见我们"。

回想起来，这不仅是部落人的感觉，而且是巴尔扎克本人的感觉，他相信照片可能偷去他灵魂中的某种东西。同时，完全可以推测（尽管本雅明从未如此推测），可以复制的作品中，同样也有"他者"回望我们。但在这种情况下，"他者"是芸芸众生，是大众，是熙熙攘攘的人群。他们长期失去的、看不见的那些注视从许多人曾经看见的东西重新回归我们。如今，这些人就如同这些仍然活在达盖尔银版法照片中的主体一样，已经死亡。

氛围也是物质，在这种意义上，它在 1850 年谢林的肖像照片里捕捉这位哲学家大衣上的褶皱和织法的永恒性；它是一种时间的物质性而非空间客体的物质性。本雅明接受同时代人对这些第一代照片形象的推测：时间以某种方式通过耐心刻写在它们上面，耐心地保持形态，时间的纹理本身慢慢地把自身印在底板上。但是，可以肯定，当我们回顾本雅明论复制的那篇文章提出的著名无声电影（卓别林和爱森斯坦的那些影片）时，甚至当我们再次重放好莱坞黄金时代的经典影片时，或者黑白影片，或者法国的新浪潮影片，过时的摄影和黑白影片本身表达出一种不仅仅是历史的时间；过时自身已经变成一种氛围。

我不想考虑痛苦而又令人愉快的部分，其中通过卡夫卡儿时的肖像，本雅明在摄影师工作室的那些盆栽植物中，想起了他自己恐怖可怕的时间；我只想把它们与构成现代电影之基础的伟大发现并置起来，即格里菲斯（Griffith）对特写镜头的偶然发现，它作为一种技术奇迹，可以与居里夫人对镭的发现相提并论。这里我们可能诉诸德勒兹和"面相"，观察同样不可阻止地把人类的原始维度（动物没有面相）转变成商品，可以进行买卖，并据此建立起明星制度。我们无须把这种思考延伸到当代的人脸识别技术，以便体验那种不可避免的双重性——本雅明混杂的感情源自这种双重性，因为他力图使"氛围"成为一种连贯的抽象概念而又不可能实现。

3.

由于这些预设的限定条件（强调时间性及其困境，以及氛围"概念"对新语境和论证的奇特的适应性），我们可以再看看那篇重要的论复制的文章（其基本的、第二个版本），遵循它并非真正结论的论点。因为论点不是话语方式，像一些哲学家喜欢说的那样；它们不是逻辑论证或证明的步骤，而是以某种几乎是共时的或结构的方式展开的历史后果的时刻。鉴于它意欲中立化继承的概念，也许最好以否定的方式来读这篇文章，把它作为反对已经确立的观点的论证，而不是作为肯定的陈述。

然而，作品（III, 101 - 121；VII, 350 - 384）相当负责地从对复制技术的历史评论（在平板印刷术里达到高潮）开始，这使我们想到福克斯的文章，并把我们置于大众媒体和流行报纸兴起的那个关键时刻（19 世纪 40 年代，是摄影出现的时刻，也是"社会主义"作为一个词语和一种新生现实出现的时刻）。但是，年代学并非这种讨论的真正要点，讨论要迅速转向（不论多么短暂）对这些最新技术即电影的辩证的修改。只有在电影里,"技术复制"……才在艺术过程中获得了它自己的地位。

　　这只是本雅明开始论述一系列问题的方法之一。其他的切入点也会被尝试——分析以前艺术作品的当下性;召唤感知的历史。不过,第一章开始使我们立刻进入对真实性本身的讨论,对那种独特的真实性的讨论,这种真实性不仅在视觉艺术的历史研究中认同"证实"的实践,而且限定艺术本身的真正性质和本质。诚然,这不仅把我们引向氛围,而且最后会形成文章希望"中立化"的那些过时的美学价值的基础。正如布尔迪厄和他的合作者向我们表明的,业余摄影师根据他们那个时代为流行绘画的辩护来证明他们的爱好,新的电影辩护者〔引用了阿贝尔·冈斯(Abel Gance)的话〕也诉诸"莎士比亚、伦勃朗、贝多芬"为他们自己制造了一个传统,但本雅明说,他们没有认识到他们是在"邀请读者——肯定没有意识到——见证一次广泛的清算"。假如的确是真实性构成真正艺术的本质,那么新的复制技术就邀请我们参加一次传统的大拍卖,而像马尔罗的《沉默的声音》这样的作品则变成了西尔斯-罗巴克公司商品目录之类的东西。

　　但是,如果马克思观察到存在某种"感觉的历史"是正确的,那么我们不仅有必要去质疑复制对感觉器官和人类主体性带来的改变,还必须审视这种改变同时对社会生活和社会形态造成的变化:"正如人类集体生存方式经过漫长的历史时期发生变化,同样他们感知的方式也发生变化。"我认为,我们必须从数量和人口方面来解释本雅明这里的思想,至少就当时的社会和艺术而言是如此。

但现在有必要推测一下,那种经过改变的新型感知方式、那种新的主体性结构可能是什么样的,以及它能提供什么样的满足感来取代作品的独特性及其体验所带来的满足感。这里仿佛纯粹的数字,也就是大众,愿意放弃氛围的一个层面——牺牲使客体成为个人主体作品的距离,以便单独获得接近:确实,"当前大众有着想'更接近'事物的欲望,并且他们同样热情地关注着克服每一种事物的独特性"。人们可以想象 1848 年对杜伊勒里宫的抢劫(通过福楼拜的描述),或者对冬宫的入侵(通过爱森斯坦的展现):那种迄今对"每一种事物的独特性"的细心保持,能否是阶级怨恨和暴力的客体?而那种个人的作品,以其此时此地的真实性,是否也是一种阶级的信号,一种特权和等级要被摧毁的标志?(在下一部分,他会把以前的艺术与仪式、膜拜联系起来——就是说,与教会和宗教等联系起来,这些在各种古代政体里也构成阶级权力和等级本质的基本部分,因此总是启蒙革命的明确目标。)

但事实上,本雅明在这里提出了一个全新的主题:它就是,真实性(真实和此时此地,以前的艺术作品,尚未经过洗礼的氛围)获得一种新的、预想不到的对立项,对时间和空间都带来影响——这就是那种"世界的相同性"[约翰内斯·V. 延森(Johannes V. Jensen)的用语],它将出现在后来的各种不同的语境中,作为"自我的相同性"、商品世界普遍的一致性(据此阿多诺确立了他的美学——艺术抵制商品形式)。这句话值得完整地引用:"剥去客体的面纱、破坏氛围是感知的标记,它对'世界相同的感觉'日益增长,以致通过复制它甚至从独特的东西中抽取出相同性。"这句话的政治含义惊人地相互矛盾：人们会期待着大众的活动——剥去、破坏、去神秘化、批判——成为一种肯定的发展，然而在句子的后半部分，那些相同的大众似乎就要变成更具资产阶级特点的反文化的平庸之辈，因此受到左翼批评家（法兰克福学派）的谴责，批判他们所代表的文化是 20 世纪 30 年代和 20 世纪 40 年代低劣的大众文化。本雅明自己意识到这种模糊性，在关于流行作品的"双重意义"的一个重要注释里，他证明还可以这样论证：这种性质的判断总是伦理的，因此也是意识形态的，甚至它在带有政治立场时亦是如此，因此"辩证唯物主义"总要在历史本身和这种变化的历史必然性里找到一种高于纯判断的观点。具体来说，这篇文章偶尔出现的混乱，最常是由我们想发现本雅明的判断造成的，他顽固地坚持对过渡和变化进行历史解释的意义。例如，氛围的消逝，许多读者很可能期望他强烈反对（像阿多诺那样），但本雅明却对它冷静地观察，没有任何明显的懊悔，颇像人们对一个"历史唯物主义者"的期待（更不用说那种黑格尔式的"艺术终结"的召唤）。

　　文章的下一部分描述了艺术与它必然放弃的某种迷信价值的历史关系，未给世俗的消费者留下任何稳定的审美判断标准——或者，正如在摄影与绘画之间的竞争中那样，甚至对最初什么是真正的艺术也没有留下任何清楚的感觉。这种不确定性，正如我们已经表示的那样，也会导致美学的终结，从而使一种必然围绕美或氛围而组织的哲学体系成为永恒的准则。

　　因此，在这个时刻，本雅明的文章大谈虚无，在一系列讨论中遭到法兰克福学派审查者的严格审查。因为，关于新的艺术可能是什么，或至少什么应该取代传统的艺术本身，现在一个新的建议通过布莱希特的实践已被广泛传播。新的艺术，现在明确被认定为电影，将是一种实验，类似于一系列检验："通过把展现本身变成检验，电影使检验的表演能够被展现出来。"这里布莱希特那种公共专家的语言强势回归，宛如拳击或赛马中抽着雪茄的裁判，简单说就是"一切检验表演"的语言。这种观点显然是前面提到的中立化运作的一部分，它把"艺术生产"的价值降低到世俗的实用主义，就像检验和求职面试，日益销蚀着我们现代居民的活动。

不过，在资本主义条件下，演员的异化成为对个人主体的普遍瓦解和破坏的核心表征。特写镜头只是那种更普遍"异化"的一个方面，或者只是消解成多种多样的部分和方面（现象学的明暗层次）。现在，氛围呈现为曾是个人身份和身体统一的伴随物：电影把两者都破坏了，就像皮兰德娄（Pirandello）的电影小说《开枪！》(*Shoot!*) 中一个极好的段落成功地证明的那样〔难怪他也是《六个寻找作家的剧中人》(*Six Characters in Search of an Author*) 的作者〕："电影演员觉得仿佛被流放了。不仅从舞台上被流放了，而且被自己流放了……他的身体已经失去了实质……他已经蒸发，脱离了他的现实、他的生活、他的声音、他走路造成的响声，（他）已经变成一个哑巴形象，短暂地在屏幕上闪现。"本雅明认为，这不再是外貌，在他的两个丰富的哲学注释里，他开始证明这样的论点："电影因此是第一个艺术的媒体，它能够表明物质如何对人类造成混乱"（对"wie die Materie dem Menschen mitspielt"所做的一个很好但有倾向的翻译）。

但是，因此而被异化的东西，不一定是以前某种更纯洁的人类状态（或者对以前非异化条件下的某种怀旧信念的表达）。相反，它是对氛围美学的一种批判，是对美的现象这一概念所存在的哲学缺陷的批判。正如我们已经在一些地方所坚持的，整个这篇文章是一种意识形态批评：把美学理论中立化，而不是企图对电影本身增加一种更令人满意的分析和描述。但这里有些例外，我们要回到某种更基本的东西，即"模仿"概念。

"学生"阿多诺——本雅明这样称呼他（有些开玩笑）——以及所谓的法兰克福学派，一般都使用术语"模仿"和"模仿冲动"，它们（与他们的"神话"概念相似）常常成为他们思想的基础，同时仍然像一切格言一样神秘费解（我必须赶紧说，它与奥尔巴赫那本同名著作毫不相干）。它们总是出自本雅明著作中的一些重要的片段，这同样令人费解，却指出了明显不同的方向。最后，我们在这里触及后者更坚实的论述之一："截然相反的模仿"。

在本雅明这种奇特的"模仿"概念里（其根源可能在于罗森茨维格），关键的问题是，我们必须记住，对本雅明而言，它首先是一个语言学概念。"模仿"一个特定的客体或现实的东西是一种词语构成，至少是一个名字。我贸然地认为，就我们大多数人而言，对模仿理念的本能（或前哲学的）理解，将包括对一个物理客体的描绘或模型设计——一个儿童的努力或洞穴绘画。本雅明认为，正是语言首先是模仿的，它最早对世界的"复制"或"模仿"构成了后来更多艺术模仿的基础。其实，前面我们已经认同本雅明把模仿作为"非感官感觉的相似性"的基本阐述（II，270；II，211）；这种阐述旨在排除任何视觉的含义或普通意义上的相似性。结果出现这样的困境：儿童和穴居人（模仿似乎总是包含着原始主义的色彩）以视觉媒介复制一种视觉客体；但本雅明的模仿假定两种媒介（假如这是正确的用词）——我们周围实在的视觉世界和"语言本身"，语言既不是视觉的也不是实在的，甚至不是听觉的和感官感觉的，但它具有凭借作为名字的性质而形成模仿的优势。在本雅明看来，词和名通过自身的创造都具有深刻的模仿性质。就此而言，世界甚至在亚当以前就已经被命名；事物先是它们的名字，这就是为什么人们可以说世界已经是一种语言，即使不是"人本身的语言"。再一次，一种相关的当代类比出现在列维-斯特劳斯的《野性的思维》里，尽管后者以人类学的术语而不是以本雅明式的神学术语来表达。

但是，这意味着世界和语言都已经是模仿的，而各种艺术及其语言只是对那种原始模仿现实的二次证明（因此完全不同于阿多诺/霍克海默的"模仿冲动"的论点）。于是，这里出现了我们前面提到的"截然相反"的模仿：艺术模仿同时引发两种不同的活动或维度：相似和参与，两者"犹如叶子般相互交叠"。这种怪异的生物学甚或进化论的指涉——最初的叶子源于种子——使历史进入过程，并在艺术媒体本身的结构和形成过程中决定这些实体中每一个的关联程度。其实，我们术语的不确定性表明了这两方面的不对称，而这事实上是它们生产力的源泉：活动或特征？相似性看来是一种特征，参与一种活动；无疑可以把两者同化到一个单独的概念性领域，以哲学的美学把它们结合起来（类似于 R. G. 柯林伍德的做法，即结构和表达相互作用）。因为，不论多么隐秘，美学总是规范的；不过，这里我们有一种历史的相互作用不断被两方面的发展修改。相似性变成一种境遇，其中某种参与既发现了它的可能性又发现了对它的限制；参与变成一种活动，其中相似性的某些形式变得可以被感知和表演，而另外一些则被排除在外。这种变化性"由第一种技术和第二种技术之间的世界-历史的冲突决定"，第一种技术是工具时代，第二种是工业时代，但此刻我们应回到论复制的那篇文章里更为直接的关注点以及当下艺术所呈现的形式上。第一个时代即工具时代的"美学"是个体手工艺的美学，是独特工作氛围的美学，它是没有部分、不可分割的整体（一个雕塑式的"没有器官的身体"?）；工业复制时代的美学是一种集体的、阶段性的生产美学，它通过将主体异化成各种功能的设备（这里是摄影机）来进行调停。本雅明本质上是一位现代主义者，他的美学思考非常自然地会与布莱希特一起赞扬新事物和先进事物，赞美更"高效地利用人类自我的异化"。

但是，这里我们必须预见到文章的后来部分，指出新的复制美学也是更先进的，因为它为作品本身生产一种新的内容，即由于复制而变得可见的真正的生产过程。我们绝不可把这种观察归纳为现代性的标准描述，即作为自我意识和反思，虽然这无疑是那种观念的一种极端形式。不过，这里出现了一种现实，它本身就是一个构建过程，但又不能从外部观察。

这种情形——标准的后结构主义主题"主体的死亡"——是一篇新的、更短的文章的主题。主体的异化不再是皮兰德娄（以及年轻的马克思)描写的那种个人的经验：它发生在不同层面，其中个体演员通过各种不在场的集体主体和世界各地的观看者而异化。但此刻我们必须警惕这一过程中的模糊性，其氛围的消失（这里是个人特征）不可避免地呼唤在"影星崇拜"的更高层面进行虚假的恢复，并以某种假定可以被法西斯主义占用的"观众崇拜"提供同样虚假的对应物。

这里，在典型的马克思主义术语和辩论少见的结合中，本雅明谈到"它自身的商品特征中令人厌恶的魔力"——关于好莱坞特征的表述远比阿多诺和霍克海默在《启蒙辩证法》里细心连贯的表述强烈有力。但可能的情况是，除了某些有力的争论干预之外，本雅明这种少见的爆发表明他对文章形式的局限很不耐烦，在这种境遇里，我们发现多种丰富的原创性脚注，人们非常希望他能够对它们加以总结。例如，其中一处关于阶级和阶级意识的内容，在最终出版的第三版中被删去了，这段文字勾勒出了一种大众意识理论，该理论克服了通常在集体文化问题上存在的主动性与被动性的二律背反。其中，他否定了由勒庞（Le Bon）创建并被弗洛伊德本人继承的传统的"大众心理学"分析，将它转移到小资产阶级分析，而这确实只是形成了一种客观化的公众（按照萨特式的序列）。与之相反，本雅明宣称，革命的（或无产阶级的）集体事实上在起义中将自身个体化，领导者本人作为另一种个体重新回归集体。这是一种伟大的创新性分析，如果进一步发展，它可能导致对论复制的那篇文章里的美学二律背反的解决，即使不是对政治行动全新的理论阐述。

然而，非常显著的是，本雅明此时离开了心理学，转向了更客观的新艺术的内容问题，其创新性在于它的民主化："今天任何人都可以要求被拍成电影。"正如我们所知，在自拍和人脸识别技术盛行的时代，这并不是政治生产力的保证。他自己经常对一些情况感到震惊，在苏联文化里，"工作本身被赋予了发声的机会"，工人们被鼓励去描述他们自己的经验，大众因此而变成了自己的生产者。于是，新的复制多样性的事实改变了形式和内容之间的传统关系，增进"理解他们自己的兴趣并因此而理解他们的阶级"，而有产阶级不遗余力地阻止这种情形。

然而，这些观察也可能导致对一种新美学的阐述，正如我们所见，它并不是现在这篇文章的目的，本雅明肯定（不像布莱希特）有其个人和政治的原因对它进行删节。其实，他现在追求的是电影生产的新内容，并把这种艺术或媒体与传统形式区分开来，对此我们已经有所预见。首先（这正是这篇文章的真正主题），电影没有个人观点的地位；设备的介入意味着，对于电影制作过程的观看（乃至理论解释）而言，不存在特权化的立场。因为所有这些立场必然都经过了设备的调停，而且无论如何，都存在着众多可以观看电影制作过程的立场（"摄影机、照明器材、技术人员"，等等）。

因此，对于这一切的个人观点——剧场里乐队席上的景观，文学中叙述者或全能作者的反思，看不见的导演或看得见的指挥暗中组织起来的场面的连贯性，以及他们把大量演员和基本元素统一起来的场景——这种统一的观点是一种幻象，它只能是"某种特殊过程的结果……高超的技艺"。它是一种幻象，通过技术的复杂性和多样性产生，而它希望把它们记录下来；因此本雅明用一句异常晦涩且无奈的句子表达了这种思想（"没有什么元语言"）："在电影制片公司，设备已经深刻地渗透到现实中，以至于要获得一个没有设备干扰的纯粹现实视角，只能通过特殊过程才能实现"——换言之，不可能存在天真的现实主义这种东西。

但是，这种复杂的思想立刻让位于本雅明那个最明晰（且备受赞扬）的教育形象，它把魔术师与外科医生做比较："魔术师的态度与外科医生的不同，前者医治病人靠抚摸头顶，而后者对病人进行干预。"在另一个时刻，这种区分产生出著名的"视觉无意识"原则，其中摄影机打开多方面的现实，它们与我们在日常生活中看到的相比，要么太大要么太小，宛如外科医生提供的对内脏器官的一瞥（或者也许是在显微镜下对细胞的一瞥）。

不过，此刻本雅明回到了一种更常规的对比，即画家和电影制作人之间的对比，它产生出另一种同样熟悉的后果，即画家仍然画一种完整的、个体的作品，而影片的剪辑和蒙太奇必须要处理众多元素——在我们这个时代，这种对立体现为模拟和数字之间的对立。

读者对这一新命题（难道立体主义在绘画中不是做着同样的事吗？）的可预见的反应，现在成了下一个论题（一个新论题）的出发点，该论题重新思考了新艺术与其受众之间的关系：要知道，人们原本认为新艺术应当培养受众去适应新的现实。这里要回答的问题——为什么毕加索不如卓别林受欢迎？——将优先考虑新艺术，并开始勾勒一种历史进化的理论。当然，答案在于个体和群众之间的辩证。感知本身因其大众化而被改变,个人趣味不可接受的东西如果由"即将出现的集中于大众的反应"决定,那么它就会经历一种深刻的变化。建筑尤其如此——但史诗在其历史上的某个特定阶段(尤其是仍在群体面前吟诵的时候)也是这样,当然,如今的电影同样如此——它们预先选择了独特的大众,"然而……在画廊和沙龙中向大众展示绘画作品的种种努力……却没能让大众找到组织和规范自身反应的方式"。这是一种有启示的论点,它超出纯个体性的问题,发现一种通过所有集体接受以某种方式"受神经支配"的政治神经(本雅明并不赞同这个论点)。不过,在我们这个时代,鲍德里亚所说的博物馆的内爆表明了这种审美机制在社会结构方面的一种新发展(与这种发展同时出现的是个体艺术作品的消失,以及在新的以策展人为主的情况下个体艺术作品被各种各样的替代)。与此同时,也存在一些历史事件——比如杜乔(Duccio)所绘的圣母像在锡耶纳(Siena)的街道上被胜利地高举着游行——这些事件表明,在审美接受的新时刻,也有必要对"宗教崇拜"的政治作用进行重新考量。

  但是,在当前的境遇里,对集体反应的政治逻辑的这种肯定,必须同时详细说明那种反应(今天)与新机制的关系,对此一直不清楚本雅明提出的是不是卢卡奇那种新的"第二种性质"的概念,即工业或机器文化围绕我们构成的那种概念(非马克思主义的"工业革命"理论),或者是否只是表示这种新艺术自身的技术基础。事实上,与之相反,他提供了由电影的感知扩展所形成的一种新的满足形式的画面:在这个时刻,"视觉无意识"概念——已经通过外科医生的比喻有所暗示——得到了充分发展（通过对心理分析概念缺乏说服力的表面运用）。但是，摄影机揭开的新空间总是不如布莱希特放大的人类活动或表情更有意义，其中本能的习惯以分析的方式被分裂成尚未有意识地认识的一些要素（这里借用布洛赫的用语，他的确切意思是扩展并补充传统的心理分析概念）。

然而，这里只是稍微谈到新过程的模糊性，但它已经开始发生作用，因为意识的扩大也包括非理性的可能性、梦幻和精神病的可能性，以及被迫发展的虐待狂幻想或受虐妄想的可能性，这种妄想可能"自然而危险地变成大众的精神病"，就是说，变成法西斯主义。因此，正如传统艺术在其衰退时刻受人为地改变的氛围支配，工业艺术的新的"视觉无意识"也受到威胁，不过这种威胁来自被非理性经验挪用。于是，在这个时刻，强大的新批判概念"倒退和倒退性"开始发挥作用：它分析判断出境遇中双重虚弱的所在——传统艺术经验逐渐减少造成断裂，新技术的组织可以被挪用。倒退表示法西斯主义抓住了那种文化和社会的机会。

然而，正如超现实主义者所发现的，集体的笑声也为这种冲动提供了一种有力的治疗；它的释放被那些人物之一（例如暴君，或另一个语境里的浪荡子）通过本雅明戏剧方法的叙事化而体现出来，在这个实例中就是"怪异"——突出的体现是卓别林，但在本雅明看来，他的冲动也是通过美国的滑稽喜剧和迪士尼电影实现的（我们仍然处于 20 世纪 30 年代）。后来，尽管好莱坞文化产业声名显赫，但法兰克福学派仍然支持马克斯兄弟的"愚蠢"。

根据这种论点，我们回到两种形式重叠的一个不同的历史方面：旧的氛围传统和更新的可复制的艺术。现在的争论是从一种艺术转变到另一种艺术的理论问题（这个问题在马克思主义对"过渡性生产方式"的讨论中已经被充分讨论过）。本雅明汲取了马克思本人的分娩式比喻——新的生产方式在旧的生产方式的子宫里成熟；换言之，资本的逐步垄断在不知不觉中实现了新的集体制度的要求。

本雅明在这里将证明达达主义从内部破坏氛围文学传统的情形。达达主义者胡言乱语的诗歌证明新的"（传统艺术作品）作为陷入深思的客体的无用性"，导致"无情地毁灭它们生产的每一个客体的氛围"。但这有它的社会对应物，布莱希特在谈及自己早期的无政府主义阶段［在《巴尔》（Baal）之类的剧本里］时曾援用过：非社会性和反社会性之间的区分，这种区分与本雅明颇有成效的新概念"散心"①［先用 Ablenkung（分散注意），后来用 Zer-streuung（消遣娱乐），下面我们会看到］正好一致："陷入深思——随着资产阶级的衰退，它变成了滋生非社会性行为的温床——在这里与之对立的是作为社会性行为变体的散心。"达达主义的丑闻旨在破坏旧艺术退化的形式和旧的唯美主义（"非社会性行为"），为完全接受一种新型集体艺术铺平道路——其中个体的非社会性将变成集体的反社会性，即变成革命的和政治的。"电影已经释放出物质冲击的效果——达达主义似乎曾经把它包装在道德冲击效果之内——电影摆脱了这种包装"——旧的唯美主义。于是

---

① 既指分散注意力，又指消遣。——译者注

达达主义"将艺术变成了一种导弹"。

最后一个论点（安排在最后）将详述重要的新概念——散心，本雅明已经将它与他对电影的分析分开，因而也与电影观众新集体的多样性效果以及潜在的群众聚会分开。Ablenkung 这个词只是表示分散你对某种东西的注意，而 Zerstreuung 还表示大众文化本身及其变化或消遣娱乐；前者试图描述和分析一种新的观察，一种侧面的观察，它发生在我们主要集中于其他事情之际。我们必须努力将这种新的、有争议的心理学范畴与辩证的关注和强化的意识等更哲学的概念结合起来，这在后来的著作中比比皆是，对此本雅明却只能发现"镇定自若"这一模糊的表达。[3] 这种情况应该与许多关于第三种意识的历史理论并置，但这种意识既不是直接的"意图"（按照胡塞尔的说法），也不是个人和意识形态的反映，它试图以某种感知同时也是历史和辩证的方式超越它们两者。人们可以或应该写一部关于这些尝试的历史，它在西方始于教父神学和各种神秘主义形式［伯麦（Böhme）］，后被斯宾诺莎和黑格尔以不同的方式加以完善，然后被挪用到马克思的意识形态观念中（这必然要假定一个意识形态之外的地方，正如卢卡奇的"观点理论"所做的那样）。我们一定要经常在这种提高辩证的意义上努力解读"镇定自若"，将它与它试图超越的那种思想或感知进行比较。

但是，在更狭义的美学聚焦于探讨电影的新的集体和政治可能性中，"散心"概念可被看作一种预备性的概括，它试图把感知转变成"参与"。于是，这种散心的对立面就变成了"Sammlung"（收集）——不完全是"集中"的意思，如它被翻译的那样——

"平静"和真正收集起来的东西：其实，"Sammlung"是等待中的准备，一种无自我的对事物的开放性，对它我们不带任何偏见和前提，但我们会十分认真地进行探讨。

不过，这当中没有一个比较适合本雅明为澄清而提供的小寓言［在《柏林童年》里有更充分的表述（III，393；IV，262-263）］。一位中国画家向他的一些朋友展示他新作的风景画，这些人饶有兴趣地欣赏了画作后，向他表达了他们的看法和赞赏。然而，他已经不在那里，他们再转回到画作时，他自己竟变成画的一部分。直接的联想是说不要使用第一人称，以便当你写完时，消失到自己的文章之内，消失到自己的作品之内。可是，仍然不清楚这与散心有什么关系，除非它是画家伙伴的散心，他们没有看见他消失。这个故事作为一则关于作品自主性的寓言更容易被理解，进入作品的外在的东西（除了观看者和消费者）最终被再度吸收到作品本身之内，也许它们也冒着存在的危险？

但这种"收集"概念，以及画家消失的寓言，本身需要被吸收到随后的例子中，它不再与电影这种媒体相关，而是与建筑相关。本雅明的"建筑"概念使人想到普鲁斯特的经验，你永远不可能凭借意志直接经历它，但一定经常在旁边感到惊讶，只有到后来才以重复的方式"第一次"经历它，而这其实是一种偶然发生的事情。因此，通过适当"集中"注意，有意从正面了解巨大的建筑，只能使我们看到表面，也就是文图里所称的"装饰棚"的店堂，或难以综合成任何统一印象的平淡的幕墙。与之相反，这里的建议是，我们漫步穿过教堂，吸收我们边走边看到的两边的东西：使巨大而有形的空间（本身不可能成为任何感知的客体）逐渐在我们身上留下印记，通过使我们进入它以吸收我们（像画家那样），并重塑我们对它的意识。

于是，在另一次尝试里，本雅明制造出视觉和触觉两种方法之间的对立，而视觉的失败——与沉思的认识相关（它有科学和实证主义的方法，其中客体在我们面前是独立的——确切说，是一种想象——它本身提供"不偏不倚的"审视）——现在让位于触觉的接受，其作用不是拆解外在的图像或事物的概念，而是构成习惯。

在本雅明对他尚不能称作"文化革命"的推测里（虽然"文化革命"是列宁已经发明的一种表达），诉诸习惯是决定性的时刻。但是，它包括对感知的重构这一事实非常重要："因为在历史的转折点，面对人类认识机制的任务不可能只通过视觉方式来完成——就是说，只通过沉思的方式来完成。它们通过习惯被逐渐掌控，从触觉接受中找出它们的线索。"如此，正是那种戏剧性的外科医生手术刀介入习惯的姿态，使我们意识到个体构成的各个部分：行走时腿部的各种步态，一种欲望、一种意志或意图断断续续不同时刻的表达。关于教堂空间的新习惯类似于不在场的语言本身的存在，它是一种超验的统一，只能在一切个体文本和言语之外被感知，所有的言语行为都以特殊的习语出现。正是这种大众的统一，超越任何个体的认知或个人的情感，揭示出它的巨大力量——整体意志的力量——超越一切独特性或奇异性。而新媒体是它的"训练基地"。

由此，我们看到了本雅明最终的努力，他力图表达自己对文化革命的看法，并补充了一种激进主义的责任，但不是一种美学：政治化而非美学化。其文章既不是关于技术的声明，也不是关于电影的理论（现在，差不多一个世纪之后，两者都已完全过时）。然而奇怪的是，对战后第一代读者（他们的激情——政治分析判断，对法西斯主义占用的警告——在 1968 年突然爆发）而言最过时的东西，现在再次成为最关切的东西。

醉心于新复制艺术的技术进步终于变成了纯粹的美学〔法西斯国防军拍摄了大量战争片，超过了之前或之后任何电影的时长，因此西贝尔伯格（Syberberg）把希特勒描述为 20 世纪"伟大的制片人"〕。本雅明正确地援引了马里内蒂对战争之美的狂热赞美，并补充了他自己微妙的判断，即战争的氛围是资本主义压制真正技术生产力的结果，是被压制的未被利用的先进的回归，是"推进非自然应用"的那种浪费掉的能量的恢复。战争美学"证明，社会还不够成熟，不能使技术变成它的器官；技术也还没有充分发展，还不能掌控社会的基本力量"。因此，对于不断提高生产力的力量，社会主义是一种有效运用的理论和政治。

这就是为什么本雅明不是一位阶级斗争的理论家：他超常反应的智慧在某个角度上被导向马克思主义；其目的是从理论上阐发大众社会和大众政治出现的后果。我们已经忘记那种历史的出现——战后一代人几乎不注意他们于其中出生的新世界，而 21 世纪这代人可能不再想象这种变化，甚至也没人要求他们这样做。[4] 甚至历史学家也疏于提醒我们，只有 20 世纪某种类似于新大众政治的东西——现在我们使用的具有误导性的词"民主"——以前在世界历史里从未出现。第二次世界大战胜利以后，再不必提及法西斯主义；而1989年以后，共产主义本身可能与冷战一起被忘记。本雅明在其著名文章结尾处援用的对比似乎不复存在，即使存在，也已被代议制民主及其敌人取而代之，仿佛前者在任何地方都存在或首先发生作用！换句话说，我们已经从一个阶级斗争的世界倒退到一个充斥着美德和腐败的世界，一个18世纪的世界。在那个世界里，如同在它之前的数千年，选举权和对金钱与财富的控制是政府的逻辑依据和历史现实。现代主义者那种认为生产力和能源会不断增长的信念，已经固化为一种静态的观点，即把未来视为反乌托邦，而把当下看作一场围绕技术成果价值展开的争夺。

于是，在20世纪20年代和30年代，也就是本雅明的成熟时期，他观察到三种道路的竞争，即共产主义、法西斯主义和资本主义之间的竞争。这种竞争是一种历史的偏差，其教训今天对我们几乎没有任何用处。人们可能倾向于借用本雅明自己的概念，提出他自己在生产力理论方面的所有进展，在不存在任何投入和产出可能性的情况下已经走偏，并被纯美学的思考再度挪用，而这种美学思考常常是神秘和超级理论的方式——"感知的艺术满足已经被技术改变，"他自己这样说。理论一旦急切地汲取这些新的源泉和思想，其本身就变成一种纯审美和消费主义的过程。

但是，若无法西斯主义及其特殊的兄弟纳粹主义的危险，本雅明的著作在我们面前就是大量不必要的演习。在第二次世界大战之后的几十年里，非常明显的是，如果把这些词用作称谓，不仅不够确切，而且是政治的。与此同时，社会主义一如既往地暗中进行，造成地方的骚动并远离其代言人，但它的生命却源于矛盾，而没有这种矛盾资本主义本身也无法生存；它现在也许到了另一个关键时刻，对原本难以克服的经济问题——最终是世界市场的问题（马克思认为是当前体系的终结），它可能重现为一种唯一的解决方法。

不过，大众政治——对此整个代议制问题已经变成一种修辞常规，亦即自身腐败的形式而非原因——现在似乎要再次发明一种法西斯主义，而它已经忘记了这个称谓。也许，如果我们想要学会正确地阅读本雅明，并从他的预言中汲取新的能量——它们可能是"虚弱的弥赛亚"，那么我们就应该再次开始区分共产主义和法西斯主义在世界政治的表面下发生作用的力量，自觉地表达他有话要说的一种斗争。大众政治是本雅明思想的真正核心：按照马克斯·霍克海默令人难忘的说法："关于法西斯主义，他没有任何有用的东西要说，因为他不愿意提及资本主义。"[5]

4.

这些文本随着它们的出现传递了许多概念，关于这些概念人们依据逻辑学家的说法，认为它们彼此并不"完全一致"：例如，氛围和可复制性肯定不属于同样的概念世界；而像"大众"这样一个政治和人口统计的概念，初看并不与摄像机和演员身体的距离问题相近。同样不清楚的是，"经验"的原理与碘化处理银盘的发明有什么关系（除非后者被当作一个地方，在那里可以捕捉某种"体验"并持久保留，但这既不是本雅明的也不是波德莱尔的观点）。这种概念和问题的大杂烩不可能等同于工具箱，更不用说多种多样的主题——我们发现，这些主题源自本雅明许多各不相关的朋友和对话者。不连续性并不能有效地解释主题或寓言层面的半自主性（无论如何，它们的不连续性是提前预设的）；杂乱无章的随意兴趣以及注意力缺失紊乱，很难作为一种反对系统哲学的有原则的立场发挥作用。

不过，我仍然相信存在着一条能够引导我们穿过这种灌木丛的线索，它就是本雅明在不同地方对"先进"事物（与描述为"倒退"的事物相对）附加的价值。但是，为了使它行之有效，我们必须极其小心地把这种限定与一切类似遭人讨厌的"进步"概念区分开，甚至更敏锐地去除与之相伴的、不可避免的技术和经济方面的建议及言外之意，虽然我们习惯于把这种变化的理念和改进及发明的性质与它们联系在一起。新当然是它的组成部分，但绝不能是一般化的现代主义目的论的新；这里还有生产力，通过马克思主义理论的大门可以得到承认，但只能是哲学上更加包容一切的东西，而不是它经常被归纳为经验主义的"科学和技术"（然后被用作一种武器，反对公认的简化版的马克思主义生产力论）。

关于如何正确使用术语"先进"的手册，有大量伴随它的警示；而伴随这些警示的很可能是一种最后的原则，即确定这种价值的对立面不会陷入其堕落退步的贬义的陷阱。我们如果记得本雅明认为古代呈现为两种形式——坏的混乱的神话与美好和谐的体系及其相似物，那么就可能要完善我们判断用的术语，或者完全超越它。

幸运的是，有一个地方我们可能发现对这些问题更详细的回答，这就是那篇计划的文章，题名《作为生产者的作者》（II，768-782；

II，683－701），它是在 20 世纪 30 年代初为反法西斯知识分子的会议写的，但从未提交；在本雅明有生之年也没有发表，可能也没有传播（了解一下它是否引起布莱希特的注意可能很有意思），但在 20 世纪 60 年代却迎来短暂辉煌的来生，它确认了恩岑斯贝格（Enzensberger）和内格特（Negt）及克鲁格（Kluge）论媒体的作品，在巴黎的"泰凯尔"群体中激发起一种整体美学，此后它的建议似乎又陷入古代的湮没状态（包括 20 世纪 60 年代那代人本身）。

然而，它的理论思考却是本雅明提供给知识分子的少见的实用建议，虽然有些别扭，但同样可被纳入假定是本雅明美学的构成（如我们所看到的，它被论复制的那篇文章排除了）。

文章开始是对当前左翼文学和文化立场的激烈争论（抨击社会民主派的知识分子或所谓"左翼的忧郁"），但忽略了马克思的非生产力的"生产方式"概念的真正出发点，其中基础和上层建筑的双重性对应着基础本身内部的一种更重要但更不明显的双重性：生产力和生产关系之间的双重性。这种双重性导致柯尔施（Korsch）推测马克思主义事实上有两种不同的语言或习语，它们可以根据境遇前后转换。一方面是机器和生产力的"经济"语言，另一方面是劳动过程和剥削及剩余价值的语言。第一种明显比第二种更可量化，正如一般来说，生产相较于那些模糊的上层建筑发展而言，是一种更易于处理的原材料，后者只能是理想主义的，因为它们首先是一些观念。

在文学史中，我们面临着同样的双重性：一方面，存在一种出版和发行的语言——可以说，这是文学的唯物主义底面，它似乎与

210

文本本身关系不大,就如同马克思身上的疖子与他对资本主义运作机制的把握没什么关联一样;另一方面,存在这些话语性对象的内容以及形式,在理想情况下,这两者都应该是意识形态分析的范畴。意识形态本身无疑是一种生产,就像"写作"本身一样。但如果我们试图把这些"生产关系"重新纳入物质关系,我们就可能以不明言的寓言来完成。

本雅明提出过另一种探讨方式,这就是由生产者的地位提出一个可能的切入点。对他来说,这显然是个敏感问题,因为他是一个"自由流动的知识分子":完全失业;没有工作,不论是从事学术的工作还是当记者;靠兜售书评糊口;从法兰克福(后来从纽约)的赞助人那里获得微薄津贴。有段时间,他愿意泄露如何构成这种困难境遇和他的政治信念之间的关系:苏联有一个作家协会,同时会赋予知识分子官方身份;因此,这为他提供了一个安稳的职位。诚然,多年的冷战训练会立刻让人联想到所有牺牲——智慧生命的牺牲(阿多诺在其论卢卡奇的文章里这样说),诸如审查制度、宣传品制作,在斯大林治下的苏联,这样一种身份必然会带来这些情况,并且也不排除更明显的人身方面的危险。不过,本雅明似乎对自己作为一个作家的智慧有足够的信心,他觉得可以不考虑这种牺牲。但他又明显是个唯物主义者,必然意识到了其中的关系,而正是这种意识不仅在文章里发生作用,而且赋予它作为计划的内容。

同时,根据他考虑的苏联进口战略,他非常愿意批判苏联的文化政策(在论莫斯科的文章里)。你们清楚地知道,在生产关系方面你们已经比西方更先进,具有革命的开创性,为什么要翻译西方学术界那些文化和思想最平庸的材料?这是另一次(也许不重要或被忽略的)干预,后来被错误地命名为"表现主义争论"或更糟的"布莱希特-卢卡奇争论"——关于社会主义文化政策的争论,如果我们只是根据形式和内容来解释它,就会导致错误的理解。任何人如果认为类似于宣言的《作为生产者的作者》是敌视未来的社会主义现实主义的,那么就需要重读他对社会主义现实主义的评论:"格拉德科夫的《水泥》是现代俄罗斯文学的重要作品之一"(II,49;III,61)。不过,鉴于它是某种新的社会主义文化的生产问题,他仍然愿意公开宣布一种双重标准:"有时事物和思想颇受重视,有时又不考虑它们。而且——虽然这常常不被注意——有时事物被考虑却不被重视"(II,9;II,747)。本雅明生活的世界运行多种时间,处于多个时区,这些也是他潜在的祖国,至少是避难和流放的地方。法兰西是一种未来的现代性,而他只有一个短期签证(但巴黎也是一座非常古老的城市);遥远的苏联则是另一种未来,现在却消失在视线之下。地中海沿岸国家是生活和居住成本低的地方,也是逃跑的港口;美国和耶路撒冷是难以想象的词语与名字,但通过信件仍然有信息传来;德国是可怕的现时存在,备受抑制,周围是中立国家,它们真正的当下时间是虚幻的。怎样说明时间,是在多元世界里感受历史的风向吗?

有意思的是,在1934年巴黎作家会议计划好的"发言干预"(《作为生产者的作者》原本就是为此准备的)中,本雅明一次都没有提及那个意味深长且带有个人色彩的词——"经验"。而且,他还极为明确地着手去削弱旧有的形式与内容的区分所具有的地位,因为这种区分有着不可避免的政治意味（左翼理应天真地执着于内容的现实主义，执着于对社会现实不加中介的见证；而审美主义者，无论他们是否意识到这一点，都被认为怀有右翼的理想主义、反政治倾向以及纯粹的形式主义）。本雅明此时没有提出在两种思想之间进行某种进步的综合（如后来认为卢卡奇所做的那样）；他也没有（遵循卢卡奇）提出某种新的、激进的美学（我们已经看到，在论复制的那篇文章的开始，他特别提出反对这样做）。这里他真正看到的是，一个正处于建设社会主义过程中的国家，与那些仍然深刻浸透着资本主义制度及其各种资产阶级文化的意识形态构成的国家相比，面对着完全不同的艺术和批评任务。

其实，他对左翼倾向和社会民主知识界的谴责，概括了那篇论"左翼的忧郁"的著名文章的主要精神，那篇文章的标题常常被误解，把这种情感属性归因于整个政治左翼[其实，这是对埃里希·凯斯特纳（Erich Kästner）的指责，凯斯特纳是个非常风趣的人，他的又甜又酸的诗歌介于拉金（Larkin）和奥登（Auden）之间]。这是要和布莱希特一同唤起一种带有各种文学混合因素的辛辣性的美食文学；它是左翼知识分子的业余爱好，这些人天生风趣，喜欢彼此分享失望，分享尖锐地表达近似毁灭的悲观主义，他们津津乐道地彼此提醒时代的愚蠢无聊、顽固不化，人和人都一样，还有只有灾难才可以惩罚的民族性格中的缺陷。

萨特曾谴责许多马克思主义"唯物主义"中的唯心主义，基本上依据同样的精神，本雅明提醒我们，那种形式有其自身特殊的意识形态，这些意识形态有可能化解最激进的内容："资产阶级的生产和出版机制可以吸纳大量的革命题材——确实，可以宣传它们而不必非常严厉地质疑其自身的存在，以及拥有它的阶级的存在。"在一种类似于我们自己的境遇——绝对的垄断控制着文化和知识生产——的境遇里，这种提示在多大程度上更及时呢？但是，当我们认真思考他的解决办法时，这种竞争恰恰为"左翼的忧郁"提供了更本质的理由，就是说，使文化生产者意识到自己在文化生产机制中的位置，并根据这种位置进行工作："我不想问'作品对当时生产关系的态度是什么'，而是想问'它在这些关系中处于何种位置'"。

他提出的"技术"一词，旨在超越形式与内容之间的无效对立，但这并不是对现代主义实验的推崇。在他的事物规划中，此处确实是对那个关键词——现代——的关键安排：当今的资产阶级艺术（他在考虑摄影）"产生了更微妙的变化，变得更现代；其结果是再不能记录住宅街区或者垃圾堆而不对它改变……它甚至成功地使物质贫困——通过以时尚完美的方式理解它——变成了一种物质享受"。简言之，我们所称的现代主义的罪孽不是技术发明和实验，如在现实主义争论中那样；它是唯美主义本身，是美的消费，类似于布莱希特的美食学。对于传统形式的实践，例如小说，这并不是好的征兆；诚然，本雅明继续遵循特列季亚科夫关于报告文学、报纸和其他媒体的实验，提出一种不同性质的实验，即对媒体本身的实验。他呼吁混合形式，类似于一张"取自时髦商业"的图片的"引人注目的标题"，并使其"具有革命的使用价值"。这些词语与形象的不自然结合——在我们这个时代，让-吕克·戈达尔进行了惊人的探索，还有布莱希特-韦尔的词语和音乐，是新的和"先进"

形式产品的样板:"专门化设置的障碍必须被他们准备区分的生产力共同打破。"对今天的我们而言,这些建议似乎是后现代的,就像它们当时是革命的那样。甚至把"反贫困斗争"变成"贫困艺术"的审美原则的建议,在晚近历史里也不太被人注意;在互联网世界和当代新媒体中,我们仍然不知道如何把"生产工作……总是同时转换成生产方式的工作"。可以预见,最终提供的实例是布莱希特的史诗剧,对此文章包含一些鲜明的论述。这种"先进的"戏剧"描述境遇而不是发展情节"。它中断叙事的连续性,由此确立一种蒙太奇,其"有叠加的因素破坏它被嵌入其中的语境"。"对于整个戏剧艺术作品,(这位戏剧家)反对戏剧实验。"戏剧不是采取一种争论的立场,而是揭露争论本身。首先,史诗剧"以教育代替文化,以群体构成代替分散"(II,585;II,775):这是一种非同寻常的阐述,它充满政治希望,因此这篇文章不可能真正提交。

本雅明的艺术和文化中的"先进"概念的关键是,他反对唯美主义;在这种意义上,他与布勒东一致,后者排除超现实主义计划的那些参与者〔阿尔托、巴塔耶(Bataille)〕,觉得他们给美学作品本身附加了不适当的意义。(布勒东还排除了那些认为政治高于超现实主义价值并加入共产党的人,例如阿拉贡;本雅明可能不会认同这种偏见,但必须补充的是,本雅明和布莱希特都没有加入共产党,虽然他的兄弟和妹妹都是共产党的著名人物。)

因此,艺术和文化中先进的东西不应该在艺术活动的产品中寻找——换言之,在艺术作品本身中寻找;在他赞赏的作品中寻找他的美学是一种错误,无论在巴洛克的戏剧中、凯勒或赫布尔或列斯科夫的故事里、朱利恩·格林的小说里，还是在布莱希特的戏剧和诗歌里。"生产过程"的说法让我们的思路正确，但我认为"经验"一词的误导性更低，因为它把美学创新等同于科学实验工作。换言之，他赞赏布莱希特，除了戏剧本身之外（他永远不会知道后来的杰作），便是"史诗剧"本身作为一个框架，其中实验不断发生，包括演员和观众，不断改变文本和演出。即使我认同本雅明思想中潜在的范畴是数字和众多，同意他在政治上坚持大众党派，在美学上坚持复制性和大众传播（以及群众自己生产艺术作品），但最好不要把他思想的这个维度纳入这种或那种简单化的接受理论（也不要纳入教学），而是要坚持实验室性质的实验，宛如布莱希特自己在《伽利略》(Galileo)里以其主人公的活动所做的那种戏剧化的实验。这就是为什么人们不能把任何特殊的美学"解决"或文类或文体的信条归于本雅明：他的实验主义难以预料地不断跳跃，从媒体跳到文类，从风格和形式跳到发行，事先不可能确定。他对新媒体理论家的挪用完全可以接受，但条件是他们同意在下一个美学研究的历史潮流中为新的领域而放弃这种做法。

因此，"先进生产"概念不太会为了广大群众和非实验性的文学及文化接受而与生产相联系，而是更多地与大众化境遇中的政治和政治上尴尬的大众政治相联系。在这种境遇里，实验不一定根据大众的接受来判断：布莱希特的《论教育剧》不是为了音乐厅里的听众（实际上，可能根本不是为了公众，而是为了演员们自己）。

不过，我们还没有确定与不再"先进"然而还不算退步相联系的条件：换言之，我们仍然在寻找先进生产的"对立面"，它在历史意义上是肯定的而非退化的。首先要看的最明显的地方就是《资本论》，它是关于工业生产的理论，马克思在其中细心地区分了旧的和现代的两种工作；在旧的工作中，工具是工人的假体，而在现代的工作中，工人变成了机器的假体。诚然，这还不是一种资本主义的理论，因为在资本主义的理论里，商品生产以及商品拜物教理论和商品形式将成为核心。我们完全可以推测，在本雅明的"唯美主义"概念里商品化已经发生作用（其作用在法兰克福学派的理论里更突出，它们明显汲取了卢卡奇的《历史与阶级意识》）。同样，我们也可以推测，马克思关于资本主义理论的完整画面预设了这两种理论线路——机器的理论和商品的理论——的交叉，并对在资本主义条件下承认资本主义的"先进生产"持肯定看法，对此只在重要的论合作（马克思主义的集体理论）的一章做了简要论述。（人们会记得，正是这种明显具有预见性的"群体构成"概念，本雅明的那篇论复制的文章中断了与它的联系。）

论《作为生产者的作者》的文章将提供一个新的开始，本雅明对"技术"的坚持造成了难以解决的形式与内容之间的对立，这也被资产阶级和坚持党派路线的批评家看作他们的战线。正如一篇论收音机的札记告诉我们的，"无线电收音机的听者……欢迎广播者的声音像来访者一样进入他家里（这种评论对今天的电视同样有效）。这就是为什么看似完全不相关的节目能够使听者着迷"。但确切地说，这种不相关的内容为本雅明的形式主义进行辩护，其中形式和技术是一致的："正是无线电收音机的技术和形式方面使听者能够自我训练"（II，544；II，1507），换言之，依照布莱希特的精神,就是重构他的主体性,把它提升到一个新的更"先进"媒体的水平。但这要沿着我们能够规划的线路进行,即从本雅明的宇宙比喻到先进工业和可复制的影片本身(甚至也许超越它)所走的道路。

但是,这条道路要求我们能够区分讨厌的"进步"观念和破坏它的"新的"经验。这种悖论也许在于,进步这种观念不是作为一种概念,而是以一种信念的形式存在,它不正当地包括了未来本身(著名的"歌唱明天");与之相反,"新的"是当下的一种经验,它令人深感震惊,以致这种关于未来的模糊信念像占卜者的预言程式一样立刻被排除。也许它是对资产阶级唯美主义发生的同一类型的疏解,一种资产阶级的现代目的,同时它服从于它仍然认为是纯工艺和技术的媒体"创新",例如无线电收音机和电影。

不过,关于把这些不同性质的主题和本雅明的洞察直接转变成真正单一集合体的关键,我们认为是未出版的片段,其编辑者认为是 1931 年或 1932 年在伊维萨岛写的,而且明显是未完成的对赌博反思的一部分。只要从这种看似不重要的片段中抽出一个句子就足以说明问题,而且非常明显:"经验是活的相似性"(II, 553;VI, 88)。

现在,突然之间,整个经验的信条,以及它面对现代城市特别是现代战争的脆弱性——关于技术本身经验的冲击——在相似性的宏大宇宙里找到了它的根源,这个宇宙构成伊甸园的风光,而关于它的神话在被破坏的现代性里只不过是极其有害的倒退。我们记得童话故事反对神话,其中农民的乐观主义对僵死的现代法西斯主义的审美化仪式是一种解毒剂,而他们讲述的故事是对非异化存在方式的回忆和恢复。

讲故事本质上是一种手艺：它是一种身体活动，类似于陶工的转轮；本雅明的轶事，他作为一个说书人的身体活动，都是他自己想努力再现这种非异化的生产所做的尝试，据此还可以与"歌德时代"的德国人文主义作家手写的信件联系起来，与超现实主义者的梦幻手稿、与希尔巴特科幻小说的奇特形象、与赫布尔的短小故事，甚或与勒·柯布西耶激进的简化做法联系起来。勒·柯布西耶的玻璃和钢铁结构的建筑，代表对这种新的"经验贫乏"的一种无感觉的模仿，也给人们上了一课，让人们知道如何有效地利用它（II, 734; II, 218）。至于后工业时期，难道不可以推测黑客的工作也是一种手艺，它并不一定是白日梦使我们觉得最早使用互联网的人属于乌托邦主义，但它现在被庞大的卡特尔和商业集团捕获，然而在已知世界难以发现的角落和缝隙中仍然受到艺术的破坏？倘若如此，那么"先进"就可以恢复傅立叶自己那种孩子般的幻想。

关于某种新的、修改了的"氛围"概念是否适合后技术时代？它的消失已经成为新的集体意识出现的标志和征象，假如今天存在这种意识，那么它只能在我们审美化的商品世界内部造成一种影子存在。然而，人们可以推测出三个普遍的领域，其中本雅明的观念仍然有某种关联。

第一个与新技术产生的集体经验相关，对此"复制"这个术语似乎已不再适用。普遍化的电视接受为集体事件打开了通道，事件不再只是新闻，还包括大众的参与，但完全不同于工人的写作，即本雅明（以及他之后的恩岑斯贝格）想象的那种提供改变单向广播的"对话"。举一个经典的例子,肯尼迪遇刺改变了历史年表的性质,产生出一种新的单日事件,千百万人将其作为一种个人经历参与其中,而且它在很大程度上超越了对冲击体验的局限。因此,电视的集体性质被视为一种新的氛围形式,其政治含义(例如,在快闪活动中的含义)几乎还未得到探讨,更不用说穷尽研究了。

与此同时,对本雅明而言,由于经验是一种准身体现象,而氛围与手艺本身存在着更深刻的家族关系,故而可以并不太牵强地提醒我们,互联网活动——例如编程和黑客攻击——也是一个身体问题和一种"劳动",它几乎不可能被当作非物质而完全排除。

最后,甚至随着从电影院到家庭电视的观看的转变,新的电视形式本身——在生产中吸收全球的投资,以外国语言再现全球各地演员的作品——变成了具有一种国际主义的异国情调,其中此时此刻大众的接触肯定有其自己的氛围部分。但是,就此而言,电影节的时候会恢复世界电影潜在的多样性,展示小众电影和较小国家及地方语言的独特产品,由此构成更多异国情调的集体——今天在庞大的正规电影生产标准的多样性中的独特样品,于是电影节实际上可以再次具有新型氛围的性质。

同时,关于可复制性本身的机制,马克思区分了上层建筑和经济基础,从理论上说明它们是一种生产方式,由"生产力"和"生产关系"构成,并由此预示他对基础和上层建筑之间的总体结构的区分。后者经常被解读为唯心主义现象和唯物主义现象之间的区别;基本上以同样的方式,马克思主义理论家(柯尔施是个重要的例外)躲开了对基础的类似划分。这意味着对基础即经济的习惯性理解可能崩塌，使基础变成技术本身。不过，"生产关系"所指的是劳动及其构成（包括无产阶级意识）；如果这样理解，基础-上层建筑区分本身就变得非常复杂，基础再不能只是根据经济或技术来思考。

在这样一种学术氛围中，那些被官方认定为唯物主义的立场会自然而然地凌驾于那些更易遭人怀疑为唯心主义的立场之上，生产关系不可避免地会因我们通常所认定的技术那种静态的物质性而受到扭曲。在这种境遇里，更安全的是相信那种承认历史和变化并将其理论化的立场。我认为，关于本雅明的那篇论复制的文章，经常混乱的是，在其对媒体的看法中，它总是或明或暗地选边站，以为生产关系的视角优于纯机器的视角。由此产生的理论上的不对称性，正是导致这篇文章存在无可救药的缺乏焦点这一问题的原因。

注释

[1] Jules Michelet, *Histoire de la revolution française*, Vol.1, Paris: Gallimard, 1952, 203.

[2] 参见 Jacques Lacan, *Seminar XI*, Paris: Seuil, 1973。

[3] 以"关注"问题代替意识问题的历史意义是乔纳森·克拉里的《知觉的悬置》一书的主题。

[4] 参见艾瑞克·霍布斯鲍姆（Eric Hobsbawm）的《极端的年代》（*The Age of Extremes*）里关于战后变化的精彩一章，那些变化使年轻一代难以想象以前的历史时期。

[5] Max Horkheimer, "The Jews in Europe" (December 1939).

第九章 历史和弥赛亚

1.

两个难忘的形象构成了论历史的著名命题［《论历史的概念》("On the Concept of History")；IV，388 - 405；I，693 - 704，1230 - 1246］，并不可避免地改变了我们对它们的理解。

天使，克利（Klee）著名的《新天使》（私下说，与本雅明对它的描述没有什么共同之处），来自一个短命天使的家庭，它们被创造出来旨在赞扬瞬间时刻——当下，然后立即消失。当审视那庞大的历史垃圾场即今天不可生物降解的塑料山时，这种特殊的天使发现自己无法为它所被指派面对的当下再唱颂歌，于是默默无声，也因此而无法消失，是不是这样呢？

但是，似乎很少有评论家注意到，使展开的双翼静止不动的风把天使吹出了天堂而不是吹向天堂。天使不能面向未来、乌托邦或其他东西。我们已经看到，本雅明太过愿意记载大量衰退的迹象——包括技能、手艺、讲故事、身体的优雅和对其有效的利用、经验，等等——实际上，他详查大量当代的技术，以便对我们说明这种衰退和克服它的新途径。不过，我们已经在努力摆脱现已变成常规的本雅明的怀旧形象：对他而言，存在一个宇宙，其中世界上的因素相互呼应，但不确定他是否认为我们可以回归到以前，甚或他自己想这样做。在这些问题上，最权威的地理学家是但丁，他抵达了现在被称作"人间乐园"（paradise）的地方，它位于炼狱山山顶——但原来它只是去往完全不同的地方的一个中间站，即乐园本身，其中所有伊甸园的节日和玩牌游戏都被错置了：喧闹的大众节日明显不同，例如复活节早上在其伟大冒险的开始欢迎年迈的浮士德博士；而伟大的巴斯比·伯克利（Busby Berkeley）的永恒玫瑰的杂技灯光表演，人们觉得它为领导人的观看构成了愉快的极权主义景象。"莫斯科"大概是本雅明尽可能想象的这种新社会实验的方向；布莱希特走得更远一些，他"提出了"自己的"一些建议"。马克思自己对想象那种真正人类历史的性质没有多少兴趣，因为它要在这个被称作"前历史"的历史结束后才开始（就像犹太人的情况，斯大林一开始就禁止对其进行探讨）。

但是，终点正是我们的起点，天使的翅膀和船帆遇到的问题是一样的——它们必须进行调整以便利用风向，从推进它们的历史风向中获益。这个特殊的天使非常笨拙,未能估计到暴风雨中的风。那是谁的错?风仍在吹向某个地方。这个天使就是尴尬的本雅明自己,就像是第一个形象里缩成矮子的"历史唯物主义"。我们应该只须注意,他不一定失败;失败只有在发生后才变成他的命运。

关于矮子,他处于著名的自动化对弈之中,这种形象严肃地打开了那种系列的反思,包括无往不胜的土耳其勇士,他们胜利的迁移被那个同样缩小的矮子编入情节,神学同时隐蔽其中。毫不奇怪,本雅明在这里使我们一开始就面对一种寓言,其后果广泛而出乎预料。众所周知,在穆罕默德逝世后的那些年,伊斯兰教突然扩张,一如奥斯曼帝国同样不可抵制的胜利;两者都被挡在欧洲两扇对立的大门之外,颇像在20世纪20年代的欧洲缺少苏维埃革命,或者(本雅明从不知道)第二次世界大战以后斯大林"帝国"的疆界。由于某种不可阻止的力量,某种不可抵抗的军事扩张,本雅明晚年所知道的正好相反,那就是闪电战和希特勒对欧洲的征服。

然而,"称作'历史唯物主义'的木偶总是赢得胜利"。我们称这种木偶为辩证法,它总是胜利,因为它的目的是重构历史必然性;已经发生的东西必然发生,而辩证法——"历史唯物主义的"——明白这一点。后面我们会看到,在这种境遇里,历史唯物主义从神学那里得到了什么好处。

但这种形象——与天使的形象相似——已经被以反讽的方式读作对历史的终结的承认,假如不是,在一种更合理的文字阅读中,则是对马克思主义终结的承认。在随后的篇幅中,我们会看到为什么这是一种误读;此刻我们也许只需提醒自己,不论政治棋局的命运如何，神学仍然坚持相信弥赛亚，而"历史"已经解除了左翼对它的迷惑。

2.

但是，与历史唯物主义相似，神学也是一整套符码或语言范畴，本身构成一个星丛，在前面部分，我们曾努力表明本雅明的著作充满了大量这样的星丛，它们同时存在，而且其表面价值并不容易被认识：非常多的名字要求各自独立的评论。例如，《思想图像》为他一生娴熟运用的一种文类提供了一个此前缺失的名字，即我们所称的散文作品、艺术段落、话语插曲等，以便避免类似于"片段"这样的术语，因为"片段"所暗示的与他赋予这些作品的那种精巧的完整性恰恰相反。但这相对而言不可能普遍化：没有人要写"《思想图像》系列"——最多你可能把某个"本雅明的《思想图像》"当作一种敬意或模仿。它的价值不仅在于强调本雅明思想的插曲化，而且在于为这种写作单元创造一个文类名字：然而，与之相反，更有可能造成误导并阻碍理论进一步发展的，却是"图像"一词所表示的对视觉的强调。鉴于视觉性在一种文化已然占据如此主导的地位（这要归因于那些使本雅明感兴趣的先进技术），那么在"图像"这个术语中找到最为简易的理论解决方案，这是必然的；但我们应该准备问我们自己：这个术语是否代表一种真正的理念，而不只是掩饰在感觉和概念之间进行调停的方式？在摄影理论的二律背反中，这种困境已经存在，包括它们在现在和过去之间自相矛盾的斗争，以及它们对这种或那种痕迹观念的妥协（这种观念只有在其有限程度的视觉中才行得通)。每当面对其最典型的展现,以形象为基础的大众文化理论就无疑觉得它不适宜卷入关于时间性的复杂的哲学讨论。但是,本雅明一生的工作主要集中于历史,因此他必须公开或含蓄地论及时间。视觉性对他没有什么影响;如果有,"寓言"概念随时把它吸收。同时,形象的语言鼓励逃避哲学的抽象,但就哲学的抽象而言,他无疑是现代理论的先驱。

正是在创造他最喜欢的标语"辩证的形象"时,这些问题才引起注意并最具误导性。他的定义"静止的辩证"的限定非常典型。由于忽略了他思想的基本特征——至少两个历史时刻之间的相似性——通过错误的翻译,它导致其读者把它理解为"历史的终结"的另一个同义词〔例如,我们会看到,尼特哈默(Niethammer)把本雅明列入他的"后历史"没有任何问题〕。[1] 英文单词"standstill"表示某种中断或不受欢迎的静止状态,因此暗示辩证本身已经遭遇致命的失败;而我们刚刚讨论的两种形象——天使的瘫痪和勇士秘密地诉诸神学——只能确认这种印象。但静止更接近定格的摄影而不是车祸,本雅明对"史诗剧"的典型描述为我们提供了关于这个过程的更可靠的版本,在旧的戏剧实践里,它符合我们所说的场景,即舞台上的活动突然引起注意:

> 想象一个家庭的场景:妻子正要抓起青铜雕塑扔向她的女儿;父亲正打开一扇窗户呼救。此刻,一位陌生人走了进来。这个过程被打断了。此刻映入这个陌生人眼帘的场景是:激动的面孔、打开的窗户、乱七八糟的家具。(II,779;II,698)

僵住的时刻并未使行动结束;相反,它允许我们根据基本情境分析出多种结果、多种选择,形成一个共同的困境,由活动的吸引揭示和产生,像一种X光,超出了各种散心。于是,技术利用视觉本身来反对它内在的幻象,也就是通过运动引发并通过我们视觉消费的愉悦进行鼓励的错误现象。

"辩证的形象"这一表述所造成的误解,只能根据本雅明自己复杂而独特的"当时的时间性"概念来确认,这个概念引发了下面这类颇具特色的表述:

> 马克思说革命是世界历史的火车头。但也许并非如此。也许革命是这趟列车上的乘客——人类——试图急刹车。(IV,402;I,1232)

本雅明最反对连续性的激情表达,莫过于他对革命使命的定义:"中断世界的进程"(IV,170;II,664)。苏维埃革命无疑那样做了;但我们会看到,他自己也很小心地区分了两种革命的意义:一方面,革命是突然剧烈的中断;另一方面,革命是一种新的、长期的社会实验或社会建设。

我必然觉得,在处理"辩证的形象"之类的标语时,更谨慎的做法是观察本雅明自己对其用途的建议:"区分形象与现象学'本质'的是它们的历史标志……形象的历史标志不仅表明它们属于一个特殊时期,而且表明它们只在某个特殊时期才具有易读性。"正如我们已经注意到的,这个短语与"接近"相关,我们必须明白所说的"特殊时期"是我们自己的现在,在这个时刻我们觉得自己能够解读过去的这个时刻,理解其"可认知的现在"。同样,甚至更重要的是一种影像学的修辞:"历史衰退到形象之中,而不是故事之中"(AN 3,1,462;V,577)。

我认为,要澄清整个问题,可以这样说:本雅明试图用他的表述所传递的东西——旨在强调经验性而非纯粹的抽象性,但同时在过程中减少叙事因素——今天我们会把它称作共时性,即多种具体因素与相互关联的现象所构成的非年代顺序的"星座"。共时性虽然常常与历时性或时序性对立,但它的目的首先是最小化其物质的时间维度,而不是它的历史"标志"——它不应该与这种或那种当下的观念混淆(本雅明的表述"现在时间"或"当下",我认为同样意味着区分现状和某种其他形式的"存在");相反,它的意思是,把看似原因的现象特征转变成结构的特征,我们知道,它们被称作"相似性"。在本雅明的论述中,一些经常看似具有因果关系的东西——例如,某种手势、划亮一根瑞典火柴以及赌博中掷骰子的同时性(IV,328;I,630)——并不意味着在这些不同领域引发以因果方式发生作用的某种新的历史力量("一种……在许多领域正在发生的发展"),而是引发一种结构的相似性(这是为了强调他思想里的一个特别重要的词或观念)。当时的"共时性"概念旨在取代或尽可能排除不再需要的"进步"的时间性,或者柏格森的"同质性"时间,但并不完全消除过程中的历史性,就像"本质"或"永恒"等另类语词可能做的那样。

"辩证的形象"的第一个构成特征,我想一般的理解是,最突出地表现在本雅明和阿多诺的一次争论里。那次争论关乎本雅明对波德莱尔作品的解读细节，特别是在对这位诗人的葡萄酒主题诗歌的讨论中纳入了当时酒税方面的材料。争论涉及更大的理论引进问题，而不是编史学的问题。事实上，在一种不重要的细节的掩饰下，这里的争论是基础和上层建筑区分本身，以及它们在文化分析中应该发挥的作用。阿多诺觉得基础应该仅以最笼统的方式被提及，比如表述为"资本主义的生产"（虽然他没有这么说，但通过商品形式、商品化的中介作用，也是以一种笼统的方式）；而对本雅明来说，根据包含在《拱廊街计划》里的大量资料，显然细节本身就是上层建筑的，与它们是经济的并无不同。

问题在于在波德莱尔所处时代巴黎城周边关税壁垒的重要性；当时的情况是，就像在美国的某些州界一样，酒类在关税边界之外价格更低，并由此吸引了一个特殊的社会群体。对本雅明而言，这里的关键不只是波德莱尔的诗歌文本——各种各样的醉酒，而且是醉酒本身：正是这种文化及其消费的前景（幸福的希望——法兰克福学派喜欢沿用司汤达的这一说法）成为争论的客体。阿多诺喜欢把酒税视为整个资本主义的寓言，并以一种典型机制的总体性完全代替实证主义的细节或事实。但是，本雅明需要事实本身本体论层面的丰富性，由此生发出一种主体与客体之间的对立、精神（陶醉，包括对诗歌语言本身的陶醉）与身体或物质（生产、销售和被征税的液体）之间的对立。因此，在所有这种二元论的核心，辩证的形象才是真正的"静止"；这也包括马克思主义本身的二元论，其中基础与上层建筑不可调和，然而两者又一起被理解为单独一个形象（即一种矛盾）。

但不止这些：针对阿多诺认为是庸俗因果关系的东西，本雅明诉诸经典神学进行辩护（IV，101；B，790）——这种实践（对葛兰西同样非常重要，他的教育恰恰在于这种神学）旨在恢复某一整个社会和生活方式的背景，包括它的工具和法律，以及它的构成因素：

> 语文学研究中呈现出的那种自成一体的事实性表象会对学者产生一种魔力，而根据从历史视角对研究对象进行构建的程度，这种表象会被驱散。在这种构成里，透视的线路后退到消失点，与我们自己的历史经验交汇。按照这种方式，客体被构成一个单子。在这个单子里，被刻板的神话僵化了的文本细节获得了新生。因此，在我看来，像你那样在文本中寻找"酒魂与酒税之间的直接联系"，是对这种情况的一种误解。其实，这种联系已经正当地在语文学的语境里确立——颇像人们解释古代经典作家时必然会做的那样。这使诗获得特殊的庄重性，它通过真正的阅读而呈现出来——迄今为止，这一点还没有被普遍用于波德莱尔。只有这种特殊的庄重性在诗里被记录下来，作品才可能受到解释的影响——且不要说被破坏。就所说的这首诗而言，它不会因此联系到税收问题，而是联系到波德莱尔为酒醉附加的意义。（IV，108；B，784-795）

然而，这里的关键词不是召唤语文学本身，而是召唤单子。因为它肯定是统一的单子，即仍然是一种有机整体的复杂的相互关系——也许有外部限制，但不是边界——在本雅明的作品里，它占据了今天称作共时性的概念空间——或者，在另一种意义上，被置于德勒兹式的根茎形象之下。酒的关税壁垒历史完全可以说是从单子中衍生出的根茎状脉络，就像同时期关于酒醉的医学理论，或者任何杂志对巴黎周边社会混乱的描述。实际上，波德莱尔笔下的捡破烂的人和他的城市神话中的其他居民，也正是在巴黎的周边外缘地带聚集，并在此找到了他们的亲缘关系。

因此，酒税不应根据因果关系来理解，甚至不应根据上层建筑机械地"反映"基础的方案来理解；相反，经济衡量和诗歌阐述之间的关系是表意性的，它依照本雅明比喻修辞的逻辑而发挥作用。

正是在这种意义上，本雅明对术语"起源"的运用也不意味着要从因果或时序方面来解读，而是要沿着现象学家喜欢称作"本质"的线路来解读。"本质"概念的含义可能与历史无关，或者是柏拉图式的，但本雅明并不承认。关于这个问题，可能值得援引他思想的另一个版本，在1931年的笔记里，他有过典型的表述：

> 如我试图解释历史理论那样，"发展"概念完全被"起源"概念取代。如此理解，历史的长河不可能在其发展过程的河床里发现。相反，如我在别的地方所讲，河床的形象被旋涡的形象取代。在这种旋涡里，以前和以后的事件——一个事件或最好说一种状况的前历史和后历史，都围绕着它转动。这种历史观中真实的客体不是特殊的事件，而是概念或感觉的性质之特殊不变的状态——例如，俄国的土地制度、巴塞罗那城、勃兰登堡边区的人口变动、筒形拱顶，等等。如果这种方式取决于坚持否定进化或历史通用的维度的可能性，那么它就要通过一

种有效的两极对立从内部决定。这种看法的两极是历史的和政治的——或更明确地指出这种区分，就是历史和事件。这两个因素占据两个完全不同的层面。例如，我们绝不能说，我们体验历史；也不能坚持认为历史叙述使事件非常接近我们，以至于它具有与历史事件同样的影响（这样一种说法毫无价值），或者认为我们已经经历了必定变成历史的事件（这样一种看法是新闻界的）。（II，502－503；VI，443）

但是，这段引语类似于我们援用过的其他引语，它强调所谓"辩证的形象"的另一个重要特征，即它总是深度历史的，因此必然在李格尔那种意义上划分时代：它与过去相关，这里所说的这些辩证的形象中的每一个都是特定过去的一幅图像或一张快照。就此而言，所有我们的文化引证都必然与过去相关，与"档案"相关，因此也与一个历史时期的这种或那种概念相关。对我们来说，波德莱尔笔下的巴黎恰恰是这样一个历史时期，但李格尔笔下的"晚期罗马"和本雅明笔下的"巴洛克"同样也是一个历史时期；苏联的城市本身代表一个历史时期（本雅明称之为一种现在，即使不确定这是不是他的说法）；魏玛共和国出现的法西斯主义，无论是多么痛苦的现实，都不仅对我们是一个时期，而且已经是观察者的一个时期，他们觉得现时就是历史。因此，我冒昧地说，对于在本雅明的思想和想象中发挥作用的历史化，没有任何文化、社会和政治分析与研究不是在他以前就作为某个历史时期的表达：笔迹学是古风的重现，福克斯对漫画和色情材料的收集标志着第二国际的某种心态，兰克的基督教-德国的爱国主义标志着在法兰克福1848年大会上德国自由主义的失败，而人们希望这些都在混乱的魏玛共和国的危急时刻得以复活。（我刻意地使用"复活"一词，这一点你们很快会发现。）

简言之，为了重申本雅明在这个语境里赋予其重要性的另一个术语，辩证的形象就是一个单子，而且是一个历史的单子。它包括我所说的"没有过渡的历史分期"，这些单子中的每一个都自由流动，与其他单子无关，颇像一些星座，然而它们又需要与现在有某种关系，否则我们不可能接近它——借用另一个非常典型的本雅明的术语。换言之，魏玛的现在——一个单子，它服务于本雅明自己的历史现实——包括足量的"表现主义的"元素，以便我们能够了解迄今为止奇怪而又难以理解的形象，也就是巴洛克的形象；但它缺少使我们能够充分了解古代悲剧的元素。在本雅明的历史主义里，过去的时刻从现在汲取足够的能量以便赢得新生（也许只是短暂的），像是吸血的幽灵，它们吸食奥德修斯在地下世界牺牲自己提供给它们的鲜血。因此，这种历史主义非常依赖我们的现在所提供的可能的条件；但矛盾的是，那些条件不只是更多的知识和预备的材料，它们与我们自己的危机是一致的。正如论历史的那篇文章中的一个著名段落提醒我们的，我们必须先有那种过去，才能使它获得新生。

> 历史地连接过去并不意味着承认它"真的就是那样"（兰克熟悉的表述）。它的意思是，当记忆在一个危险时刻闪现时，要把它占有。历史唯物主义希望牢牢抓住那种过去的形象，因为它出乎意料地在一个危险时刻呈现给历史的主体。（命题 VI）

但是，这一说明把我们引向"辩证的形象"的第二个特征，我们必须考虑这个特征才能正确地理解它，因此可能更出人意料，需要返回来迂回地穿过神学；换言之，回到那个干瘪的矮子所给出的提示。

3.

这里应该强调本雅明关于神学有其用途的含蓄的看法，不仅因为它发展了一些集体范畴（在现代政治学纯经验的"恶的无限性"里，或者在现代伦理学或法律中纯个体化的"价值观"里，都缺少这种集体范畴）；而且因为神学范畴使我们能够触及关于大众现实的历史性且本质上属于叙事性的思维模式。

我将用一个并非本雅明式的历史实例来说明这种观点，即一种命运和集体命运的观念，它神话时代的古代并不存在，在现代世俗社会里似乎也已消失。正是基于这种思路，我认为在历史必然性的问题上，马克思主义（以及它周围的那些像啃骨头一样研究这一问题的思想家）重现了以前关于宿命论的神学争论。其论证完全不同于许多非马克思主义或反马克思主义作家的看法，他们断言马克思主义是一种宗教（或"只是另一种"宗教）。与之相反，它意味着关于宿命论的神学争论（毫无疑问，特别是在加尔文主义里，人们可以遵循韦伯，论证它如何构成冲击新生资本主义的激进的、基本的神学理论）为人类思想开启了同样的二律背反（颇像后来关于同样问题的政治争论），并可能以一种比世俗符码安排更有效的方式来阐明它的难以理解之处。当然，这个问题就是未来，在更早的古

229

代由占卜者提出。宿命论的争论假定个体和集体历史的必然性，它们的一切细节上帝都提前预见，即使实际上并非由上帝规定：这种根据个体制定的信条将被不大修改地投射到集体命运上面。对宗教理论家和策划者而言，后退等于放弃所有选择的可能性或放弃对事物的自由意志：如果从永恒中你被选为该死的或获救的，你恐怕只能接受，别无选择，而自由的归因将是一种幻觉。于是，路德的结论是，好的作品不足以实现救赎，而带来的苦恼却对你有益。詹姆斯·霍格（James Hogg）杰出的小说《一个清白罪人的私人回忆录和自白书》（*Private Memoirs and Confessions of a Justified Sinner*, 1822）通过一个人物把这种二律背反戏剧化了，这个人物认为，如果他是获救的，他就可以做他想做的任何事情而不会失去他的地位（永远授予他的），而在相反的情况里，如帕斯卡尔的赌博，无论如何都没有关系。这部小说是所有文学作品中罕见的几部几乎能够在不借助比喻的情况下，对矛盾本身进行呈现的作品之一。

加尔文的"解决"是诡辩的杰作：他推理说，如果一个人被选中，命定是永恒的获救者之一，那么他的人、他的个体性和主体性将散发出这种原始的状态，于是获救者个人的选择和行为将不可避免地成为"内心选择的外部可见的征象"。这种并不令人满意但却非同一般的打开矛盾难解之结的实践，明显是对不可想象的未来问题的更明确有力的表达，远胜过各种关于命运及其"岔路"的古代神话，也胜过现代时期关于政治和世俗困境的争论，其中"革命的必然性"与个人选择或意志的无能基本平衡，结果唯意志论和宿命论两种无效的意识形态在历史上一再相互对立，最终造成同样不可避免的屠杀和牺牲。19世纪末，一小群年轻的俄国无政府主义信仰者的那种无用的英雄主义，在这里与德国社会民主党人在第一次世界大战的盲目杀戮和堑壕战面前的卑鄙投降行径形成了鲜明对照。

对历史上两个非常不同时期的神学和政治争论进行比较，我的意思不是要提供一个关于所谓的辩证的形象究竟像什么的特殊实例，虽然它确实也那样做了。其实，它旨在表明，虽然我所说的神学符码不可能解决那种更接近康德式二律背反而非黑格尔式矛盾的"问题"——没有什么能够解决这个问题，但它以多种方式清晰地揭示了这种二律背反的结构，比在具体历史境遇里对同一伪问题更实际的世俗化重述更加清楚。

我认为，本雅明觉得这是神学符码——一般认为它是比喻的而非抽象形式的再现——优于世俗和政治（社会科学和历史的）符码的所在。这也是为什么我会偶尔觉得它错误地导致了从传记方面区分年轻神秘的本雅明和后来"转向"一套政治信念的本雅明。这些是另外的符码和语言系统，可用于对境遇的不同解读：它们不是"信念"。

但是，神学符码有一个特殊的概念空间，在这个空间里，对于任何不可能的境遇，它都被证明是特殊的工具：这个空间就是未来领域。它的概念工具——和解、救赎、实现、希望、预言、揭示，乃至神学本身这一理念——都是些道德或概念性理念，它们彰显并谴责自己的不足，同时又使自己的内容保持着生命力。世俗的预测最终表明它们自己是掩饰的迷信，是倒退，是占卜者以及声称决定时机的政治家们所进行的内部磋商。本雅明提醒我们，"犹太人被禁止探索未来"（IV，397；I，704）。他还可以补充说，列宁的《四月提纲》（April Theses）不是一种预言，而是一种行为。"政治，"杜尔哥（Turgot）预言说，"必须预见到现在。"换言之，预言必须否定它自身的存在，才能保持它作为预言的状态：这种否定对过去同样会产生自相矛盾的后果。

同时保持这两种矛盾的观点似乎并不那么自相矛盾：过去不可能被改变，但每一代都改变它。本雅明的一则著名评论认为，如果法西斯主义胜利，甚至过去也不安全。这一评论似乎并没有远离T. S. 艾略特那种超越历史的阅览室圆桌精神，即每一种新作品总是会稍微改变传统和过去的文化。

本雅明的神学超出了本来容易协调的左翼政治，他提出了一种救赎的信条，认为它适合整个人类的历史，或"历史的梦魇"（乔伊斯语），黑格尔还非同寻常地把它说成一个庞大的停尸房。死者的救赎——这个短语接近动人心弦的正统信仰，即众生复位：在末日审判的号角吹响之后，人类历史上的所有死者，无论是罪人还是蒙恩得救之人，无一例外地从其坟墓里出来，全都同样地得到救赎，迎来某种终极且确定无疑的肉体复活。本雅明似乎公开沉湎于这种幻想，以便得到智慧的正统马克思主义者的某种回应。这个马克思主义者就是马克斯·霍克海默，他以成年人纠正天真热情青少年的宽容精神说："过去的不公已经发生并已完成。杀害是真正杀害……人们如果完全认真地接受封闭的缺失，那么必然相信末日审判……也许，关于不完整性存在着肯定和否定的差别，因此只有不公正、恐怖、过去的痛苦无法弥补。实践的公正、欢乐、工作等与时间有不同的关系，因为它们真实的特征基本上被事物的短暂性取消"（引自 A，N 8，1，471；V，589）。这恰恰是本雅明零散观点的对立面和对它的绝对否定。

不过，霍克海默对"完整性"概念的坚持仍然具有启示性："如果完整性不是在其内部构成，那么确定不完整性就是唯心主义的"，因为完整性意味着不可改变。本雅明的回应是以记忆代替"科学的历史"，代替不可改变的历史和事实，代替死亡和绝对的暂时性；这种回应表面上非常软弱，仿佛是一种否定神学的形式："在记忆里我们有一种经验，它禁止我们想象历史基本上是非神学的，几乎不允许我们尝试以直接的神学概念去写它"（A，N8，1，471；V，589）。

但是，如果我们理解"完整性"是神学实现理念的一个世俗的同义词，那么这种看似奇怪的转换便具有真正的政治内容和意义。因为实现是神学寓言信条的主要成分；它源自《圣经·新约》"实现"《圣经·旧约》的信念，而后者的事件——绝非不真实或纯属象征，而是像痛苦和死亡本身一样确定——本身仍未完成。它们要求通过未来的事件来完成；它们的救赎不是个人的，不是肉体的复活，而是使它们达至实现和完成的再次展现。

这是本雅明神秘费解的"辩证的形象"的最终意思。我们坚持它的双重性，把现在叠加到过去上面；现在更清楚的是，这种双重性是一种讽喻的修辞形式，过去的时刻或单子因其失败而成了一种不完整性，一种对即将实现的预想。这就是本雅明经常被引用的对在危险时刻"突然出现"的过去的唤起所蕴含政治意义：

> 对罗伯斯比尔来说，古罗马是充斥着当下的过去，一种他破坏了历史连续性的过去。（这是）飞跃到过去……在开放的历史里，同样的飞跃是辩证的飞跃，马克思把它理解为革命。（命题 VI）

于是，关于罗马共和国，罗伯斯比尔和雅各宾革命派有一个辩证的形象，宛如我们对他们也有一个辩证的形象；他们以一种非沉思的、"有效的"方式呈现给我们，不是作为楷模（美学的或其他的），而是作为要完成的任务；可以预见，这就是本雅明历史观的神学维度。（我尽可能避免把本雅明重写成对当代理论阐述的预见；但这里最接近本雅明"辩证的形象"的可能是德勒兹的电影摄影的"时间-形象"，即以柏格森的方式多个当下的时间相互交叠，看似一致，仿佛它们同时发生，其间不断转换彼此在结构上的优先性；对德勒兹或柏格森而言，这种结果源于感觉活动的中断，基本上与本雅明排除线性或同质性的时间相对应。）

在那种意义上，这就是我们"可以接近"的时刻；其实，这是一个历史时期，它对我们已经变成一个事件，与历史记录的其他时刻不同，我们认为它是信息，但对我们并不以同样的方式存在（或者，就像对古代悲剧，我们根本没有与它等同的东西——它对我们仍然是一种未解之谜）。是什么使这种接近成为可能？应当再次强调的是，这种与过去某个特定时刻之间的那种准时、不连续却又鲜活、充满生命力且紧迫的关系的观点，是在相似性这一范畴下被唤醒的。布朗基的暴动政治与列宁的政治几乎没有任何关系（实际上，它们受到了马克思主义革命观的谴责），然而在波德莱尔时期，布朗基代表列宁；我们不可能不考虑他坚韧不拔的政治意志。它在后来的时代延续了下来，尤其是在《斯大林-希特勒协定》所开启的那个新的黑暗时代，以及纳粹德国征服欧洲的那段时期，体现得尤为明显。那种未实现的意志是一个要求在未来（如果不是当下）完成的任务。

历史性是一个特别复杂的概念问题，但不像摄影里的概念问题，它不因过去在形象里的物化而受阻，因此不会变成一种二律背反。不过，我们当下在这种对过去的独一无二的"复活"中所发挥的作用，绝不可被理解为一种简单的二元论：它其实是一种更复杂的三项结构，在这种结构里，真正唤醒我们当下认识的是过去两个时刻之间的交叠或相似。罗伯斯比尔与罗马共和国令人振奋的关系，不仅把其中每一个时刻转变成一个单子，而且允许我们把现在也建构成一个单子，使我们及时认识到我们自己的时刻、我们自己的境遇（"危险的时刻"）同样是一种"辩证的形象"，它使第三个与其他两个集合在一起。正如已经指出的，"可认知的现在"并非指我们当下，事实上它是过去那种双重时刻的"历史标志"，其中革命本身也形成单子。此处值得把这一难懂的笔记全文引述如下：

> 区分形象与现象学"本质"的是它们的历史标志。（海德格尔徒劳地试图抽象地通过"历史性"为现象学拯救历史。）这些形象应该完全脱离"人的科学"、脱离所谓的体型、脱离

风格等来考虑。因为形象的历史标志不仅表明它们属于一个特殊时期，而且表明它们只在某个特殊时期才具有易读性。实际上，在其内部变化中，这种对"易读性"的达成构成了一种特殊的批评点。当前每一天都通过与它共时的形象来决定：每一个"现在"都是特殊的可认知的现在。其中，事实充斥着时间，几乎达到爆破点。（这一爆破点，只是这一爆破点，表示意图的死亡，因此与可信的历史时间或真实时间的诞生同时发生。）这并不是过去把它的光芒投射到现在上面，也不是现在把它的光芒投射到过去上面；相反，形象是瞬间在那里与现在汇集在一起形成一个星座的东西。换言之，形象是静止的辩证。因为，虽然现在与过去的关系是纯时间性的，但已存在的东西与现在的关系却是辩证的：本质上不是时间性的，而是比喻的（隐喻的）。只有辩证的形象才真正是历史的形象——不是古代的形象。阅读的形象——就是说，可认知的现在的形象——最大限度地承载着危险的、关键时刻的特征，而一切阅读都以此为基础。(A, 462; N3, 1; V, 577-578)

我们也不应该认为这种"寓言的实现"只是尼采那种永恒回归意义上的重复，或者布朗基那种周期性悲观主义的重复。它不可能是重复，因为第一个比喻本身必然是不完整的。换言之，历史上的一切革命都已经失败，它们每一个似乎都假定"无限的任务"，并要求通过某种失败的实现来完成它们。正如巴黎公社的失败不是绝对的，而是在苏联的实践中找到了它的实现，同样人们也不能宣称后者也是一种失败：本雅明对过去的"救赎"不是号召隐退，而是号召行动和行动主义，在更高的水平上实施并"完成"。因此，他援用的悲观主义不是叔本华的，而是索雷尔的，是一种积极的、有活力的悲观主义。

> 悲观主义者认为社会状况构成一个由铁的法律结合在一起的制度，它无法像某种障碍那样被逃避，而只能通过关乎整体的大灾难才会消失。如果承认这种理论，那么把造成社会痛苦的罪恶归咎于一些邪恶的人便变得荒诞；悲观主义者不会屈从于那种因其计划遇到预见不到的障碍而被迫疯狂的乐观主义者的残酷罪行；他不会幻想通过屠杀现存的利己主义者来为未来几代人带来幸福。[2]

4.

我将提出，本雅明论历史的那篇文章（IV, 389 - 411；I, 691 - 704, 1223 - 1266）的要旨在于，努力将史学与历史本身区分开来，也就是说，促使我们将我们所能知晓的历史、我们所能呈现或想象的内容——我们的历史"图景"或世界观——同历史本身区分开来，历史本身即世界历史这一"二十四小时"的白昼行将结束时，在这"最后两秒"中历史之风实际吹拂的方向。这里显然隐含着一种历史哲学，但这篇论历史的文章主要关注我们的历史知识和想象力的局限，以及我们自己的历史性的特点。

第一个命题（标为 II 的那个）质疑我们对未来的了解，一种极其贫乏的未来（我们不嫉妒它），因为我们是现时存在的人。在那以后，其建议是，我们把历史理解为整个人类的生活以及那些生活的所有瞬间，把不可能的总体性与历史的意识形态画面区分开来——传统和连续性的范畴为我们提供了大量那样的画面。"真正的"过去——如果这种说法正确——很难找到，只能获得模糊的感觉（命题 IV），包括关于如何抓住这些难得的感觉的建议。其核心是提醒人们：虽然乌托邦必然仍是一个"规制性理念"，但它却无助于我们（弥赛亚是反基督者最早和最重要的敌人；他是一个斗争和战争的人物，而不是一个和平的统治者）。

当我们寻求确定理解这种历史的最佳方式时，警告的信号响起，忧郁是这种信号之一；它暴露出在我们的"文化传统"中对已被忘记的无名劳动的压制。实际上，传统本身必须受到谴责，真实历史中唯一的连续性（命题 VIII）不是文化的连续性，而是灾难的连续性。

正是在这里"天使"出现了，它关于历史是灾难的想象也受到了谴责。同时，命题争论的方向也发生了一些变化，我们被置于一个新的矛盾面前：如果一切都被同谋关系败坏，那么努力保持政治纯洁岂不是像撤回到某个修道院？（另一个形象，即妓院的形象，很快会出现在这个形象之后。）

实际的回答表明本雅明争论的眼界变得狭隘，回到了他对社会民主党的进步信念以及支持它的"历史主义"的意识形态观的谴责。（这里也回到马克思对哥达纲领的批判；不是要肯定自然的主宰，它一般把劳动置于被剥削的地位；而是要肯定创造性的——以及合作的——生产。）不过，"进步"说明了对未来的宣传利用有危险（最好依靠过去的对抗——后来的笔记将从根本上将革命需要的斗争思想和社会主义建设需要的思想精神分开，以便从无阶级世界的乌托邦思想中消除"阶级"概念）。

这里，历史和编史学之间的区分得到完善，因为它表明赋予编史学特征的历史观对历史本身具有真正的影响。因此，本雅明以一种新的方式指引他的探索，用"时间性"概念（同质性或虚空的时序时间，连续性的"普遍的历史"时间对单子瞬间时间，当下的闪现）冲击我们的"历史"概念。

此时出现了明显不同的东西：正是那种三重时间，我们将其限定为著名的"辩证的形象"。这种新的单一的历史观（从传统的编史学转变到某种更基本的、更有效的东西，转变到包括被我们称作救赎或实现的概念）包括通过缩短、通过"时间中止"的其他时间：没有过渡，但同时发生。对革命的传统看法是一种准确的、令人兴奋的看法（被"很久以前称作妓女的人"耗尽）；而这种新的历史观将以不同的方式完成过去，以一种永恒共时性的方式，而不是线性的或周期的方式。（我们已经评论过本雅明使用"中止"一词的含混性以及它所造成的误解。）这个时间是双重的：它构成了"星丛，（历史学家）自己的时代已经进入其中，同时进入其中的还有特定的更早的时期"（IV，397；I，703）。命题的结尾是已经熟悉的宇宙历史的时钟，而其中整个最后的"两秒"变成了人的单子本身。

其实，这些关于历史的命题留下了许多这种事后的思考，其中附录A和附录B只是较为人所熟知的部分而已，这些思考内容丰富且具有启示性,同样值得关注。这些回到了"普遍的历史"的问题——那种同质性或编年史性质的"坏"历史(现在,对这种编史学的原型,本雅明一直在这些命题里进行谴责)。其结果并不像我们想象的那样坏。它奇怪地也许表明了本雅明关于"普遍的历史"的思想起伏不定。作为学术的和资产阶级的,这种历史应该受到谴责,因为它依靠时序和因果关系,而不是依靠单子性的逻辑。实际上,正是在后者当中本雅明寻求建构他自己的历史理论和编史学理论(《拱廊街计划》是一个单子,就像巴洛克那样;"辩证的形象"是两个单子的结合,至少是我们自己的时刻与过去某个时刻的结合)。这种坏的普遍的历史寻求把一切无名的死者以单一的叙事混合在一起,其主角总是胜利者。

作为否认这种"普遍的历史"的观点,马拉美突然出现在脑海里,因为他强调它的许多语言,这意味着没有任何单一的语言能够容纳整个人类居民,包括生者和死者。因此,存在着许多民族:本雅明此处似乎怀疑任何单一种族和语言群体本身的统一性("认为人类历史由民族构成的看法,只是对知识分子懒惰的一种庇护")。即便你通过方言的角度来论证,这也是说得通的,而倘若你记得"种族"(一种人群形式)与民族一样,都是人为构建出来的统一体("民族语言"本身就是通过义务教育、兵役、法律规定、市场以及其他刻意的政治程序与运作而被强行统一起来的),那就更说得通了。

同时,历史叙述的事实本身也被否定("历史是某种可以被叙述的东西,"他轻蔑地说)。其隐含的意思是,叙述是你利用历史片段建构出来的东西,或者就像坏的普遍的历史那样,是你出于意识形态和政治方面的原因而试图强加到历史之上的东西。

不过，本雅明有着这样一种思维转向，它彰显了其思维在直接、无偏见、不教条且毫无预兆的情况下所具有的独特新颖之处——也就是对那些或许仍能让普遍的历史成为可能、使其可以被接受，或者至少可以被想象的情形进行的出人意料的审视。现在我们准备走相反的道路，从这种异化状态回到某种非异化的条件的结合。如果"没有构成原则的普遍的历史是反动的"，那么"非必然的反动"是什么样子？"普遍的历史的构成原则使它可以再现部分历史。换言之，"他补充说，"这是一种单子论的原则"（IV，404；I，1234）。换言之，单子的逻辑将整体折射成它的各个部分，折射成它所有无论何种维度的要素。单子故事（如果可以这样称呼它的话）有着各种各样的形态；它最小的元素，即其最微不足道的人类构成部分，都投射出一个故事，或者至少是一个人物，而这个人物是在其最富戏剧性的经历中被设想并捕捉到的。

这个过程以星座的另一种相当令人惊讶的特征被概要地加以重述（其原则本身也得到说明），这种特征只是被确定为"散文"："散文的理念与弥赛亚普遍的历史的理念一致。"他突然肯定地说。这些事后想法或基本笔记关涉本雅明的其他作品，但它们已经从这些命题最后的版本中被取消：例如，我们在几年前论列斯科夫的文章《讲故事的人》中发现了一条线索，尽管它被置于括号里："伟大的散文是各种诗韵形式的母体"（III，154；II，453）。这有些像是颠倒了维科的看法，维科认为人类的第一语言是诗的语言。

但通过参照更早的文章《论语言本身和人的语言》，也许可以得到更充分的解释，在那篇文章里，世界各种具体语言仿佛是某种原始语言本身的各种投射（马拉美补充说："这种多样性尚未完成"）。于是，似乎可以得出这样的结论：所有更小部分的历史都是原始历史的投射，正如实际存在的语言的各种韵律和节奏、不同的句法都是散文本身的辐射（此处，我们对这种理念的阐发开始接触到普罗提诺的观点，或者至少接触到普罗提诺式的方面）。

这就是我们所说的本雅明式宇宙的原初语言和原初普遍的历史，这一点肯定毋庸置疑。那么，它也是本雅明式"救赎"所采取的形式，这便是一种演绎式的"虎跃"，它无需脱离历史，就能将我们置于本雅明"神学"概念及其最具深度的政治逻辑的核心之处。这种本雅明式的普遍的历史既是"众生复位"，也是末日审判（"每一刻都是关乎此前某些时刻的审判时刻"）。

5.

然而，尼特哈默的同名著作绝非唯一得出如下结论的解读：《历史哲学论纲》使本雅明在"后历史"思想家之列，也就是持这种或那种"历史终结"论调的思想家之列，占有一席之地。诚然，风暴使天使的双翼动弹不得，注定要永远瘫痪，并以追溯的方式反思成堆的历史垃圾——不论风暴是指纳粹征服欧洲的胜利，还是仅指全球化的新自由主义——风暴很可能被那些身处其中的人认为是历史气候变化不可逆转的状态。同样，令人费解的关于希望的声明也没有多少前景，或与之相似，很少召唤弥赛亚，因为他主要对我们保证他那种不可避免的不可预见性。伟大的预言似乎已被忽视，本雅明从来都没有详细论述过弥赛亚主义的理念。

未来肯定是一个非常奇怪的哲学客体：它没有本身的存在，但又不仅仅是一种心理学的存在。它几乎被认为或体验为在时间性以外的某种自在之物；但时间性有多种形式，即使有某种局限，也可以用来把过去-现在-未来理解为一个连续体，同时，我们给予未来的名字本身也赋予它一种独立存在。

神学为未来领域保留着一种独特具体的优点：它被称作希望，本雅明从自己职业生涯的开端直至其过早结束都关注希望。但我们会看到，我们真正了解的希望观念是由阶级限定的，而此刻非常有用的是记住本雅明关于社会阶级主体的最重要的声明。他所写的一切浸透着他的自我意识，意识到自己是一个资产阶级知识分子，不可避免地受到这个阶级所施加的局限："支持无产阶级事业的知识分子，自身永远不会变成无产阶级。"这是他在对克拉考尔（Kracauer）所著《雇员们》（*Die Angestellten*）一书中白领阶层所做的重要评论文篇里所阐发的一种信念：

> 这种激进的左翼可以随意表态——它永远不会成功地这样一个事实：知识分子无产阶级化很难使他成一种生产为什么？因为自童年以降，中产阶级通过不清，甚至受方式——一种确立他与这个阶级这是真正无产阶级的这个阶级与他的团结到谴责，但几保持特点

这种信念解释了为什么本雅明认为重要的是以他知识分子的作品说明他自己的阶级政治，并支持革命作为解决西方作家面临的职业和经济困境的方法（他不仅对无产阶级参与公共领域有强烈的兴趣，而且对他们参与像苏联作家协会那样的机构也有强烈的兴趣，他一直意识到自己作为无党派的左翼知识分子在苏联面临的问题）。在社会主义条件下，关于文化知识分子阶级地位的某种概念明显标志着他自己个人的未来感。

但关于革命未来的另一种说法，甚至更突出地区分了革命作为事件的时间性和革命作为境遇的时间性："考虑无阶级社会的存在不可能同时考虑为它进行斗争"（IV, 407；I, 1245）。革命者的心理必然完全不同于"社会主义建设"所需要的心理；他已经含蓄地表明了这一点，他批判社会民主党坚持拯救"未来的后代……这种教化使工人阶级忘记仇恨及其牺牲精神，因为两者都是通过被奴役的先辈的形象培育的，而不是通过解放了的子孙的理想培育的"（命题 III）。

然而，他在无阶级社会的思想和"为它而斗争"的思想之间继续进行区分：

"现在"这个概念……必然由这两种时间顺序限定。若对言……不做某种实验，就只有对过去的历史积累。就此而这种限定表……"概念都参与"审判日"概念。

无论如何，……因其对过去无可挽回的矿渣堆的

……级地位的变化而变化，这

一点在本雅明最自相矛盾的句子之一里表现出来，通过无关和费解的华丽辞藻，这个句子结束了他的文章《亲和力》："只是因为没有希望，我们才被给予希望"（I，356；I，201）。这种宣示显然与卡夫卡的一篇评论有着更深刻的关系；那篇评论深深吸引了本雅明，并且（现在被广泛引用）与他的朋友马克斯·勃罗德（Max Brod）相关。它是卡夫卡对勃罗德所提问题的回应，后者提出关于世界没有希望的问题，以及"在这个我们所知世界的征象之外"是否存在任何希望的问题。

> 他微微一笑。"啊，有许多希望，无限多的希望——但不是我们的。"（II，798；II，414）

因此，可能存在不同的领域：在其中一个领域存在希望，但排除了另一个领域。在希望不必要的地方，希望无须或不可能存在，这种看法当然有某种逻辑；更确切地说，只有在希望缺失并迫切需要的地方，它才有理由存在。需要希望的地方，没有希望的地方，是穷人和赤贫者的地方：希望标志着那些没有希望者的未来（这个范畴超出了无产阶级的阶级范畴，无产阶级已经具有可组织起来并能够实施社会行动的潜力）。

然而，那些还未陷入绝望的人——我们自己，一个享有特权的阶级，即资产阶级（从更宽泛、更松散的意义上说），用《三分钱歌剧》（*Threepenny Opera*）里的话说就是那些"身处光明之中"的人——我们并不抱有希望，因为我们不需要它。这隐含着关于未来的模糊的、双重的意思，它与我们的阶级地位相关：我们没有未来，因为我们高度集中于我们的现在，不需要未来；或者因为我们的制度本身没有未来，而我们在结构上与它捆绑在一起。由此出现了对现在的双重文化表述：一种是在大灾变中达到高潮的反乌托邦式想象；另一种是把一切都稳定在现在，使未来没有必要和不可想象。无论怎样，正是生产方式及其制度（家庭、帝国、商业、建筑、风景）的长期存在构成了我们个人和存在的幻想以及力比多的投入。本雅明喜欢引用保罗·瓦莱里关于永恒理念和手工生产的时间性之间的构成关系的论述（III, 150; II, 449）；同样，持续性及其可能性通过我们客体世界的相对永恒也被反映给我们。

这就是说，希望"对我们"——对本雅明写的西方资产阶级，我们也身居其中的西方资产阶级——是一种外在的经验；是从外部某个距离看见的一种现实。我们不能怀疑它的存在，但试图"相信"它却对我们无益，本雅明引用洛采（Lotze）的奇怪的评论证明了这一点："当前每一天都感到对未来普遍缺乏向往。"

但是，文章以预想不到的方式继续，把这种与未来看似无感觉的关系变成我们必须当作神学肯定的状态，即救赎。这种宣示如下：

> 幸福的观念不可分割地与救赎的观念联系在一起。（I, 389; I, 693）

"unveräusserlich"的标准英译文是"indissolubly bound up"（不可分割地联系在一起），人们或许会希望它能用恰当的法律术语被译为"inalienable"（不可剥夺的，不可让与的）。换句话说，不论你对法律问题多么有意识或无意识,"救赎"都似乎总是"合法地"与幸福的经验相联系(德文单词 Glück 有运气和幸福的意思,使人想起以前关于天命的争论)。这里神学充分回归,渗透到个人幸福或实现的真实存在或现象学的经验之中。不论是否喜欢,我们的个人幸福都与"救赎"这一神学概念分不开;由于这种一致性,本雅明概述了可能是他唯一的伦理学——以寓言的方式将一种近乎生物性的"个人幸福"概念与历史的必然联系起来。毫不奇怪,这种结合立刻引发了对过去的探讨,以及对过去与当下和救赎(如今不知怎的通过幸福这一途径相互关联并结合在一起)的关系的探讨。这种更神秘的关系以同样神秘的方式表达出来:

> 过去有一种神秘的标志,通过它可以指涉救赎。

就翻译而言(我完全同意,按照本雅明对待事物的精神,它是不可翻译的),人们希望有一个更有力的英文词等同于"referred"(指涉)。是的,在那种意义上,过去注定要进行救赎,宛如你可能谦虚地在群体中为某些人指定适当的位置:他们尚未坐下,但为他们保留了位置,并让他们知道。然而,人们并不想占据那个位置的责任归咎于过去本身。也许进一步说明"救赎"会澄清这一切。

真正的问题是"index"(标志)这个词,对两种语言都一样:是否它只是表示引人注目?即便没有凸显出来,但也带有标记,像伤疤或文身,或者,换句话说,像一个标签?诚然,"标志"是神秘的,因此在那种意义上,我们可能永远不知道它看上去像什么,它只是像一根伸出的手指那样进行"表示"(indicate)。这两个词都属于一种本雅明风格的研究，是他巧妙地逃避不可言说或不可表达之物的实例，是为无名之物所取的名字，是用于尚不可分类之物的词（特别是因为分类支配着一般或普遍的事物，而所有这些事物——过去的事物！——都是具体或特定的、单一的，因此只值得有这样一个名字，而不是一个"词"）。

"有一个秘密协议……接着期待着我们到来……我们被赋予了一种微弱的弥赛亚的力量。"最后得出结论："历史唯物主义者知道这一点！"不，不完全如此：他知道它的某些东西。也许在后面的命题里，我们会了解更多他所知道的东西。

6.

弥赛亚、革命、救赎、希望：这么多迥然不同的概念和语言综合，本雅明觉得它们都是严格意义上的同义词，但它们又不能被同时说出。例如，如果要理解他对弥赛亚的指涉，人们可以召唤多种用于确定这一形象的概念翻译领域，而其中语言领域或许在其句法和丰富内涵的结合方面是晦涩难懂的。对于世俗的甚至后现代的读者，神学的框架确实仍然需要翻译；与之不同，心理学的、存在主义的、精神分析的框架则是最容易理解的，本雅明自己知道它们还可能包括现象学的，但这并不能使其摆脱主体性。一种历史理论？这一点是足够明显的，但它预设了我们知晓它会是一种关于什么的理论；而且，无论如何，这一范畴都与海德格尔的"世界图像"一样，是一个糟糕透顶的现代术语，它甚至算不上是一种思想，而更像是一种意识形态元素——简而言之，就是德勒兹会称之为坏的概念的东西。

例如，从这个意义上说，将一种有关现代性以及当代经验贫乏化的叙事归于本雅明，会是一种意识形态建构；对于人们所认为的他对现代技术创新和新媒体的颂扬，也得这样看待。本雅明当然同时持有这两种观点，这种共存状态既不是一种矛盾，也不是一种综合。相反，它们是一种历史境遇——当下境遇，或者说既是单子式又是差异化的"当下时间"——的同时存在的特征，而思考这种状况需要一种新的时间意识。

例如，传记在这样一种语言境遇中会是一个至关重要的组成部分：《斯大林-希特勒协定》、本雅明作为敌侨被拘禁、他身体的衰弱、在逃亡及未来目的地问题上典型的（且如今看来是致命的）拖延——一种语言上的拖延，在此过程中，他主要关心的是延长并维系自己与德语那种富有成效的、可以说是手工艺式的关系。一种境遇不应从伦理角度去把握，也不应从那些体现意识形态世界观的情感层面（乐观的、悲观的）去理解。我认为，只有将其视为一种对新的时间性的独特且别具一格的建构，我们才能最好地涵盖那些看似不可通约的东西。

举例说，断言本雅明的弥赛亚只表示革命并不错，但却误导地掩盖了这些论点之间的差距，而更有效的是真正了解它们。他自己小心选择的表述"虚弱的弥赛亚"，因此变成了一种更有效的线索，它导致我们质询在那种意义上什么是他认为的"有力的预言"。我们也知道他实践一种单子性的历史主义，即打破时间的连续性和同质性（或进步），把我们当前和现在纳入它过去的多种时刻，然后为我们的未来或多种未来从中汲取力量。

246 关键的警示以及方法论上的提示，肯定是由那看似（如今已广为人知）对最初那些论纲的事后思考的内容所提供的：

> 我们知道，犹太人被禁止探索未来……但是，这并不意味着未来对犹太人变成了同质的、空洞的时间。因为每一秒都是狭窄的时间之门，弥赛亚可以穿过它进来。（IV，397；I，704）

或者这种另类的阐述：

> 坏脾气是反对悲观主义的精神堡垒。波德莱尔不是悲观主义者。这是因为，对于波德莱尔，禁忌被置于未来。（IV，162；I，657）

我们的结论是：在其他地方更明显地受到谴责的占卜者，至多被赋予了我们这里试图说明的"微弱的弥赛亚的力量"。即使他们的预言最终被证明是正确的（也许类似于古代恶意的神谕——"当克罗伊斯渡过哈里斯河时，一个强大的王国将会覆灭"），但若与伟大的预言曾经拥有、如今我们已无缘触及的那种真正的知识、哲学认识或绝对信仰等相比，它们仍然处于意见或纯看法的水平。

于是，我们只能利用我们现在的元素，构建一个完全不同的未来的精神画面——乌托邦思想的困境，显然也是弥赛亚当前的一种形式。也许，就其最好的情况而言，这种乌托邦思想会增强它的能量，并大胆地表明自身在历史循环中的局限。我们记得本雅明对布朗基最后的作品《藉星永恒》的着迷，他是在自己生命的最后几年发现这个作品的。在文中，永恒回归展现了这位年迈的革命者一遍又一遍地写下同样的话语，以及此前所有失败的起义。尼采以狂热的热情欣然接受的东西，还有陀思妥耶夫斯基笔下的魔鬼所描述的"最可怕的无聊"，都可被视作我们已然颂扬过的悲观主义的强烈表现形式。无疑，正如卢卡奇在焦虑地等待纳粹军队到来的莫斯科，平静地提到希特勒战后内阁中阶级矛盾必然会再次出现时所指出的那样，阶级斗争正是这样一种永恒回归。库布里克（Kubrick）那带有喜剧色彩的冷战灾难连环画同样也不乏某种崇高性："我们会再次相遇，不知在何处，不知在何时……"

因此，认为天使那如在暴风雨中被折断的、雨伞般张开的翅膀象征着"历史的终结"，这无疑是错误的。相反，这一形象表达的是失败的经历，它就我们应如何接纳弥赛亚式的情感，也就是希望本身，提出了一个无法回答的问题。在一个未来已被剔除的时间体系中，它没有立足之地，而其哲学层面的表达或许通过阿尔都塞（或许是另一个布朗基）试图思考那不可思考之物——偶然性——的那些后期著述能得到最佳呈现。然而，在所有这些表述中，或许最忠实于本雅明思想的依然是卡夫卡的断言：希望是存在的（尽管"不是为我们而存在"）。这并非一个皆大欢喜的结局，但也并非历史的终结。

注释

[1] Lutz Niethammer, *Posthistoire*, London: Verso, 1994.

[2] Georges Sorel, *Reflections on Violence*, Cambridge: Cambridge University Press, 1999, 11.

索 引

access，接近/进入：to classical idea of fate，古典的命运概念，60；to freedom from judgment，出自判断的自由，53；to history，历史，14-15，65，158，206n4，233；as legibility，易读性，14；to stars，星星，44-46；theory of，developed in *Origin of the German Trauerspiel*，在《德意志悲苦剧的起源》里展开的理论，65；to tragedy，悲剧，66

Adorno, Theodor，阿多诺，西奥多，13，19，35，37-38，48，57，61，74，105，170，186，194，210；*Aesthetic Theory*，《美学理论》，187；as Benjamin's only disciple，作为本雅明唯一的学生，44，196；*Dialectic of Enlightenment*，《启蒙辩证法》，13，48，56，169，198；dispute with Benjamin，与本雅明的争论，224-226；on history and nature，论历史和自然，68；on interiors，论内在性质，120；and publication of Benjamin's essays，和本雅明文章的出版，37

advanced，先进的，208-209，213-215，

217；in art and culture，艺术和文化中的，213－214

advertisement，广告，27

Aeschylus，埃斯库罗斯，67；*Oresteia*，《奥瑞斯提亚》，65

Aesthetic Theory（Adorno），《美学理论》（阿多诺），187

Aesthetics，美学，36，108；aesthetic discontinuity，审美的不连续性，6，9，36；aesthetization，审美化，155－156，180－181，188，213，215－216；anti-aesthetic strain in Benjamin，本雅明的反美学特点，61，138，213；and fascism，和法西斯主义，85，156，175，188，216；misses the point，失去重点，177；and Surrealism，和超现实主义，150；technology as，作为（美学）的技术，206；transcends literary/linguistic limits，超越文学/语言学的局限，161；and "The Work of Art in the Age of Its Technological Reproducibility"（Benjamin），和《技术复制时代的艺术作品》（本雅明），196

The Age of Extremes（Hobsbawm），《极端的年代》（霍布斯鲍姆），206n4

agriculture, industrial，农业，工业，42

alienation，异化，94，198；estrangement effect（V-effect），陌生化（间离）效果，6，77，98，127，174；and film，和电影，195

allegory，寓言，69－72；and Baroque，和巴洛克，79；of "A Passerby"（Baudelaire），《路人》（波德莱尔）的，91－92；and rooms，和房间，129

Althusser, Louis，阿尔都塞，路易，76，78，247；theory of rencontre，冲突理论，91－92

Americanization，美国化，153

Angelus Novus（Klee），《新天使》（克利），18，219，241

Angenot, Marc，昂热诺，马克，110

anthropology，人类学；anthropological materialism，人类学的唯物主义，150；and Marx，和马克思，152；and Marxism，和马克思主义，54；and secularization，和世俗化，151

anticipation，期望，128

apocatastasis,（基督教）众生复位论，148，175，231，239

Apollinaire, Guillaume，阿波利奈尔，纪尧姆，148，171

Aragon, Louis，阿拉贡，路易；*Le Paysan de Paris*，《巴黎的农民》，45

Arcades Project（Benjamin），《拱廊街计

划》(本雅明),9,133;Adorno's in-
fluence on,阿多诺的影响,170;and
book collecting,和图书收藏,97;
form of,形式,9;on myth,论神话,
13;notes for,笔记,19,28,83–84,
156;and phantasmagoria,和梦幻,
151;polyphony of quotations,引文的
复调,35;project of,计划,147;
prostitute in,妓女,105;secondary
material dignified in,受重视的二手资
料,110;and war experience,和战争
的经历,171

architecture,建筑,22–23,204.See also
Le Corbusier,参见勒·柯布西耶

Arendt, Hannah,阿伦特,汉娜,37–
38,157

Aristotle,亚里士多德,65

art,艺术:advanced,先进的,213–
214;art history,艺术史,110;artis-
tic violence,艺术的暴力,143;and
authenticity,和真实性,193;cannot
intervene in proletariat struggle,不能介
入无产阶级的斗争,159;and commod-
ity,和商品,194;as documentation,
作为文献,148;and film,和电影,
199;and new possibilities,和新的可能
性,169;and socialism,和社会主义,

212;uncertainty about what art actually
is,关于艺术究竟是什么的不确定性,
195.See also film;painting;photogra-
phy;theater;"The Work of Art in the
Age of Its Technological Reproducibili-
ty"(Benjamin),参见电影;绘画;摄
影;戏剧;《技术复制时代的艺术作品》
(本雅明)

Ashbery, John,阿什伯利,约翰,43

Asman, Carrie L.,阿斯曼,卡里·L.,
61n1

assemblages,汇集:in *Berlin Childhood*,
在《柏林童年》里,19;as constella-
tions,作为收藏,77

astrology, of stars in Baudelaire's poems,
星相学,波德莱尔诗歌里的星星,6,
43

Atget, Eugène,阿杰特,尤金,131,
148,180–181,190

attention,关注,12;distraction,分心,
203–204;phenomenology as post-
subjectivistic attention,作为后主观主
义关注的现象学,130;Sammlung,收
集,204.See also perception,参见感知

Auerbach, Erich,奥尔巴赫,埃里希,
25,29,137,147,170

Aufblitzen,闪现,31

aura，氛围，185－192；and beauty，和美，186；cosmic experience as early definition of，作为早期定义的宇宙经验，46；and Dada，和达达（主义），202；destruction of，破坏，193－194；and distance，和距离，193；and film，和电影，191，195，218；Internet and TV as collective experience，作为集体经验的互联网和电视，217；as keyword for thinking of Benjamin，作为本雅明思想的关键词，3；and materialism，和唯物主义，191；and modernity，和现代性，187－188；and photography，和摄影，182－183；and storytelling，和讲故事，165；in "The Work of Art in the Age of Its Technological Reproducibility"，在《技术复制时代的艺术作品》里，177

authenticity，真实性，192－194

"The Author as Producer"（Benjamin），《作为生产者的作者》（本雅明），38，57，209，211，215

autobiographical narrative，自传的叙事. See first-person，参见第一人称

Bachofen, Johann Jakob，巴霍芬，约翰·雅各布，54－55

Bakhtin, Mikhail，巴赫金，米哈伊尔，9，68，100，161，165

Balzac, Honoré de，巴尔扎克，奥诺雷·德，81－82，191

Baroque，巴洛克，75，79

Barrès, Maurice，巴雷斯，莫里斯，126

Barthes, Roland，巴特，罗兰，28，190；on Baudelaire's style，论波德莱尔的风格，87；on readerly vs. writerly，论读者的对作者的，28

Baudelaire and Photography (Raser)，《波德莱尔和摄影》（雷泽），88n2

Baudelaire, Charles，波德莱尔，夏尔，2，18，79－80，83－92，160；Adorno-Benjamin dispute over，阿多诺和本雅明关于他的争论，224－226；astrology of stars in poems by，其诗歌里的星相学，6，43；Benjamin on，本雅明的评论，34，84；Benjamin's translations of，本雅明的翻译，43n1，44，85－86，90；and Blanqui，和布朗基，29－30，45，88；and classical，和经典的，60，86；discovery of the new in，新的发现，30；and event, figure for absence of，和关于缺场的事件、人物，92；firsts of，开端，86；*Flowers of Evil*，《恶之花》，44，80，85，104，107；and melancholy，和忧郁，69；and modernity，和现代性，2，19，43，72，84，86，138，166，173；"On Some Motifs in Baudelaire"（Benjamin），《论波德莱尔的某些主题》（本雅明），114，121，161，170–171；*The Painter of Modern Life*，《现代生活的画家》，19，86n1，87–88，180；"A Passerby"，《路人》，89–91；portrait of，画像，84；quotes from，引文来源，43n1；and revolution，和革命，92；and stars，和星星，43–45，120；and style，和风格，87；"Tableaux Parisiens"，《巴黎景象》，44，80，85，91

Baudrillard, Jean，鲍德里亚，让，151，201；simulation，仿真，155

Beckett, Samuel，贝克特，塞缪尔，7

Berger, John，伯格，约翰，171n6

Bergson, Henri，柏格森，亨利，4，53，123，128–129，154，173，224，233

Berlin，柏林，113–115，119–121；essays on，相关文章，115；rooms of，房间，45；as space of bourgeois individualism，作为资产阶级个人主义的空间，119，131

Berlin Childhood（Benjamin），《柏林童年》（本雅明），5，115，121–125，127–131，204；assemblages in，汇集，19；child as secret subject of，作为神秘主体的儿童，27；no material beyond childhood in，与童年无关的材料，115，122；panorama contents of，全景内容，5

Berlin Chronicle（Benjamin），《柏林纪事》（本雅明），115，121–123，127，129–130；on mapping a city，关于测绘城市的，122

Berlin Food Fair，柏林食品展览会，40–42

Bild，图像，124–125，128–129，131，221

Blanqui, Louis Auguste，布朗基，路易·奥古斯特，28，147，149，233；and Baudelaire，和波德莱尔，29–30，45，88；*L'Éternité par les astres*，《藉星永恒》，45，246

body，身体：and experience of cosmos，和宇宙的经验，46，48–49；and language，和语言，49；and machine，和机器，182；and photography，和摄影，182；and storytelling，和讲故事，166，168，216；and Surrealism，和超现实主义，150. See also physiognomy，参见面相学

Bolshevism，布尔什维主义，115，118

book,书:Benjamin never wrote a book,本雅明从未写过一本书,9,39;book collecting,图书收藏,94-97;as city,作为城市,44;*One-Way Street* as only traditional Benjamin book,《单向街》作为本雅明唯一的传统意义上的著作,9,17;of quotations,关于引文,35-36;and writing,as materialism,和写作,作为唯物主义,25-26,85

book review,书评,38,40,99

boredom,无聊,40,128

Bourdieu, Pierre, *Un art mineur*,布尔迪厄,皮埃尔,《二流艺术》,181

bourgeoisie,资产阶级:Berlin rooms as spatial expression of,柏林的房间作为空间的表达,45,131;bourgeois interiors in Berlin,柏林资产阶级的室内,119-121;emergence of,出现,133;end of,终结,132;pre-bourgeois life in Naples,在那不勒斯的前资产阶级生活,117-119;and sociology,和社会学,172;Surrealism and disgust with,超现实主义和对(资产阶级的)厌恶,149

breaks,中断/断裂. See continuous history, discontinuity; gaps;参见连续性历史;不连续性;断裂/鸿沟

Brecht, Bertolt,布莱希特,贝托尔特,3,6,11,29,36,40,115,127,133,138,160,163,195,202,212;Benjamin's political and aesthetic kinship with,本雅明的政治和美学与其密切关系,42;*Caucasian Chalk Circle*,《高加索灰阑记》,149;and discontinuity,和不连续性,77;epic theater,史诗剧,56,124,213-214;and gestus,和手表意姿态,29,82,88-89,101-102,166,201,205;on judgment,论判断,77-78;on learning play,论教育剧,169;*Lehrstücke*,《论教育剧》,165,214;*Mother Courage*,《大胆妈妈和她的孩子们》,79;and physiognomy,和面相学,82;on state of new thinking,论新思想的状态,34;and storytelling,和讲述故事,166,169;*Threepenny Opera*,《三分钱歌剧》,242

Breton, André,布勒东,安德烈,57,111,138,148,213;*Manifesto of Surrealism*,《超现实主义宣言》,150;*Nadja*,《娜嘉》,147;revolutionary energies in the outmoded,过时之物中的革命能量,156

Brod, Max,勃罗德,马克斯,241

Brummell, Beau, 布鲁梅尔, 博, 87
Buber, Martin, 布贝尔, 马丁, 168
Burke, Kenneth, 伯克, 肯尼思, 29–30
Butler, Judith, 巴特勒, 朱迪丝, 139

Campbell, Roy, 坎贝尔, 罗伊, 90
Camus, Albert, 加缪, 阿尔贝, 29, 102
Capital (Marx), 《资本论》(马克思), 152, 215
capitalism, 资本主义: and alienation, 和异化, 195; and art, 和艺术, 212; vs. communism and fascism, 对共产主义和法西斯主义, 207–208; Marx's theory of, 马克思的理论, 215; and temporality, 和时间性, 154; universalization of, 普遍化, 153
"Capitalism as Religion" (Benjamin), 《作为宗教的资本主义》(本雅明), 154
Carroll, Lewis, 卡罗尔, 刘易斯, 22
Caucasian Chalk Circle (Brecht), 《高加索灰阑记》(布莱希特), 149
Central Park (Benjamin), 《中央公园》(本雅明), 19; as essay of notes, 作为笔记的文章, 35
Chaplin, Charlie, 卓别林, 查理, 177–178, 191, 200, 202
child/children, 儿童: Benjamin as collector of children's books, 本雅明作为儿童图书的收藏者, 94–97; in *Berlin Childhood*, 在《柏林童年》里, 115, 122; and Berlin Food Festival, 和柏林食品展览会, 41; and pedagogy, 和教育, 41–42; and play, 和游戏, 97–99; and psychology, 和心理学, 98; as secret subject of Benjamin's work, 作为本雅明作品里的神秘主体, 27, 122
chthonic, 阴间的, 55
city, 城市, 28; and Baudelaire's "Tableaux Parisiens", 和波德莱尔的《巴黎景象》, 85, 91; and Benjamin, 和本雅明, 113–115; as book, 作为图书, 44; and flâneur, 和浪荡子, 104; mapping of, in *Berlin Chronicle*, 测绘, 在《柏林纪事》中, 122; as rooms, 作为房间, 45, 120; shock of daily life in, 日常生活的冲击, 172–173. See also names of individual cities, 参见单个城市的名字
class, 阶级: and authenticity, 和真实性, 193; and class consciousness, 和阶级意识, 198–199; class struggle reemergence of, 阶级斗争再次出现, 246; class struggle, regression away from, 阶级斗争, 倒退, 206; and future, 和

未来，242；and hope，和希望，241－242；intellectual vs. proletarian，知识分子对无产阶级，240－241；and pedagogy，和教育，157－158

classical，经典，60；and Baudelaire，和波德莱尔，86

codes，符码，1－2

Cohen, Hermann，科恩，赫尔曼，11

collecting/collection/collector，汇集/收藏/收藏者，94－97；book collecting，图书收藏，94－97；Fuchs as collector，福克斯作为收藏者，160；and gambling，和赌博，95－96；polyphony of quotations，引文的复调，35；as theme and obsession，作为主题和迷恋，24－25

collectivity，集体性：antisocial，反社会的，203；collective laughter，集体的笑声，202；collective psychology，集体心理学，27；collective response，集体反应，201；collective unconscious，集体无意识，13；disappearance of，集体性的消失，121；individualization of，个体化，199；and Internet and TV，和互联网和电视，217；Marx's theory of，马克思的理论，215；in Naples，在那不勒斯，117－118；and storytelling，和讲故事，167. See also individualism；masses；subjectivity，参见个体主义；大众；主体性

color，色彩，8

commodification，商品化，153，155；and aesthetization，和审美化，188，215；and photography，和摄影，180，182

commodity，商品，105，152；and art，和艺术，194

communism，共产主义：vs. fascism，对法西斯主义，15，207；not mentioned after WWII，第二次世界大战后未提及，206

Communist Manifesto（Marx and Engels），《共产党宣言》（马克思和恩格斯），150

completeness，完整性，231－232

computer，计算机，182；hackers，黑客，217

concepts, variability of，概念，多样性，2－3

Conrad, Joseph，康拉德，约瑟夫：*Secret Agent*，《间谍》，140；*Typhoon*，《台风》，23

constellation，星座，3－6；vs. academic philosophy，对学术哲学，4，77；and book form，和图书形式，9；defined，解释，74－76；and discontinuity，和不

连续性，5-6；and idea，和理念，73；as keyword for thinking of Benjamin，作为本雅明思想的关键词，3；as monad，作为单子，8；as montage，作为蒙太奇，77

consumerism，消费主义，153；and fascism，和法西斯主义，156；and theory，和理论，207

content-form distinction，内容和形式的区分，211-212，215

context，语境，168

continuous history，连续的历史，147，159，236. See also discontinuity; gaps, 参见不连续性；断裂/鸿沟

correspondence，通信. See letters，参见书信

corruption，腐败，121，206-207

cosmos，宇宙：experience of，经验，ancient vs. modern，古代对现代，46，48-49；modernity as limit of，现代性的局限，45-46；stars，星星，43-45

Crary, Jonathan, on attention，克拉里，乔纳森，论关注，12n3，203n3

criticism，批评：to be a critic，成为批判家，135；destructive element in，批判中的破坏性元素，29-31，138-139；Marxist criticism，马克思主义批评，157；and socialism，和社会主义，212

"The Critique of Violence"（Benjamin），《暴力批判》（本雅明），38，83，139

culture，文化：advanced，先进的，213-214；and barbarism，和野蛮主义，158；cultural analysis，文化分析，224；cultural history，文化史，158-159；cultural production，文化生产，212-214；cultural revolution，文化革命，205；cultural studies，文化研究，105；culture industry，文化工业，202；mass culture，大众文化，194，203，222；mass society，大众社会，206；and shift from production to consumption，和从生产转向消费，31；Soviet cultural policy，苏联的文化政策，210-211

Cyzarz, Herbert，塞扎尔，赫伯特，70

Dada，达达，143，202-213

Daguerre, Louis，达盖尔，路易，5，180

Dante Alighieri，但丁，阿利吉耶里，25，86，220

Daumier, Honoré，杜米埃，奥诺雷，82-3，160-161

Debord, Guy，德波，居伊，119；*Society of the Spectacle*，《景观社会》，154-

155

de Certeau, Michel, 德·塞尔托，米歇尔, 109

decline, 衰落, 219

Deleuze, Gilles, 德勒兹，吉尔, 21, 57, 77, 106, 125, 245; assemblages, 汇集, 19; faceness, 脸型（人脸识别）, 191; minor literature, 次要文学, 100; time-image, 时间-意象, 233

democracy, representative, 民主，代表, 206–207

Denkbild,《思想图像》, 163, 179–180, 221

depersonalization, 非个人化, 11, 62, 96, 108

Derrida, Jacques, 德里达，雅克, 139

desire, 欲望, 105; and anticipation, 和期望, 128

destruction, 破坏：destructive element in critique, 批判中的破坏性元素, 29–31, 138–139; and production, 和生产, 31; and technology, 和技术, 158, 171. See also violence, 参见暴力

Dialectic of Enlightenment (Adorno and Horkheimer),《启蒙辩证法》（阿多诺和霍克海默）, 13, 48, 56, 169, 198

dialectical image, 辩证的形象, 77, 124, 143, 222–223, 225, 227–228, 230, 232–234, 237; flashing up of, 闪现, 31–32, 232; and similitude (Gleichnis), 和相似（比喻）, 32; ultimate meaning of, 最终的意义, 232

Dialectical Images (Jennings), 辩证的形象（詹宁斯）, 139nl

Dickens, Charles, 狄更斯，查尔斯, 44, 81, 88

Dilthey, Wilhelm, 狄尔泰，威廉, 130

discontinuity, 不连续性, 5–6; aesthetic discontinuity, 审美的不连续性, 6, 9, 36; discontinuous montage, 不连续的蒙太奇, 19; and history, 和历史, 74, 158–159; insistence on, 坚持, 77; and naming, 和命名, 76. See also continuous history; gaps, 参见连续的历史；断裂/鸿沟

Disney, Walt, 迪士尼，瓦尔特, 178, 202

distance, 距离, 165, 193

distraction, 分心, 203–204

divine violence, 神圣暴力, 142–143

Dostoyevsky, Fyodor, 陀思妥耶夫斯基，费奥多尔, 140, 164, 246; *The Brothers Karamazov*,《卡拉马佐夫兄弟》, 141; "Testament of Stavrogin",《斯塔

夫罗金的忏悔》，149

drama，戏剧，81

dreams，梦，57–58，151–152

Duval, Jeanne，珍妮，杜瓦尔，91

"Eduard Fuchs: Collector and Historian",（Benjamin），《爱德华·福克斯：收藏家和历史学家》（本雅明），38. See also Fuchs, Eduard，参见福克斯，爱德华

education，教育，41–42；as means of production，作为生产资料，240

Eiland, Howard, *Walter Benjamin: A Critical Life*，艾兰德，霍华德，《本雅明传》，105n5

Eingang，接近，14

einverleibt（experience），吸收（经验），49；and storytelling，和讲故事，168

Eisenstein, Sergei，爱森斯坦，谢尔盖，6，23，193；montage as art that thinks without opinions，蒙太奇作为进行思考但没有见解的艺术，28；"montage of attractions"，"景点蒙太奇"，6，26，36，39，120，122

empathy，移情，15

empiricism, tender，经验主义，温和的，8

Engels, Friedrich，恩格斯，弗里德里希，157；*Communist Manifesto*，《共产党宣言》，150

epic theater，史诗剧，56，124，213–214，222

"Epilogue to the Berlin Food Exhibition"（Benjamin），《柏林食品展览会的尾声》（本雅明），40–42

episodization，插曲化，19，32，35，73，124，178

"Epistemo-Critical Prologue"（Benjamin），《认识论-批判序言》（本雅明），4，73–75，148

Erfahrung，经验，175；and aura，和氛围，185；central concern of Benjamin's work，本雅明作品关注的核心，164；as experience，作为经验，6，108；vs. experience，对经历，173；and new technology，和新技术，217；and photography，和摄影，184；and storytelling，和讲故事，100，166

Erlebnis，经历，175；and photography，和摄影，184；as shock，作为冲击，6，173；and storytelling，和讲故事，100，166

escape，回避：from psychology，回避心理学，36；from society，回避社会，43–44

essays，文章，37；Benjamin impatient

with essay form，本雅明对文章形式不耐烦，198；Benjamin never wrote an essay，本雅明从未写过一篇文章，39；Benjamin's most perfect essay，本雅明最完美的文章，164，175，187；on Berlin，关于柏林，115；and city，和城市，114；as performance，作为表演，40；as program-essays，作为计划-文章，37；tripartite periodization of，三方关系的断代，114. See also names of individual essays，参见个体文章的名称

estrangement effect（V-effect），陌生化（间离）效果，6，77，98，127，174

L'Éternité par les astres（Blanqui），《藉星永恒》（布朗基），45，246

ethics，伦理，10；and fate，和命运，82

event，事件，84，167；figure for absence of，at heart of Baudelaire's work，为了人物不出现，在波德莱尔作品的核心，92

everyday life，日常生活，153

exile，流放，96，103

experience，经验，40；"boredom is the dream bird that hatches the egg of experience"，"无聊是梦幻鸟，它孵化经验之蛋"，39，128；collective response，集体反应，201；of cosmos，宇宙的，46，48-49；deterioration of，退化，171-172，185；dissolution of，消解，108；of history，历史的，227；of Internet and TV，互联网和电视的，217；and judgment，和判断，78；of novel，小说的，163-164；phenomenology，现象学，130-131；politicalization of，政治化，188，205；of storytelling，讲故事的，166-168；and temporality，和时间性，169；of tragedy，悲剧的，66

"Experience and Poverty"（Benjamin），《经验和贫困》（本雅明），171，187

experimentation，实验，214

explanation，解释，168

expressionism，表现主义，15，79-80；and Riegl，和李格尔，111；and Surrealism，和超现实主义，144

expressionlessness，无表情性，33，76

facial recognition，人脸识别，192

fairy tale，神话故事，55-56，62；as anti-myth，作为反神话，216；and memory，和记忆，174；and novel，和小说，169-170，174. See also literature；storytelling，参见文学；讲故事

fall，堕落，51-54，140；of language，

语言的，76-77

"False Criticism"（Benjamin），《伪批评》（本雅明），144

family，家庭；family photo，家庭照片，180-181；hatred for，憎恨，121

fascism，法西斯主义；and aesthetization，和审美化，85, 156, 175, 188, 216；and capitalism，和资本主义，208；vs. communism，对共产主义，15, 207；and consumerism，和消费主义，156；emergence of，出现，227；and history，和历史，231；and myth，和神话，55, 175；not mentioned after WWII，第二次世界大战后再未提及，206-207；and regression，和倒退，181, 202；and secularization，和世俗化，151

fate，命运，60；and ethics，和伦理，82；and speechlessness，和沉默无言，82

"Fate and Character"（Benjamin），《命运和人物》（本雅明），82

fetishism，拜物教，152；of cultural objects，对文化客体的，159；increase of，增加，160；of "the creative"，"创造"，181

figuration，比喻；for describing Benjamin's thought，说明本雅明的思想，5；problem of universals understood as，以比喻的方式理解世界问题，7；and theology，和神学，11

film，电影；and alienation，和异化，195；apparatus of, and penetration of reality，机制，和对现实的观察，199-200；and aura，和氛围，191, 195, 218；close-up，特写镜头，191, 195；Disney，迪士尼，178, 202；distinguished from traditional art forms，区别于传统的艺术形式，199；distraction，分心，203-204；Hitler as great filmmaker，希特勒作为伟大的制片人，206；Hollywood，好莱坞，133, 191, 198, 202；montage as art that thinks without opinions，蒙太奇作为进行思考但无见解的艺术，28；montage as constellation，蒙太奇作为星座，77；"montage of attractions"，"景点蒙太奇"，6, 26, 36, 39, 120, 122；and novel，和小说，163；optical unconscious，视觉无意识，190, 200-202；and painting，和绘画，200-201；and technological reproduction，和技术复制，192；in "The Work of Art in the Age of Its Technological Reproducibility"（Benjamin），在《技术复制时代的

艺术作品》（本雅明）里，21，163，177-178

first-person，第一人称：and autonomy of artwork，和艺术作品的自主性，204；Benjamin advised against use of，本雅明劝告别用（第一人称），36，115，129-132；non-personal，非个人的，39. See also psychology；subjectivity，参见心理学；主体性

flâneur，浪荡子，103-107；as figure of transition from pre-bourgeois to capitalism，作为从前资本主义转变到资本主义的过渡人物，133；as keyword for thinking of Benjamin，作为本雅明思想的关键词，3；laziness vs. wage work，懒惰对工资劳动，104；and masses，和大众，104；military aircraft infect field of，军用飞机对该领域的影响，23；as precursor to photography，作为摄影的先驱，180；and quotation，和引文，34；random observation of exteriors，对外部景象的随意观察，18，42；and spatial sentence，和空间的句子，21-22，106；two sources of，两个根源，106；and walking，和漫步，103-104. See also city；modernity；rooms；space，参见城市；现代性；房间；空间

Flaubert, Gustave，福楼拜，古斯塔夫，80，92，169，193；*Sentimental Education*，《情感教育》，92，169

Flowers of Evil（Baudelaire），《恶之花》（波德莱尔），44，80，85，104，107；"Tableaux Parisiens"，《巴黎景象》，44，80，85，91

food，食品：Berlin Food Fair，柏林食品展览会，40-42；eaten to excess，吃的过量，40；industrial agriculture，工业农业，42；wine tax dispute，酒税争论，224-226

Forms of Representation in Alois Riegl's Theory of Art（Olin），《阿洛伊斯·李格尔的艺术理论的再现形式》（奥林），112n2

Foucault, Michel，福柯，米歇尔，47，168

fragment，片段，7

Frankfurt School，法兰克福学派，37，54，106，139，157，178，195-196，202，215；institutionalization of，制度化，59

Frankfurter Zeitung（newspaper），《法兰克福报》（报纸），40；"Epilogue to the Berlin Food Exhibition"（Benjamin），《柏林食品展览会的尾声》（本雅

明），40-42

Freud, Sigmund, 弗洛伊德, 西格蒙德, 25, 94, 107, 146, 151, 159, 173, 182, 199

Fried, Michael, 弗雷德, 迈克尔, 160, 190

Frye, Northrop, 弗莱, 诺斯罗普, 9, 161

Fuchs, Eduard, 福克斯, 爱德华, 157-161, 192; cultural history, 文化史, 158-159; and Daumier, 和杜米埃, 160-161; destructive element of technology, 技术中的破坏性元素, 158

future, 未来, 231, 240; and class, 和阶级, 242; and Messiah, 和弥赛亚, 246; and redemption, 和救赎, 243

gambling, 赌博, 93, 175, 216; and collecting, 和汇集, 95-96; as wage work, 作为工资劳动, 93-94

gaps, 断裂/鸿沟; as affirmative account of Benjamin, 作为本雅明肯定的解释, 6-7; between concepts/languages, 在概念/语言之间, 3, 10; between entries in *One-Way Street*, 在《单向街》里的诸项之间, 20; as speechlessness, 作为沉默无言, 33; stops on flâneur's stroll, 浪荡子漫步的停止, 18. See also continuous history; discontinuity, 参见连续的历史; 不连续性

Geistesgegenwart, 镇定, as presence of mind, 镇定自若, 11-12, 203-204

Genesis, Book of, 起源, 书的, 12, 51, 73, 140

genius, 天才, 60-61, 82

George, Stefan, 格奥尔格, 斯特凡, 44, 85, 90, 100, 127

German Men and Women (Benjamin), 《德国男女》（本雅明）, 121, 136

Gesammelte Schriften (Benjamin), 《全集》（本雅明）, 37-38

gestus, 表意姿态, 29, 82, 88-89, 101-102, 166, 201, 205

Gide, André, 纪德, 安德烈, 24, 38, 121

Giedion, Sigfried, 吉迪恩, 西格弗雷德, 23, 132; *Space, Time and Architecture*, 《空间·时间·建筑》, 23

Giehlow, Karl, 吉洛, 卡尔, 70

Gleichnis (similitude), 比喻（相似）, 32, 45, 49; Benjamin on, 本雅明论比喻, 47; and bodily relation to cosmos, 和身体与宇宙的关系, 46; vs. similarity, 对相似性, 47

globalization，全球化，153

Godard, Jean-Luc，戈达尔，让－吕克，36，153，213

Goethe, Johann Wolfgang von，歌德，约翰·沃尔夫冈·冯，39，136，145；and rooms，和房间，121；on similitude (Gleichnis)，论相似（比喻），45；tender empiricism，温和的经验主义，8，179；on Ur-form or origin，论原初形式或起源，8，18－19，179；*Die Wahlverwandtschaften*，《亲和力》，37，100，143，170，241

Gracián, Balthazar，葛拉西安，巴尔萨泽，11

Gramsci, Antonio，葛兰西，安东尼奥，9，14，137－138，164，225

graphology，笔迹学，6

Grass, Günther, *Das Treffen in Telgte*，格拉斯，京特，《相聚在特尔格特》，79n6

Grübler，《冥思苦想者》，41－42，69，102－103，107

Guillén, Claudio，纪廉，克劳迪奥，9

habit，习惯，205

hackers，黑客，217

Hamann, Johann Georg，哈曼，约翰·格奥尔格，61－62

Hamlet (Shakespeare)，《哈姆雷特》（莎士比亚），68－69

handicraft，手工艺，173，180，187，189，197，242；decline of，衰落，219；hacking as，作为黑客，217；storytelling as，作为讲故事，216

hashish，大麻，13

Hegel, G. F. W.，黑格尔，G. F. W.，4，203，231；and dialectic，和衰落，8；on newspaper，论报纸，26

Heidegger, Martin，海德格尔，马丁，31，50，52，56，172，234

historical materialism，历史唯物主义，107－108，159，221，228

history，历史，67－68；access to，理解历史，14－15，65，158，206n4，233；art history，艺术史，110；continuous history，连续的历史，147，159，236；cultural history，文化史，158－159；and discontinuity，和不连续性，74，158－159；elusiveness of，回避，236；emergence of mass politics neglected by，大众政治的形成被忽略，206－207；end of，终结，221－222，247；experience of，经验，227；and fascism，和法西斯主义，231；historicity，历史性，

227 - 228，233；vs. historiography，对编史学，235 - 237；immense garbage dump of，大量垃圾，219，239；monadological principle of，单子论的原则，238；and nature，和自然，68；as old static philosophy，作为以前静止的哲学，78；"On the Concept of History" (Benjamin)，《论历史的概念》（本雅明），219 - 221；philosophy of，历史哲学，169；and redemption，和救赎，243 - 244；representability of，再现的可能性，161；"Theses on History" (Benjamin)，《论历史》（本雅明），158，228，235 - 237；*Theses on the Philosophy of History* (Benjamin)，《历史哲学论纲》（本雅明），181，235；and tragedy，和悲剧，68；universal history，普遍的历史，237 - 278；wind of world history，世界历史航程的风向，1 - 2

History and Class Consciousness (Lukács)，《历史与阶级意识》（卢卡奇），105，111，153

Hitler, Adolf，希特勒，阿道夫，56，62，66，153，221，246；as great filmmaker，作为伟大的制片人，206；Stalin-Hitler pact，《斯大林-希特勒协定》，93，233，245

Hobrecker, Karl，霍布雷克，卡尔，99

Hobsbawm, Eric，*The Age of Extremes*，霍布斯鲍姆，艾瑞克，《极端的年代》，206n4

Hoffmann, E. T. A，"My Cousin's Corner Window"，霍夫曼，E. T. A.，《我堂兄的转角窗》，106

Hofmannsthal, Hugo von，霍夫曼斯塔尔，胡戈·冯，14

Hogg, James，*Private Memoirs and Confessions of a Justified Sinner*，霍格，詹姆斯，《一个清白罪人的私人回忆录和自白书》，229

Hölderlin, Friedrich，荷尔德林，弗里德里希，12，14，46，62，100，146

Hollywood，好莱坞，133，191，198，202

hope，希望，239 - 240；and class，和阶级，241 - 242；and hopelessness，和无望，242；not for us，不是为我们，247

Horkheimer, Max，霍克海默，马克斯，13，48 - 49，170；on capitalism and fascism，论资本主义和法西斯主义，207 - 208；on completeness，论完整性，231 - 232；*Dialectic of Enlightenment*，《启蒙辩证法》，13，48，56，169，198

humanities，人文学科，157 – 158；posthuman，后人类，182

Husserl, Edmund，胡塞尔，埃德蒙德，130

"I"，"我"。See first-person，参见第一人称

idea，理念，19，51；as constellation，作为星座，73；and naming，和命名，75 – 76；philosophy as struggle for representation of，作为再现……的努力的哲学，76

ideology，意识形态，78

Illuminations（Benjamin），《启明》（本雅明）：omissions of American edition，美国版的忽略，37 – 38；translation of，翻译，37

image，形象：dialectical image，辩证的形象，31，77，124，143，222 – 223，225，227 – 228；language of，语言，7。See also photography，参见摄影

"The Image of Proust"（Benjamin），《普鲁斯特的形象》（本雅明），125

individualism，个人主义：antisocial，反社会的，203；in Berlin，在柏林，119；individualization of collectivity，集体性的个体化，199；in Naples，在那不勒斯，117 – 119。See also collectivity；judgment；opinion；psychology；subjectivity，参见集体性；判断；意见；心理学；主体性

industrial agriculture，工业农业，42

Internet，互联网，217

interruption，中断。See discontinuity；gaps，参见不连续性；断裂/鸿沟

irrational, the，非理性，56 – 57，151 – 152；tragic speechlessness as overcoming of，悲剧的无言作为克服非理性的方式，62

Jaloux, Edmond，贾鲁，艾德蒙，85

Jennings, Michael W.，詹宁斯，迈克尔·W.：*Dialectical Images*，《辩证的形象》，139nl；*Walter Benjamin: A Critical Life*，《本雅明传》，105n5

Jetztzeit, as now-time，当下，作为此时此刻，14

Jolles, André，若尔斯，安德烈，20，167

judgment，判断，52 – 54；Brecht on，布莱希特，77 – 78；depersonalized mode of thought beyond，非个人化的思考方式，62；and experience，和经验，78；fall of language into，语言陷入，76 – 77；Greek statuary somehow beyond，

希腊雕塑的某种超越，76. See also opinion; psychology; subjectivity, 参见意见；心理学；主体性

Jung, Carl, 荣格，卡尔，13，49，54，169

Kafka, Franz, 卡夫卡，弗朗茨，38，83，99-103，136，175，191，241，247; anti-novelistic interest in, 反小说的兴趣，100; as code of gestures, 作为手势表情的符码，102; mysticism in, 神秘主义，101-102; and storytelling, 和讲故事，100-101

Kant, Immanuel, 康德，伊曼纽尔，4，8，186

Keeping Together in Time（McNeill），《在时间中聚合在一起》（麦克尼尔），22nl

Keller, Gottfried, 凯勒，戈特弗里德，100，136，183

Kierkegaard, Søren, 克尔凯郭尔，索伦，52

Klages, Ludwig, 克拉格斯，路德维格，13，49，54-55，169

Klee, Paul, *Angelus Novus*, 克利，保罗，《新天使》，219，241

Krauss, Karl, 克劳斯，卡尔，8，26，100，133，145; on speechlessness, 论沉默无言，61

Krauss, Rosalind, 克劳斯，罗莎琳，190

Krauss, Werner, 克劳斯，维尔纳，29

Kubrick, Stanley, 库布里克，斯坦利，246-247

labor, 劳动. See wage work, 参见工资劳动

Lacan, Jacques, 拉康，雅克，9，24，147，191; on collecting, 论收藏，95

Lācis, Asja, 拉西斯，阿西娅，18，98，106，136; and Moscow, 和莫斯科，115; and Naples, 和那不勒斯，117

Lafargue, Paul, 拉法格，保罗，34，104

Laforgue, Jules, 拉弗格，儒勒，87

language, 语言: aesthetic transcends literary/linguistic limits, 超越文学/语言学局限的审美，161; and body, 和身体，49; codes, 符码，1-2; constellation vs. homogeneous language, 星座对同质的语言，4; death of classical languages, 古典语言的消亡，86; discontinuities between translations, 翻译之间的不一致性，3; discontinuities captured by figuration, 比喻表达理解的不连续性，5; explanation as lower realm of, 作为低层领域的解释，168; and fall, 和堕落, 51-54, 76-77; figuration, 比喻修辞, 5; find a language independent of capitalism, 找到一种独立于资本主义的语言, 153-154; fragment, 碎片, 7; of image, 形象的, 7; linguistic organization of world, 语言组织的世界, 48; and mimesis, 和模仿, 48, 51, 196-197; of modernity, 现代性的, 52; naming, 命名, 48, 50-51, 74-76; narrative, 叙事, 128, 131, 161; and politics, 和政治, 85; polyphony, 复调, 34-35; similitude as theological category, 神学范畴中的"相似", 48; spatial sentences, 空间的句子, 21-22, 29; speechlessness, 沉默无言, 33, 51; and Surrealism, 和超现实主义, 146; theology as, 神学(作为语言), 9, 12, 46, 48, 51; and universal history, 和普遍的历史, 238; Ur-language, 原始语言, 51; variability of concepts, 概念的多样性, 2-3. See also "On Language as Such and on the Language of Man"; Theology, 参见《论语言本身和人的语言》; 神学

Late Roman Art Industry (Riegl),《罗马晚期的工艺美术》(李格尔), 109

Lavater, Johann Kaspar, 拉瓦特尔, 约翰·卡斯帕, 82

law, and violence, 法律, 和暴力, 142

Le Corbusier, 勒·柯布西耶, 21, 111, 138-139, 148; and rooms, 和房间, 45, 121

Lefebvre, Henri, 列斐伏尔, 亨利, 153

Lehrstücke (Brecht),《论教育剧》(布莱希特), 165, 214

Lemaitre, Jules, 勒梅特, 儒勒, 85

Lenin, Vladimir, 列宁, 弗拉基米尔, 138, 153, 164, 205, 233

Leskov, Nikolai, 列斯科夫, 尼古拉, 107, 136, 164-165, 168, 170, 214, 239

letters, 书信; and Benjamin's works, 和本雅明的作品, 38-39; *German Men and Women* (Benjamin),《德国男女》(本雅明), 121, 136; of Proust, 关于普鲁斯特, 125; on reading projects, 论阅读计划, 3

Lévi-Strauss, Claude, 列维-斯特劳斯, 克洛德, 8, 52-53, 197

literary criticism, 文学批评. See criticism, 参见批评

literature, 文学, 25-26; and aesthetic, 和美学, 161; anti-novelistic, 反小说的, 100; as fragments of an absent whole, 作为不在场整体的片段, 7; German literature, 德国文学, 135; *Lebensweisheit*（wisdom literature）,《人生智慧》（智慧文学）, 10; literary history, 文学史, 99-100; short story, 短篇小说, 165; and style, 和风格, 87, 111, 113, 125-126, 132. See also fairy tale; names of individual authors and works; narrative; novel; storytelling, 参见神话故事；个体作者和作品的名字；叙事；小说；讲故事

"Little History of Photography"（Benjamin）,《摄影小史》（本雅明）, 178-180, 185, 189

Loos, Adolf, 鲁斯, 阿道夫, 139

Lukács, György, 卢卡奇, 格奥尔格, 37, 56, 136, 140, 161, 164, 183, 211, 246; *History and Class Consciousness*,《历史与阶级意识》, 105, 111, 153, 215; on short story, 论短篇小说, 165; *Theory of the Novel*,《小说理论》, 68, 92, 141, 162, 169; on tradition, 论传统, 158

Machiavelli, Niccolò, 马基雅弗利, 尼科洛, 10

Mallarmé, Stéphane, 马拉美, 斯特凡, 26, 238

Malraux, André, 马尔罗, 安德烈, 93, 180, 193; *Voices of Silence*,《沉默的声音》, 180, 193

Mann, Thomas, 曼, 托马斯, 137, 145, 183; *Reflections of a Nonpolitical Man*,《一个不关心政治者的反思》, 137

Marinetti, F. T., 马里内蒂, F. T., 21, 171, 206

Marsan, Eugène, 马森, 尤金, 84

Marx Brothers, 马克斯兄弟, 202

Marx, Karl, 马克思, 卡尔, 7, 152-153, 198, 209; and anthropology, 和人类学, 152; *Capital*,《资本论》, 152, 215; *Communist Manifesto*,《共产党宣言》, 150; history of the senses, 感觉的历史, 193; on prehistory, 论前历史, 220; on production, 论生产, 218; on revolution, 论革命, 223, 233; world market, 世界市场, 153, 207

Marxism, 马克思主义, 31, 107, 146; and abolition of wage work, 和反对工资劳动, 104; and advanced production, 和先进的生产, 209; and anthropology, 和人类学, 54; end of, 终结,

221；omitted from Benjamin translations，本雅明的翻译忽略了，38；and predestination，宿命论，229

Marxist criticism，马克思主义批评，157

masses，大众，13，34，41 - 42；as code word in Benjamin，作为本雅明的代码词，114；desire to get closer to things，更接近事物的愿望，193；and flâneur，和浪荡子，104；in Les Fleurs du mal，在《恶之花》里，104；mass consciousness，大众意识，198 - 199；and mass culture，和大众文化，194，203，222；mass politics，大众政治，206 - 207；in Naples，在那不勒斯，118 - 119；in new industrial city，在新的工业城市，172；as new organizational category，作为新的有组织的范畴，178；unity of，联合，205. See also collectivity，参见集体性

materialism，唯物主义：and aura，和氛围，191；and books，和书，25 - 26，85；historical materialism，历史唯物主义，107 - 108，159，221，228

matriarchy，母权制，55

Matrix（movie），《黑客帝国》（电影），155

McCole，John，Walter Benjamin and the Antinomies of Tradition，麦科尔，约翰，《瓦尔特·本雅明和传统的二律背反》，175 - 176

McNeill，William H.，Keeping Together in Time，麦克尼尔，威廉，《在实践中聚合在一起》，22nl

media，媒体：disappearance of reading publics，阅读大众的消失，26；distraction，分心，203 - 204；great theme of，重大主题，5；Internet，互联网，217；media studies，传媒研究，57；print media，印刷媒体，25 - 26；radio，无线电，177，215；technical innovations，技术革新，216；television，电视，217. See also book；film；photography；technology，参见书；电影；摄影；技术

melancholy，忧伤，69；and Baroque，和巴洛克，79

memory，记忆，174 - 175

Messiah，弥赛亚，12 - 13，244 - 247

"Metropolis and Mental Life"（Simmel），《大都会和精神生活》（齐美尔），104，172

Meyer，A. G.，Eisenbauten，迈耶，A. G.，《钢铁建筑》，110 - 111

Michelet，Jules，米什莱，儒勒，184

mimesis，模仿，167；and language，和语言，48，51，196 - 197

modernity, 现代性, and aura, 和氛围, 187–188; and "The Author as Producer" (Benjamin), 和《作为生产者的作者》(本雅明), 57; and Baudelaire, 和波德莱尔, 2, 19, 43, 72, 84, 86, 138, 166, 173; and Benjamin, 和本雅明, 2–3, 6, 138; and cosmos, 和宇宙, 45–46, 48; and depersonalization, 和非个人化, 108; deterioration of experience, 经验的退化, 171–172; as escape from psychology, 因为对心理学的逃避, 36; language of, 语言, 51–52; and novel, 和小说, 165; political sin of, 政治罪, 213; problem of modern thinking in Weimar era, 魏玛时期的现代思想问题, 110; as shift from production to consumption, 作为从生产到消费的转换, 31; and Surrealism, 和超现实主义, 111, 151; temporality discovered, 被发现的时间性, 21; and tragedy, 和悲剧, 60, 66; vehicles and velocity as signifiers of, 车和速度, 21; visuality as symptom of, 视觉性的征象, 46

monads, 单子, 7–8; monadological principle of history, 单子论的历史原则, 238

Moretti, Franco, 莫雷蒂, 弗朗哥, 123

mosaic, 马赛克, 37

Moscow, 莫斯科, 113–117, 164; and Asja, 和阿西娅, 115; vs. Naples, 对那不勒斯, 117–119; as post-bourgeois life, 作为后资产阶级生活, 117–118

"Moscow" (Benjamin), 《莫斯科》(本雅明), 116, 122, 210–211

Moscow Diary (Benjamin), 《莫斯科日记》(本雅明), 115n3, 122

Mother Courage (Brecht), 《大胆妈妈和她的孩子们》(布莱希特), 79

multiplicity, 多样性, 13, 34

mysticism, 神秘主义, 101–102

myth, 神话, 11, 13; fairy tale as antimyth, 反对神话的神话故事, 216; and fascism, 和法西斯主义, 55, 175; mythic violence, 神话暴力, 142–143; and philosophy of history, 和历史哲学, 169; and tragedy, 和悲剧, 65; world of, 神话世界, 54–55

Nadja (Breton), 《娜嘉》(布勒东), 147

naming, 命名, 48, 50, 74; and discontinuity, 和不连续性, 76; and idea, 和理念, 75–76; and mimesis, 和模仿, 51. See also language, 参见语言

Naples, 那不勒斯, 113–114; and Asja,

和阿西娅，117；vs. Moscow，对莫斯科，117－119；porosity of，多孔性，117－118；as pre－bourgeois life，作为前资产阶级生活，117－119

narrative，叙事：condemnation of，谴责，128，131；and social life，和社会生活，161

nature，自然：extinction of，消失，187；and history，和历史，68

Nazism，纳粹主义，62，156，207；Hitler as great filmmaker，作为伟大制品人的希特勒，206. See also fascism，参见法西斯主义

Neue Sachlichkeit（New Objectivity），新客观性，144

news, and speechlessness，新闻，和沉默无言，61

newspaper，报纸，26；criticism implies existence of，批评隐含其存在，135；*Frankfurter Zeitung*，《法兰克福报》，40－42

Niethammer, Lutz，尼特哈默，鲁兹，222，239

Nietzsche, Friedrich，尼采，弗里德里希，19，24，46，60，65，67，76，78，98，142，246

Nordau, Max, *Degeneration*，诺道，马克斯，《退化》，110

novel，小说，68；absence of, from Benjamin's preoccupations，不存在，出自本雅明的偏见，81；analysis of，分析，162－163；anti-novelistic interest in Kafka，卡夫卡反小说的意义，100；crisis of，危机，170；ending of，结束，169－170；experience of，经验，163－164；and fairy tale，和神话故事，169－170，174；and film，和电影，163；and modernity，和现代性，165；plot summary，情节概括，167；"Reading Novels"（Benjamin），《阅读小说》（本雅明），162；and storytelling，和讲故事，101，167－168；*Theory of the Novel*（Lukács），《小说理论》（卢卡奇），68，92，141，162，169

"now of recognizability"，可认知的现在，14，31，79，143，157，223－234

number，数字，114，178

Olin, Margaret, *Forms of Representation in Alois Riegls Theory of Art*，奥林，玛格丽特，《阿洛伊斯·李格尔的艺术理论的再现形式》，112n2

"On Language as Such and on the Language of Man"（Benjamin），《论语言本

身和人的语言》（本雅明），38，52，139，239

"On Some Motifs in Baudelaire"（Benjamin），《论波德莱尔的某些主题》（本雅明），84，114，121，161，170–171

"On the Concept of History"（Benjamin），《论历史的概念》（本雅明），219–221

One-Way Street（Benjamin），《单向街》（本雅明），5，122；bourgeois apartment in, 资产阶级公寓, 119–120；and city form, 和城市形式, 28；concluding section, 结论部分, 18；as encomium for self-publishing, 对自身出版的颂赞, 26；first entries, 第一次进入, 18；gaps between entries, 篇与篇之间的断裂, 20；only traditional book by Benjamin, 本雅明唯一的传统著作, 9, 17; panorama form of, 全景形式, 5; on quotation, 关于引文, 33–34; random observation of exteriors (flâneur), 对外部景象的随意观察（浪荡子）, 18; simple form (genre) of, 简单的形式（文类）, 20; as Surrealist production, 超现实主义的作品, 144; "To the Planetarium", "去天文馆", 18, 28–29, 45, 122

opinion, 意见, 26–27; aesthetic discontinuity eschews personal subject of, 审美的不连续性回避个人主体, 36; montage as art that thinks without, 蒙太奇作为进行思考但无见解的艺术, 28

optical unconscious, 视觉无意识, 190, 200–202

Oresteia（Aeschylus），《奥瑞斯提亚》（埃斯库罗斯），65

origin, 起源, 8, 50, 226

Origin of the German Trauerspiel（Benjamin），《德意志悲苦剧的起源》（本雅明）；academic requirements blocked development of, 学术要求阻碍了它的发展, 63, 69–70; on allegory, 关于寓言, 69–72; and book form, 和图书形式, 9; constellation vs. systematic philosophy/homogeneous language, 星座化对系统哲学/同质性语言, 4; on constellations, 论星座, 74–76; "Epistemo-Critical Prologue", 《认识论–批判序言》, 4, 73–75, 148; idea in, 理念, 19; on melancholy, 关于愁思, 69; organization of, 组织, 62–63; and quotations, 和引文, 35; themes of, explored in later works, 在后来作品里探讨的主题, 64; tragedy vs. Trauerspiel, 悲剧对悲苦剧, 59, 64–68;

translation of，翻译，37

The Painter of Modern Life（Baudelaire）《现代生活的画家》（波德莱尔），19，86n1，87–88，180

Painting, 绘画：fable of the disappearing painter, 关于画家消失的寓言, 204; and film, 和电影, 200–201; and photography, 和摄影, 180–181

Paris, 巴黎, 113, 133; Paris Commune, 巴黎公社, 92, 235

Pascal, Blaise, 帕斯卡尔, 布莱兹, 9, 95, 230

"A Passerby"（Baudelaire），《路人》（波德莱尔），89–91; allegory of, 寓言, 91–92; and prostitution, 和卖淫, 91, 105

Le Paysan de Paris（Aragon），《巴黎的农民》（阿拉贡），45

pedagogy, 教育, 41–42; and class, 和阶级, 157–158

perception, 感知: distraction, 分心, 203–204; massified by film, 被电影大众化, 200–201; reconstruction of, 重构, 204–205. See also attention, 参见关注

Perec, Georges, 佩雷克, 乔治, 120

phantasmagoria, 幻象, 57, 151, 154–156, 181

phenomenology, 现象学, 130–131; as post-subjectivistic attention, 作为后主观主义的关注, 130; of the sailor's world, 水手世界的, 23–24

philology, 语文学, 29, 225–226

philosophy, 哲学: constellation vs. academic language, 星座对学院语言, 4, 77; deconstruction, 解构, 31; end of, 终结, 28; fall of language into judgment as emergence of, 语言堕落成作为哲学出现的判断, 77; as struggle for representation of ideas, 作为再现理念的努力, 76

The Philosophy of Money（Simmel），《货币哲学》（齐美尔），172

photography, 摄影, 178–185; amateur, 业余的, 181; and aura, 和氛围, 182–183; Balzac on, 巴尔扎克, 191; and Baudelaire, 和波德莱尔, 88; and commodification, 和商品化, 180, 182; *Denkbild*,《思想图像》, 163, 179–180, 221; evolution of technique, 技术的进化, 183; family photo, 家庭照片, 180–181; invention of, 发明, 180; and painting, 和绘画, 180–181; panorama, 全景, 5; paradox of, 悖

论，179，222；and technology，和技术，179；and temporality，和时间性，182-184

physiognomy，面相学：in Baudelaire and Blanqui，在波德莱尔和布朗基的作品里，88；and city，和城市，172；*Grübler*，《冥思苦想者》，69；and Kafka，和卡夫卡，101；modern notoriety of，现代的恶名声，82；phenomenological reduction of，现象学还原，131；physiognomic cycle，in *Hamlet*，面相学循环，在《哈姆雷特》里，68；prostitution as commodity-physiognomy，商品-面相的卖淫活动，106；in Proust，在普鲁斯特（的作品里），126；vs. psychology，对心理学，85；types，类型，81-82. See also body，参见身体

Pirandello, Luigi，皮兰德娄，路易吉，195，198；*Shoot!*，《开枪!》，195；*Six Characters in Search of an Author*，《六个寻找作家的剧中人》，195

Plato，柏拉图，7-8，51，74

play，游戏/戏剧/参与，97-99，169，197

Poe, Edgar Allen，坡，埃德加·爱伦，60，87；"The Man of the Crowd"，《人群中的人》，106

politics，政治：class struggle, disappearance of，阶级斗争，消失，206-207；and language，和语言，85；mass politics，大众政治，206-207；modernism, political sin of，现代主义，政治罪，213；political diagnosis of "The Work of Art in the Age of Its Technological Reproducibility" (Benjamin)，关于《技术复制时代的艺术作品》（本雅明）的政治分析，205-207；politicalization of experience，经验的政治化，188，205；youth movements，青年运动，27，31，145-146，168. See also class; revolution; wage work，参见阶级；革命；工资劳动

polyphony，复调，34-35

port，港市，23-24

posthuman，后人类，182

postindustrial，后工业，217

postmodern, as shift from production to consumption，后现代，从生产到消费的转换，31

Pound, Ezra，庞德，埃兹拉，6，28，36

predestination，宿命论，229-230

Private Memoirs and Confessions of a Justified Sinner (Hogg)，《一个清白罪人的回忆录和自白书》（霍格），229

production，生产：advanced，先进的，208-209，213-215，217-218；bourgeois apparatus of，and revolutionary themes，资产阶级机制，和革命的主题，212；of cultural history，文化历史的，158-159；cultural production，文化生产，212-214；and destruction，和破坏，31；education as means of，教育作为方法，240；handicraft production，手工业生产，242；socialism as politics for ever-increasing power of，社会主义作为不断增加生产力的政治，206-207；transitional modes of，过渡方式，202

profane illumination，世俗的说明，146，150

program-essays，计划-文章，37

progress，进步，216，236

proletarian, defined，无产阶级，界定，105

Propp, Vladimir，普罗普，弗拉基米尔，55-56，164，167

prose，散文，238-239

prostitution，卖淫，25-26，85，91，105-106，113，129

Proust, Marcel，普鲁斯特，马塞尔，19，123-128；dissatisfaction with "real" performance，对"真实"表演的不满，128；"The Image of Proust"（Benjamin），《普鲁斯特的形象》（本雅明），125；and rooms，和房间，45；and style，和风格，125-126

psychology，心理学：and children，和儿童，98；collective，集体，27；escape from，逃避，36；Greek statuary somehow beyond，希腊雕像的某种超越，76；insight blocked by，受阻的洞察，85；mass psychology，大众心理学，199；novelistic psychology，小说的心理（构成），68；phenomenology as post-subjectivistic，作为后主观主义的现象学，130；vs. physiognomy，对面相学，85；storytelling's rejection of，讲故事的否定，168；as triumph of subject，主体的胜利，98；warning against，警告，129. See also first-person；individualism；judgment；opinion；subjectivity，参见第一人称；个人主义；判断；意见；主体性

quotation，引文：book of，书的，35-36；criticism made entirely from quotations，完全源自引文的批评，30；as discovery of the new，作为新的发现，

30，33；as genre，作为文类，33；*One-Way Street* on，《单向街》论（引文），33–34；and polyphony，和复调，35；torn out of context，从语境中抽取出来，7，30，33

Rabelais, François，拉伯雷，弗朗索瓦，80

radio，无线电，177，215

Rang, Florens Christian，朗，弗洛伦斯·克里斯蒂安，14，33，59，62，65，137

Raser, Timothy, *Baudelaire and Photography*，雷泽，蒂莫西，《波德莱尔和摄影》，88n2

readerly vs. writerly，读者的对作者的，1；Barthes on，巴特，28

"Reading Novels"（Benjamin），《阅读小说》（本雅明），162

reality，现实，154–155；film apparatus and penetration of，电影机制和渗透，199–200

Reclus, Elisée，雷克吕，埃利塞，55

reconciliation，和解，12

redemption，救赎，12；and future，和未来，243；and history，和历史，243–244

Reflections of a Nonpolitical Man（Mann），《一个不关心政治者的反思》（曼），137

Reflections on Violence（Sorel），《对暴力的反思》（索雷尔），140

regression，倒退，56–57，181，202；and fascism，和法西斯主义，202

religion，宗教，11；apocatastasis，众生复位，148，175，231，239；Book of Genesis，书的起源，12，51，73，140；divine violence，神圣暴力，142–143；the fall，堕落，51–54，76–77，140；Messiah，弥赛亚，12–13，244–247；predestination，宿命论，229–230；secularization，世俗化，151

representative democracy，代议制民主，206–207

revolution，革命，92；Benjamin's definition of，本雅明的定义，223；class politics and advocacy for，阶级政治和提倡，240；cultural revolution，文化革命，205；emergence of，出现，234；incompleteness of，未完成，235；as leap in history，历史的飞跃，233；Paris Commune，巴黎公社，92，235；revolutionary energies in the outmoded，过时之物中的革命能量，156；Soviet revolution，苏维埃革命，164，220，223；state violence vs. revolutionary，国

家暴力对革命暴力, 141-143; themes of, and bourgeois publishing apparatus, 主题, 以及资产阶级出版机制, 212

Riegl, Alois, 李格尔, 阿洛伊斯, 15, 109-113; *Late Roman Art Industry*, 《罗马晚期的工艺美术》, 109; and modernity, 和现代性, 111; and spatial sentences, 和空间的句子, 112

Rimbaud, Arthur, 兰波, 阿瑟, 146

Robespierre, Maximilien, 罗伯斯比尔, 马克西米连, 232-234

rooms, 房间, 44-45, 120-121; and allegory, 和寓言, 129; bourgeois interiors, 资产阶级的室内, 119-121; as city, 作为城市, 45, 120; as spatial expression of bourgeoisie, 作为资产阶级的空间表达, 45, 131

Rosenzweig, Franz, 罗森茨维格, 弗朗兹, 11, 33, 66-67, 76; on meaning of speech, 论言语的意义, 62; *Star of Redemption*, 《救赎之星》, 60, 62, 65, 111

sameness, 相同, 194

Sammlung, 收集, 204

Sartre, Jean-Paul, 萨特, 让-保罗, 29, 39, 84, 183, 191

scandal, 丑闻, 149, 203

Schlegel, Friedrich, 施莱格尔, 弗里德里希, 7; critique of visual, 对视觉的批判, 50; and destructive element in criticism, 和批判中的破坏性元素, 30-31, 139

Scholem, Dora, 肖勒姆, 朵拉, 104-105

Scholem, Gershom, 肖勒姆, 格肖姆, 3, 35, 73, 135; publication of Benjamin's essays, 本雅明文章的出版, 37

Scott, Clive, 斯科特, 克莱夫, 90; *Translating Baudelaire*, 《翻译波德莱尔》, 51n5

Scott, Tom, 司各特, 汤姆, 90

Secret Agent (Conrad), 《间谍》(康拉德), 140

secularization, 世俗化, 151

Selected Writings (Benjamin), 《文选》(本雅明), 37

semblance, 相似/相似性, 197

Sentimental Education (Flaubert), 《情感教育》(福楼拜), 92, 169

sexual institutions, 性别制度, 26

sexuality, 性行为, 129

Shakespeare, William, *Hamlet*, 莎士比亚, 威廉, 《哈姆雷特》, 68-69

Shoot! (Pirandello), 《开枪!》(皮兰德娄), 195

short story，短篇小说，165

silence，沉默：and ecstatic speech，和狂喜的言语，67；and speechlessness，和沉默无言，61 - 62

similitude（Gleichnis），相似（比喻），32，45，49，224，233 - 234；Benjamin on，本雅明之论，47；and bodily relation to cosmos，和身体与宇宙的关系，46；vs. similarity，对相似，47

Simmel, Georg，齐美尔，格奥尔格，4，18，121，171 - 172；"Metropolis and Mental Life"，《大都会和精神生活》，104，172；*The Philosophy of Money*，《货币哲学》，172

simulation，仿真，155

Six Characters in Search of an Author（Pirandello），《六个寻找作家的剧中人》（皮兰德娄），195

Sloterdijk, Peter，斯劳特戴克，彼得，13

socialism：社会主义，and art，和艺术，212；as politics for ever-increasing power of production，作为不断增加生产力的政治，206 - 207；reappearance of，再度出现，207

society：社会，escape from，逃避（社会），43 - 44；mass society，大众社会，206；and technology，和技术，206

Society of the Spectacle（Debord），《景观社会》（德波），154 - 155

sociology，社会学，172

Socrates，苏格拉底，66 - 67

Solnit, Rebecca，索尼尔，丽贝卡，104，109

Sorel, Georges，索雷尔，乔治，67，140，143，149，235；*Reflections on Violence*，《对暴力的反思》，140

Soviet Union，苏联，55，137，140 - 141，164 - 165，199，210 - 211，241；Soviet revolution，苏维埃革命，164，220，223；Soviet Writer's Union，苏联作家协会，210，241. See also Moscow，参见莫斯科

space，空间，22，28；and bourgeois individualism，和资产阶级个人主义，119；as new object of study，作为新的研究客体，153；rooms，房间，44 - 45

Space, Time and Architecture（Giedion），《空间·时间·建筑》（吉迪恩），23

spatial sentences，空间的句子：and *flâneur*，和浪荡子，21 - 22，106；as limit to sentence itself，作为对句子本身的局限，29；and Riegl，和李格尔，112

speechlessness，沉默无言/无言性，33，51，60 - 61；and fate，和命运，82；Krauss on，克劳斯之论，61；and silence，和沉默，61；and tragedy，和悲剧，62

Spengler, Oswald，斯宾格勒，奥斯瓦尔德，111

Spinoza, Baruch，斯宾诺莎，巴鲁赫，11，53，76，203

Spitzer, Leo，斯皮泽，利奥，25，29

Star of Redemption（Rosenzweig），《救赎之星》（罗森茨维格），60，62，65，111

stars，星星；and Baudelaire，和波德莱尔，43-44；concealed by ceiling，被隐蔽，44-45；experience of，经验，46，48-49

state，国家，142

Stillstand (concept)，静止（概念），2，222，225

Stilwollen, as will to style，风格意志，111，113

"The Storyteller"（Benjamin），《讲故事的人》（本雅明），55，68，161，164，170-171，239；Benjamin's most perfect essay，本雅明最完美的文章，164，175，187

storytelling，讲故事，100-101，164-168，170，174；and body，和身体，166，168，216；and distance/aura，和距离/氛围，165；experience of，经验，

166-168；narrative，叙事，128，131，161；and novel，和小说，167-168. See also fairy tale; literature; novel，参见神话故事；文学；小说

strike，罢工，140

style，风格，132；and Baudelaire，和波德莱尔，87；and Proust，和普鲁斯特，125-126；Stilwollen, as will to style，风格意志，111，113

subjectivity，主体性；and allegory，和寓言，71-72；death of，死亡，198；deconstruction of，解构，195；Greek statuary somehow beyond，希腊雕塑的某种超越，76；insight blocked by，受阻的洞察，85；notebooks reveal struggle against all traces of，笔记揭示出反对一切痕迹的斗争，115；phenomenology as post-subjectivistic attention，作为后主观主义的现象学，130；psychology as triumph of，作为胜利的心理学，98；reconstruction of，重建，80. See also first-person; judgment; opinion; psychology，参见第一人称；判断；意见；心理学

Surrealism，超现实主义，143-151，188；and body，和身体，150；collective laughter，集体的笑声，202；and disgust with bourgeoisie，和厌恶资产阶

级,149; and Expressionism,和表现主义,144; French vs. German,法国的对德国的,144; and language,和语言,146; and modernism,和现代主义,111,151; profane illumination,世俗的说明,146,150; and scandal,和丑闻,149,203; Surrealist image, gaps within,超现实主义形象,内部断裂,7; transformation of everything by,一切事物的转变,146

synchronicity,共时性,224,226

tale,故事. See fairy tale; literature; storytelling,参见神话故事;文学;讲故事

"The Task of the Translator" (Benjamin),《译者的任务》(本雅明),38,77

technique,技术,212,215

technology,技术: as aesthetics,作为美学,206; appearance of,技术的产生,148; and body,和身体,150; computer,电脑,182; and destruction,和毁灭,158,171; facial recognition,人脸识别,192; Internet,互联网,217; in Kafka,在卡夫卡(的作品里),100; machinery of movement,运动机器,21; media technology,媒体技术,5; and photography,和摄影,179; radio, 无线电,177,215; reproductive technologies,复制技术,192; and society,和社会,206; and World War I,和第一次世界大战,171. See also film; photography; "The Work of Art in the Age of Its Technological Reproducibility",参见电影;摄影;《技术复制时代的艺术作品》

television,电视,217

temporality,时间性: and capitalism,和资本主义,154; and experience,和经验,169; and handicraft production,和手工艺生产,242; homogeneous time,同质性时间,53-54,67,114,123,128-129,147,224,233,237,245-246; "like a commander deploying soldiers at a front","像一个在前线调兵的指挥官",22-23; modernist discovery of,现代主义的发现,21-22; in Moscow,在莫斯科,116; "now of recognizability","可认知的现在",14,31,79,143,157,223-224,234; and photography,和摄影,182-184; and shock of city life,和城市生活的冲击,173; synchronicity,共时性,224,226

tender empiricism,温和的批评,8,18,77,179

terrorism,恐怖主义,140-141

theater, 戏剧; epic, 史诗, 56, 124, 213–214, 222; and gestures, 和手势, 102

theology, 神学, 9–12; apocatastasis, 众生复位, 148, 175, 231, 239; basic categories of, 基本范畴, 12; divine violence, 神圣暴力, 142–143; the fall, 堕落, 51–54; and figuration, 和比喻修辞, 11; on future, 关于未来, 231, 240; as language, 作为语言, 9, 12, 46, 48, 51; Messiah, 弥赛亚, 12–13, 244–247; narrative basis of, 叙事基础, 11; omitted from Benjamin translations, 从本雅明的翻译中忽略, 38; predestination, 宿命论, 229–230; redemption, 救赎, 243; similitude as theological category, 作为神学范畴中的"相似", 48; timeliness of older theological categories, 旧时神学范畴的适时性, 11

theory, and consumerism, 理论, 和消费主义, 207

Theory of the Novel (Lukács),《小说理论》(卢卡奇), 68, 92, 141, 162, 169

Theses on the Philosophy of History (Benjamin),《历史哲学论纲》(本雅明), 158, 181, 228, 235–237

thinking vs. writing, 思想对写作, 2–3;

readerly vs. writerly, 读者的对作者的, 1, 28

Threepenny Opera (Brecht),《三分钱歌剧》(布莱希特), 242

"To the Planetarium" (Benjamin), "去天文馆"(本雅明), 18, 28–29, 45, 122

"Toys and Play" (Benjamin),《玩具和游戏》(本雅明), 97

tragedy, 悲剧: access to experience of, 通向经验, 66; basis for theory of, 理论基础, 33; and fate, 和命运, 82; and history, 和历史, 68; and modernity, 和现代性, 60, 66; and myth, 和神话, 65; and speechlessness, 和沉默无言, 62; and Trauerspiel, 和悲苦剧, 59, 64–68

Translating Baudelaire (Scott),《翻译波德莱尔》(斯科特), 51n5

translation, 翻译, 3, 10; of Benjamin, American vs. German, (翻译)本雅明, 美国的对德国的, 37–38; of Benjamin, English vs. German, (翻译)本雅明, 英国的对德国的, 37; Benjamin's translation of Proust, 本雅明对普鲁斯特的翻译, 123, 125; Benjamin's translations of Baudelaire, 本雅明对波德莱尔的翻译, 43n1, 44, 85–86,

90; of *Illuminations*,《启明》的，37 - 38; reader as translator, 读者作为译者，77; "The Task of the Translator" (Benjamin),《译者的任务》(本雅明) 38, 77; of theological framework, 神学框架的，244; and Ur-language, 和原始语言，51; of "The Work of Art in the Age of Its Technological Reproducibility",《技术复制时代的艺术作品》的（翻译），177 - 178

Trauerspiel (tragic drama), 悲苦剧（悲剧），14 - 15; and tragedy, 和悲剧，59，64 - 68

traveler's notes, 旅行者的札记，24

Truman Show（movie），《楚门的世界》（电影），155

truth, 真理，76

types, 类型，81 - 82，101

Typhoon（Conrad），《台风》（康拉德），23

Tzara, Tristan, 查拉，特里斯唐，182

unconscious, 无意识，151，159; collective unconscious, 集体无意识，13; fetishism, 拜物教，160; optical unconscious, 视觉无意识，190，200 - 202

uniqueness, 独特性，193

universal history, 普遍的历史，237 - 238

universals, philosophical problem of, 普遍性，哲学问题，7 - 8，52

Ur-form, 原初形式，8，18 - 19，30，179

Ur-language, 原始语言，51

V-effect（estrangement effect），间离效果（陌生化效果），6，77，98，127，174

Valéry, Paul, 瓦莱里，保罗，88，100，109，242

Vertov, Dziga, 维尔托夫，吉加，21

violence, 暴力，139 - 143; artistic violence, 艺术的暴力，143; divine violence, 神圣暴力，142 - 143; and law, 和法律，142; mythic violence, 神话的暴力，142 - 143; *Reflections on Violence*（Sorel），《对暴力的反思》（索雷尔），140; state violence vs. revolutionary, 国家暴力对革命，141 - 143; and terrorism, 和恐怖主义，140 - 141. See also destruction, 参见破坏

Virilio, Paul, 维利里奥，保罗，21

visuality, 视觉性：critique of, 批判，50; as symptom of modernity, 作为现代性的征象，46

Voices of Silence（Malraux），《沉默的声音》（马尔罗），180，193

vorbeihuschen, 闪现，32

wage work, 工资劳动, 153; and abolition of, 和废除, 104; and bourgeoisie, 和资产阶级, 172; and gambling, 和赌博, 93 – 94; and strike, 和罢工, 140

Wagner, Richard, 瓦格纳, 理查德, 86

Die Wahlverwandtschaften (Goethe), 《亲和力》（歌德）, 37, 100, 143, 170, 241

walking, 漫步, 103 – 104, 106

Walter Benjamin: A Critical Life (Eiland and Jennings), 《本雅明传》（艾兰和詹宁斯）, 105n5

Walter Benjamin and the Antinomies of Tradition (McCole), 《瓦尔特·本雅明和传统的二律背反》（麦科尔）, 175 – 176

Weber, Max, 韦伯, 马克斯, 11

Wilde, Oscar, 王尔德, 奥斯卡, 119

women, 女性: and fetishism, 和拜物教, 160 – 161; prostitution, 卖淫, 25 – 26, 85, 91, 105 – 106, 113, 129

"The Work of Art in the Age of Its Technological Reproducibility" (Benjamin), 《技术复制时代的艺术作品》（本雅明）, 21, 150, 171, 175; and authenticity, 和真实性, 192 – 193; censorship of, 审查, 178, 195; and episodization, 和插曲化, 178; and film, 和电影, 21, 163, 177 – 178; and masses, 和大众, 191; as neutralization of aesthetic theory, 作为美学理论的中立化, 196; and photography, 和摄影, 178 – 185; political diagnosis of, 政治分析判断, 205 – 207; on production, 关于生产, 218; review of reproductive technologies, 复制技术的评论, 192; second version of, 第二版, 38; subject of, 主体, 177 – 178; translation of, 翻译, 177 – 178

world, linguistic organization of, 世界, 语言组织, 48

World War I, 第一次世界大战, 145, 171, 187

World War II, 第二次世界大战, 206, 221

writing, 写作: Benjamin never wrote a book, 本雅明从未写过一本书, 9, 39; as materialism, 作为唯物主义, 25 – 26; narrative, 叙事, 128, 131, 161; observation of masses as, 大众观察作为, 114; problem of universals understood as, 对普遍性理解的问题, 7; prose, 散文, 238 – 239; readerly vs. writerly, 读者的对作者的, 1, 28; vs. thinking, 对思想, 2 – 3. See also criticism; essays; quotation, 参见批评; 文章; 引文

youth movements，青年运动，27，31，145-146，168

Zeitschrift für Sozialforschung（journal），《社会研究杂志》（杂志），37，170，178

Zohn, Harry，佐恩，哈里，37

Zola, Émile，左拉，埃米尔，183

The Benjamin Files by Fredric Jameson

Copyright © 2020 by Fredric Jameson

This edition arranged through Big Apple Agency, Inc., Labuan, Malaysia.

Simplified Chinese edition copyright:

© 2025 China Renmin University Press Co., Ltd

All Rights Reserved.

图书在版编目（CIP）数据

本雅明档案 /（美）弗雷德里克·詹姆逊
(Fredric Jameson) 著；王逢振译 . -- 北京：中国人
民大学出版社，2025.4. -- ISBN 978-7-300-33783-8
Ⅰ. B516.59
中国国家版本馆 CIP 数据核字第 2025L191X7 号

本雅明档案
［美］弗雷德里克·詹姆逊（Fredric Jameson） 著
王逢振　译
Benyaming Dangan

出版发行	中国人民大学出版社		
社　　址	北京中关村大街 31 号	邮政编码	100080
电　　话	010－62511242（总编室）	010－62511770（质管部）	
	010－82501766（邮购部）	010－62514148（门市部）	
	010－62511173（发行公司）	010－62515275（盗版举报）	
网　　址	http://www.crup.com.cn		
经　　销	新华书店		
印　　刷	唐山玺诚印务有限公司		
开　　本	890 mm×1240 mm　1/32	版　次	2025 年 4 月第 1 版
印　　张	11 插页 1	印　次	2025 年 4 月第 1 次印刷
字　　数	250 000	定　价	68.00 元

版权所有　　侵权必究　　印装差错　　负责调换